LES DRAMES
DU DÉSERT

SCÈNES DE LA VIE ARABE

SUR LES FRONTIÈRES DU MAROC

PAR

LÉON BEYNET

PARIS

E. DENTU, ÉDITEUR

Libraire de la Société des Gens de Lettres.

PALAIS-ROYAL, 13 ET 17, GALERIE D'ORLÉANS.

LES

DRAMES DU DÉSERT.

LES

DRAMES

DU DÉSERT

Scènes de la vie arabe sur les frontières du Maroc

PAR

LÉON BEYNET.

PARIS

DENTU, LIBRAIRE-ÉDITEUR

PALAIS-ROYAL.

1862.

LES
DRAMES DU DÉSERT.

I

Prologue.

« En Algérie, il faut le dire, les villes du littoral sont des villes françaises... Mais sur la frontière du Maroc, à Tlemcen, à Sebdou, à Magrnia, notre influence n'a pas encore pénétré. Elle est à la surface; au fond, l'élément natif a conservé toute son intégrité. Là, c'est l'Arabe guerrier, résolu, intrépide; mais c'est l'Arabe jaloux, ombrageux, vindicatif, terrible et cruel quand la haine vient brûler son organisation nerveuse. La cruauté est au bout de sa bravoure militaire, comme la baïonnette est au bout du fusil. Quand il hait, il se venge. Malheur à l'ambitieux qui est monté trop haut! Ceux que cette élévation gêne et embarrasse, ceux-là finiront par une vengeance éclatante. C'est dans le sang, c'est dans les nerfs, c'est dans les mœurs!.... Et sur cette frontière du Maroc, ceux qui haïssent et qui se vengent sont encore les meilleurs. Là, on pille, on maraude, on assassine. Là, sont les *coupeurs de routes,* tous gens de l'embuscade et du guet-apens. Là, sont les hommes de broussailles, des voleurs qui rampent, le corps entouré de broussailles, qui s'arrêtent, qui s'accroupissent... On croit passer près d'un buisson... C'est un homme, c'est un scélérat! »

Nogent Saint-Laurent (*Procès Doineau*).

II

Le Kiss.

Le Kiss est une petite rivière qui sépare l'Algérie du territoire marocain. La domination française s'arrête sur la rive droite, et la rive gauche, bien que faisant partie du Maroc, appartient de fait aux peuplades riveraines de l'ouest.

Quoique indépendantes les unes des autres, ces peuplades, très-nombreuses, forment entre elles, sous la dénomination de Beni-Snassen, une sorte de fédération libre, reliant, sans réglementation écrite, toutes les tribus disséminées entre le Kiss et le Riff.

D'après leurs traditions, les Beni-Snassen descendent de ces terribles Vandales qui, vaincus par Bélisaire, s'enfuirent sur les montagnes pour se soustraire au joug du général romain. Ils prétendent aussi n'avoir jamais subi, depuis cette époque, la domination permanente d'aucune puissance. Une telle prétention paraît sans doute exagérée. Cependant, ni l'histoire ancienne, ni l'histoire moderne des peuplades barbaresques ne la démentent, et l'histoire contemporaine semble la justifier.

Jusqu'ici, en effet, l'empereur du Maroc a échoué dans les nombreuses tentatives qu'il a faites pour les soumettre, et la domination française s'est arrêtée au pied de leurs montagnes.

L'empereur du Maroc, il est vrai, persiste à se déclarer leur suzerain ; mais cette suzeraineté n'existe que dans son imagination, car il ne perçoit jamais le tribut dont il les frappe, qu'à l'aide d'une armée dont les dépenses excèdent le plus souvent l'impôt forcé qu'elle prélève sur eux.

Défendus par des montagnes pour ainsi dire inaccessibles et dans lesquelles ils cachent de nombreux greniers, les Beni-Snassen affectent de se croire indomptables et de braver l'autorité française, malgré les châtiments qu'elle leur a infligés à la suite de leurs agressions. Jaloux au suprême degré d'une indépendance qui remonte à plus de deux mille ans, ils professent une haine instinctive et profonde pour toute puissance voisine de leur contrée. Tout étranger, même, qui ne leur est pas parfaitement connu, est considéré par eux comme un ennemi naturel et traité comme tel, c'est-à-dire inexorablement mis à mort.

Du reste, ils paraissent aussi peu soucieux de s'éloigner de leurs montagnes que d'en favoriser l'accès, car ils ne les quittent guère que pour aller vendre sur les marchés de Tlemcen et de Lalla-Magrnia, le trop plein de leurs greniers ou leurs blés avariés.

Sous un tel régime d'isolement, le caractère primitif de leur race a dû nécessairement se perpétuer parmi eux. Aussi, comme les Vandales, leurs pères, sont-ils excessivement farouches, violents, cruels ; leur cruauté est même devenue proverbiale dans l'ouest de l'Algérie et n'a peut-être d'égale que celle des pirates du Riff, leurs voisins.

Toutefois ils sont très-braves au combat.

Attaqué chez lui, chaque Beni-Snassen devient un héros.

Lors de l'expédition que les Français firent dans leurs montagnes, en 1852, ils donnèrent des preuves d'une audace guerrière et d'une bravoure qui frappèrent nos soldats d'étonnement et d'admiration.

Ainsi, pour ne citer qu'un exemple entre cent, une foule d'entre eux, forcés dans leurs positions par les chasseurs d'Afrique, se firent tuer au poitrail des chevaux de ces derniers, alors qu'ils pouvaient facilement se dérober par la fuite aux atteintes des cavaliers. Ils s'élançaient comme des tigres à la tête des chevaux, s'y cramponnaient avec leurs bras nerveux et cherchaient à les mordre aux narines. Quelques-uns, assure-t-on, ayant eu les mains coupées ou les bras rompus, eurent l'effroyable énergie de se retenir suspendus par les dents aux naseaux des chevaux et furent ainsi emportés, les membres pendants, à une certaine distance.

Guerriers, remuants, agressifs, les Beni-Snassen estiment par-dessus tout la poudre et le fusil ; on peut même dire qu'ils professent pour le fusil une sorte de culte. D'ailleurs, en raison du rôle capital qu'elle joue dans tous les actes de leur vie, cette arme a parfaitement droit à une prédilection toute particulière de leur part : le fusil, en effet, est l'arbitre qui vide leurs démêlés à l'intérieur comme à l'extérieur ; il est le juge suprême, prononçan en dernier ressort dans les conflits qui n'ont pu s'arranger à l'amiable. D'un autre côté, le fusil et la poudre sont l'unique élément de toutes leurs fêtes, dont ils ne mesurent jamais l'éclat et la splendeur qu'à la quantité de poudre qui s'y consomme.

Nulle part, sur le littoral africain de la Méditerranée, on ne trouve un pays pittoresque, contrasté, sauvage et riche en même temps comme la contrée des Beni-Snassen. Des montagnes, les unes denudées, sèches, brûlées, les autres ensevelies sous des manteaux de verdure, s'élèvent parallèlement et côte-à-côte. Des rochers gigantesques surmontent des côteaux couverts de cédrats, de caroubiers, de néfliers, de jujubiers, de figuiers et de grenadiers. On dirait que ces rocs immenses ont été jetés là après la formation du côteau, tellement leur aspect contraste avec celui des manteaux de végétation au-dessus desquels ils s'élèvent et semblent écraser. Des ravins profonds, remplis d'une végétation vigoureuse, creusent le pays en tous sens et aboutissent parfois à des vallons dont l'aspect vous frappe subitement de terreur. Ces vallons, véritables chaos de broussailles et d'arbustes épineux, étroitement entrelacés, vous semblent devoir être peuplés de lions et de panthères, bien que le silence et l'immobilité du désert y règnent partout. Cette illusion est si vive, que l'on croit apercevoir vaguement sur tous les points, des bêtes fauves passer rapidement sous les broussailles.

Mais ce qui vous étonne et vous frappe par-dessus tout, en examinant ces sites extraordinaires, c'est que la végétation, la matière brute, les tons de la lumière, tout enfin, y est empreint d'une expression de force, d'énergie, de puissance qui a une analogie surprenante avec la nature vivace des habitants.

Tel est, vu dans son ensemble, l'étrange et magnifique pays où se déroulèrent quelques scènes du drame que nous allons raconter.

Ainsi que nous l'avons dit, la droite du Kiss appartient à la domination française. Une chaîne de montagnes, parallèle à celle des Beni-Snassen, s'élève à une demi-lieue de la rive. Elle est peuplée par de nombreuses tribus kabyles connues sous la dénomination de M'esirda.

Les M'esîrda, anciennes fractions des Beni-Snassen, ne sont, au fond, ni moins turbulents, ni moins passionnés pour la poudre et le fusil que leurs voisins. Mais depuis la déplorable affaire de *Sidi Brahim*, dans laquelle ils se firent les auxiliaires de l'émir Abd-el-Kader, et à la suite de laquelle ils furent sévèrement châtiés, ils ont mangé leur couscoussou, leurs figues, leurs grenades et leurs caroubes dans la plus grande résignation.

Comme tous les villages kabyles, ceux des M'esîrda sont bâtis sur des hauteurs et dominent des points de vue très-pittoresques. Et celui des Beni-Mengouch, théâtre principal de cette histoire, est, au dire de ceux qui ont parcouru les M'esîrda, délicieusement situé entre tous.

Il est disposé sur le versant nord d'une montagne peu élevée, dont le sommet, surmonté d'une couronne de rochers, l'abrite contre les vents du désert. Les maisons, toutes séparées les unes des autres par des jardins, sont littéralement enchâssées dans des des massifs d'arbres fruitiers entremêlés de treilles gigantesques. Un verger de jujubiers, d'arbousiers, de néfliers, de cognassiers, de figuiers, d'abricotiers et de citronniers, parsemé de vignes grimpantes, s'étend depuis le village jusqu'au bas du versant. Une montagne, formée d'une série de mamelons superposés, boisée dans le bas, semée çà et là de bouquets de lentisques et de caroubiers sur le flanc, aride, déchirée, rocheuse sur les hauteurs, s'élève en face et laisse la mer à découvert en s'affaissant, à l'ouest, près de l'embouchure du Kiss. Au fond du ravin, un ruisseau coule dans des touffes de saules nains et de lauriers roses. Une source abondante, cachée sous un petit massif de néfliers, près du sentier qui conduit aux Beni-Mengouch, se trouve à quelques pas au-dessus du ruisseau.

Cette source, appelée la Fontaine glacée, à cause de sa fraîcheur, est un lieu de réunion où les femmes et les jeunes filles de la tribu vont chaque matin puiser l'eau nécessaire aux besoins des ménages et converser une partie de la matinée.

Les femmes des Beni-Mengouch passent, — et c'est justice, — pour les plus belles Kabyles du Kiss. Il est vrai, ce qui est sans doute une cause de leur beauté exceptionnelle, qu'elles ne sont pas condamnées aux travaux pénibles et avilissants généralement imposés aux femmes arabes par leurs peu galants maris, et qui les réduisent pour ainsi dire à l'état de bêtes de somme. Car le territoire des Beni-Mengouch est naturellement si riche en fruits de toute sorte, que la tribu en fait la base principale de sa nourriture et dédaigne presque entièrement la culture des champs.

Vers la fin de l'été, avant la récolte des fruits et des légumes, quand on descend du village au ruisseau, on se croirait dans un jardin du paradis terrestre. Le sol est littéralement jonché de melons, de pastèques, d'aubergines, de courges, de concombres et de piments; des myriades d'arbouses, de nèfles, de coings, de grenades percent de toutes parts à travers les voûtes de feuillage que les branches forment au-dessus et autour de vous en s'entrelaçant; des pampres robustes, qui paraissent descendre du haut des arbres pour faire les honneurs du ravin, vous présentent leurs grappes à la hauteur de la tête, de sorte que pour déjeuner comme nos premiers pères, il n'est besoin que d'ouvrir la bouche et de mordre en passant.

Inutile de dire que tous les oiseaux du voisinage se donnent rendez-vous dans ce jardin édennien. Quand les arbouses sont mûres, surtout, une foule de merles et de loriots y élisent domicile et y mêlent leurs sifflements aux caquetages de la volaille, qui a le droit d'y errer en toute liberté du matin au soir.

C'est au milieu de ce feuillage, de ces fleurs, de ces fruits et de ces oiseaux que grandissent les jeunes filles des Beni-Mengouch.

Il n'est donc pas étonnant qu'elles soient si belles.

III

Une Kabyle du Kiss.

A l'époque où les M'esirda firent leur soumission, un officier du bureau arabe de Nemours, passant aux Beni-Mengouch, remarqua la beauté toute particulière des jeunes filles de la tribu; l'une d'elles le frappa surtout vivement par l'expression ardente, énergique et sauvage de sa physionomie. De retour à Nemours, et parlant de cette jeune Kabyle, il dit qu'il avait cru reconnaître en elle une de ces filles d'Eve qui, par les dons qu'elles ont reçu de la nature, sont appelées à faire époque dans le milieu où elles vivent, soit que le hasard les fasse naître parmi les sociétés les plus incultes du désert, soit qu'il les fasse naître au sein des sociétés les plus cultivées.

Si les événements que nous allons raconter, et qui eurent lieu peu de temps après, ne justifient pas complètement l'assertion de cet officier, ils prouvent du moins qu'il était physionomiste.

La jeune Kabyle qui avait produit sur lui une impression si profonde, s'appelait Yamina. Elle touchait alors à sa quinzième année, et, bien que la plupart des jeunes gens de la tribu l'eussent déjà demandée en mariage, son père, le chef de famille Bel-Hadj-el-Miloud, ne l'avait point encore fiancée.

Cette particularité, qui eût été fort naturelle dans les régions septentrionales, mais qui était une exception rare dans le pays du Kiss, où souvent les jeunes filles sont fiancées dès leur naissance, cette particularité, disons-nous, se rattache à tous les événements dramatiques qu'on va lire, et peut, même, en être considérée comme la cause première : qu'il nous soit donc permis de nous y arrêter un instant, avant d'entrer dans l'action de cette histoire.

Dans les sociétés civilisées, le mariage n'est pas toujours un marché. Une jeune fille a le droit de connaître son futur avant de passer sous sa tutelle, elle ne peut être mariée, enfin, sans avoir prononcé le *oui* sacramentel, et le plus généralement, ses parents n'usent de violence à son égard que pour assurer son bien-être matériel; les cas où ils ne sont mus que par un mobile d'intérêt purement personnel, sont peu communs et échappent rarement à la réprobation générale.

Tout le contraire a lieu chez les Arabes.

Une jeune fille est souvent fiancée et mariée à son insu, et quelquefois elle ne connaît son maître qu'après avoir été installée dans la maison de celui-ci.

Un père ne donne pas sa fille en mariage à un prétendant : il la lui cède en échange d'une somme débattue, convenue d'avance, devant témoin, même. En un mot, il est notoire que le mariage chez les Arabes, est un véritable marché.

Par conséquent, le sort d'une jeune fille y est entièrement soumis à la cupidité de son père.

Or, Bel-Hadj-el-Miloud était très-cupide. Depuis plusieurs années une pensée unique le préoccupait : retirer de la beauté de sa fille la plus grosse somme d'argent possible.

Cette idée fixe l'avait rendu pénétrant et rusé. Il connaissait le fond de toutes les bourses, et, sous un air d'indifférence parfaite, il savait apprécier à leur juste valeur les regards que les chefs de famille, comme les jeunes gens, jetaient sur Yamina lorsqu'elle passait près d'eux avec d'autres jeunes filles de la tribu. Il avait pu se convaincre ainsi que son enfant était secrètement convoitée par plusieurs vieillards, qui avaient de l'argent en silos et des troupeaux dans la plaine. Et, sachant tout ce qu'il pouvait attendre de ces natures sensuelles, le vieux coquin éconduisait sans pitié les jeunes gens des Beni-Mengouch, lesquels n'avaient guère à lui offrir que leur dévouement, ce dont il se souciait fort peu.

La mère de Yamina ne partageait pas ces préoccupations sordides; impatiente, comme toutes les mères, de connaître le sort de sa fille, elle insinuait chaque jour à Miloud qu'il devait se hâter de fiancer leur enfant.

Miloud, pour toute réponse, hochait la tête en souriant d'un air qui voulait dire :

— Il y a longtemps que j'y songe ! Et si je ne me presse pas, c'est que j'ai de bonnes raisons !

Sa femme ne pouvait obtenir de lui d'autre explication.

Toutefois, qu'il fût mu par l'amour paternel ou par les espérances de lucre qu'il fondait sur la beauté de sa fille, Miloud avait pour elle la sollicitude du plus tendre des pères. Il savait lui procurer une foule de ces petits objets de toilette qui font les délices des femmes kabyles, et qu'on ne trouvait pas aux Beni-Mengouch. Il allait même quelquefois lui même jusqu'à Tlemcen, dans le seul but de lui acheter un collier, des babouches, un rien.

Des fleurs dans les cheveux, un haïch léger, des bandes

de brocart commun, roulées en désordre autour du corps, forment en général toute la toilette des jeunes Kabyles. Sous cet ajustement, bizarre, mais gracieux et toujours proprement entretenu chez les jeunes filles appartenant aux familles aisées, Yamina formait un des plus beaux types de femme kabyle qu'on eût jamais vu dans les montagnes des M'esîrda. Ce qui la distinguait surtout des autres jeunes filles de la tribu, c'était l'expression extraordinaire de sa physionomie et ses allures sauvages. Sa beauté, plus mâle que féminine, contrastait vivement, en effet, avec la grâce juvénile de la plupart de ses compagnes; d'ordinaire vive et rieuse comme elles, parfois son visage devenait subitement sombre et farouche ; d'un autre côté, ses traits, fortement accentués, et le feu de ses grands yeux noirs, accusaient une énergie de caractère très-rare chez des enfants de son âge.

Plus d'un lecteur, en raison des conditions misérables dans lesquelles la femme arabe se trouve généralement, pourrait être tenté de ne voir dans cette esquisse de notre principale héroïne, et dans certains épisodes de son histoire, que des fantaisies de l'imagination.

Qu'on veuille bien encore nous permettre à ce sujet une courte et dernière digression.

Dans la première phase de la vie, c'est-à-dire jusqu'au moment de leur mariage, les femmes kabyles, bien supérieures sous tous les rapports aux femmes arabes de la plaine, portent en elles tous les germes d'une beauté remarquable, et ont dans leurs allures une grâce peu commune. Mariées, il est vrai, dès l'âge de douze à quatorze ans, elles ne tardent pas, ainsi que les femmes de la plaine, quoiqu'à un degré moindre, à se faner ; il est même rare qu'elles atteignent trente ans sans que leurs physionomies ne soient déjà marquées de tous les signes d'une vieillesse prématurée ; et cet affaissement physique, il n'est que trop vrai encore, entraîne toujours leur dégradation morale.

Cependant, malgré cette chute rapide, que leur régime social rend inévitable, on ne peut se refuser à reconnaître qu'elles ne soient douées de tous les avantages que Dieu a répartis à la femme en général.

Nous n'en voulons d'autre preuve que l'histoire même de la contrée où se passe notre drame : il n'en est peut-être pas, toutes proportions gardées, de plus féconde en femmes illustres. Leurs noms rempliraient des pages. Mais nous nous contenterons d'en citer quelques-uns des plus populaires : Lalla-Cetti, la sainte de Tlemcen, par exemple ; sa sœur, guerrière fameuse, dont le mausolée s'élève sur le bord de la mer, non loin de Nemours ; l'héroïque Bréda (1), et enfin la glorieuse Lalla-Magrnia, dont le nom doit si souvent reparaître dans cette histoire, et qui a laissé, il y a plus d'un siècle, des souvenirs encore révérés aujourd'hui par toutes les populations indigènes de l'Ouest.

Nous sommes donc fondé à affirmer que des types comme notre jeune héroïne ne sont pas très-rares parmi les Arabes, et nous ajoutons que s'il en est si peu qui arrivent à la célébrité, c'est que l'historien et le romancier leur font presque toujours défaut.

Cela dit une fois pour toutes, je reprends mon récit.

Le Kiss, on le sait, se trouve sous une latitude où l'adolescence de la femme se termine d'ordinaire à quinze ou seize ans. Grâce aux projets cupides de Miloud, Yamina avait donc pu atteindre à la plénitude de ses forces et de sa beauté.

Lorsque l'amour ou la haine, ou l'un et l'autre, s'emparent d'un riverain du Kiss, tout ce qu'il y a de puissances

---

(1) Walsin Esterhazi (le Maghzen).

vitales en lui se tend avec une violence inouïe vers sa passion ; et alors, si les circonstances le nécessitent et s'y prêtent, cet homme fait pâlir la férocité du tigre, il rivalise d'audace avec le lion.

C'est en dire assez pour laisser déjà pressentir les tempêtes que la beauté de Yamina devait nécessairement soulever au sein de cette contrée, où il n'existait ni autorité ni administration régulière, où le meurtre est le péché mignon des hommes, et où tout meurtrier peut toujours se promettre l'impunité à la faveur d'une fuite rarement difficile.

IV

La rencontre.

Les femmes et les jeunes filles des Beni-Mengouch, avons-nous dit, descendaient chaque matin à la fontaine, toutes munies d'une cruche. Ordinairement les femmes y restaient une heure ou deux et remontaient au village, laissant les jeunes filles jouer dans le bas du ravin. Mais un jour, — on était alors au mois d'août, — lorsqu'elles eurent puisé de l'eau, la plupart des mères appelèrent leurs enfants en leur criant :

— Fillettes, remontez !... Vous savez que Sidi-Moufock, le Lion, rôde aux environs des Beni-Mengouch !... Ne restez donc pas seules dans le ravin !...

Les jeunes filles s'enfuirent aussitôt avec épouvante ; mais Yamina courut au-devant d'elles et les arrêta.

— Restons !... restons !... dit-elle avec énergie, qu'avons-nous à craindre de Sidi-Moufock ?... Les Beni-Mengouch ne sont-ils pas gardés par les spahis ?

Encouragées par l'assurance de Yamina, les jeunes Kabyles laissèrent remonter leurs mères au village et s'assirent au bord d'un petit bassin que le ruisseau formait à quelques pas de la source, sous des ombrages épais.

— Bien que la tribu soit gardée par des cavaliers, dit l'une d'elles en tremblant, j'ai peur de Sidi-Moufock : car les spahis ne peuvent rien contre lui, puisque Lalla-Magrnia, son aïeule, qui vit au ciel, le protège... On dit qu'elle l'accompagne toujours, lorsqu'il est en danger...

— Mais pourquoi vient-il dans le ravin des Beni-Mengouch, fit observer une autre, quand sa tête y a été mise à prix ?

— Il aime Aïcha et il veut l'enlever, dit une troisième en riant.

— Non ! s'écria sur le même ton celle qui portait le nom d'Aïcha, ce n'est pas moi qu'il aime : c'est Fatma !

— Ce n'est ni Aïcha, ni Fatma, dit une quatrième : c'est Yamina !

Et alors toutes s'écrièrent en chœur :

— Oui ! oui !... C'est Yamina !... C'est Yamina !...

Après quoi la dernière qui avait parlé reprit :

— Sidi-Moufock chassera les Français... Il deviendra sultan et Yamina sera sultane !

Ces paroles soulevèrent un concert de prédictions riantes en faveur de Yamina.

— Elle aura des bijoux précieux ! s'écriaient-elles, des étoffes de soie !... Elle dormira sur des coussins de velours !... Elle aura des esclaves !...

Yamina les interrompit en disant avec un geste de dédain :

— Moi, je ne désire ni les bijoux, ni les parures brillantes... Je voudrais ne jamais devenir la femme d'un homme... Je ne souhaite pas même être sultane... Comme les autres femmes, les sultanes appartiennent à un maître !

— Moi, continua-t-elle en s'exaltant, je voudrais être gazelle... Les gazelles n'ont point de maître. Quand elles veulent courir sur les crêtes des montagnes, elles courent sur les crêtes des montagnes... Quand elles veulent franchir les ravins, elles franchissent les ravins !...

Les dernières paroles de Yamina se perdirent dans les cris joyeux des jeunes Kabyles.

— Folle !... Folle !... Yamina est folle !... elle est folle !... disaient-elles.

Et la première qui avait ouvert la conversation sur Moufock, ajouta :

— Sans doute, les gazelles n'ont point de maître !... Mais les panthères les dévorent !...

— Au risque d'être dévorée par la panthère, objecta Yamina, j'aimerais mieux être une gazelle que la femme d'un homme !...

Les jeunes filles s'écrièrent de nouveau :

— Yamina est folle !... elle est folle !... Elle dédaigne ce que toutes les jeunes filles de la terre désirent !...

Et elles se mirent à danser en rond autour de Yamina en poursuivant :

— Yamina sera heureuse malgré elle !... tous les chefs la recherchent en mariage !... bientôt elle sera fiancée !...

Yamina les interrompit encore en s'échappant du cercle qu'elles avaient formé autour d'elle, et sauta sur la pointe d'un rocher.

— Le jour où je serai fiancée, dit-elle, vous danserez, joyeuses comme aujourd'hui, autour de Yamina, et Yamina sera plus triste et plus confuse que l'oiseau qui a perdu ses ailes !

Puis, regardant le haut des montagnes, elle s'écria avec transport :

— Oh ! que je voudrais être hirondelle ou gazelle !...

Et en deux bonds, elle se précipita dans le bassin et s'y plongea tout entière, en s'agitant comme un cygne et en riant aux éclats.

En ce moment un cavalier apparut au fond du ravin, du côté de Lalla-Magrnia, et s'approcha des jeunes Kabyles avec une extrême rapidité. En moins d'une minute, il arriva près d'elles et s'arrêta court à leur vue.

Yamina, surprise dans un déshabillé voisin de la nudité, se sauva précipitamment au fond du bassin, où elle trouva sous le feuillage une sorte de refuge, et ses compagnes restèrent immobiles, considérant le nouveau venu avec autant de surprise que d'admiration.

Après avoir examiné pendant un instant d'un œil curieux et réjoui le groupe charmant qu'il voyait devant lui, le cavalier s'adressa aux jeunes Kabyles et, d'une voix pressante et amicale, il leur dit :

— Jolies fillettes des Beni-Mengouch, j'ai excessivement soif et je ne voudrais pas descendre de cheval. Si l'une de vous veut me donner de l'eau fraîche de la source, je prierai Dieu, qui est tout-puissant et à qui l'hospitalité est toujours agréable, de vous jeter à toutes des perles et des colliers sur votre chemin.

Les jeunes filles prirent à l'instant leurs cruches et coururent vers la fontaine ; quant à Yamina, elle resta immobile et silencieuse au fond du bassin, le corps à demi caché dans l'eau et regardant le voyageur avec une inquiétude et une curiosité également vives.

Il est vrai que le personnage qui lui causait une telle émotion, était peut-être l'homme au monde le plus propre à troubler l'esprit d'une jeune Kabyle.

Ce personnage, appelé Hamady, avait tout l'extérieur d'un héros de drame, non point de ces drames qui se jouent dans des cavernes et des souterrains en carton, mais de ces drames réels, qui se passent au grand air, dans le désert ou sur les bords du Kiss ; et ce qui faisait de lui, dans ce genre, un type accompli, c'est qu'il en avait le caractère et qu'il en remplissait officiellement l'emploi.

Expliquons-nous sur cet emploi officiel, inconnu en Europe.

Le lieutenant D. était alors chef du bureau arabe de Lalla-Magrnia, et il faisait une si rude guerre aux assassins et aux pillards qui désolaient l'ouest de l'Algérie, il les traquait de si belle façon, il en faisait tant *disparaître*, pour employer une expression locale devenue célèbre, qu'aujourd'hui encore les bandits du Kiss ne prononcent son nom qu'avec terreur. Or Hamady était attaché en qualité de brigadier de spahis au lieutenant D., et il en était l'ombre, l'âme damnée. Il lui servait d'éclaireur dans les expéditions clandestines qu'il faisait, la nuit, sur le territoire du Maroc ; il cumulait secrètement les fonctions de chef de la police de sûreté générale du cercle et, — dans les circonstances pressantes, — celles d'exécuteur des hautes-œuvres.

Avec de pareilles attributions, on le comprend, la vie de cet homme ne devait être qu'un long drame.

Le plus vulgaire des spahis, quand il est sur son cheval, drapé dans sa grande tenue, a toujours un air magnifique ; qu'on se figure donc quelle devait être la prestance de celui-ci, connu pour le plus crâne spahis qu'on eût jamais vu sous burnous rouge.

En ce moment, surtout, il était superbe.

Son double burnous rouge et blanc, fièrement rejeté en arrière, laissait à découvert, étalé sur sa personne, tout ce faste de ceintures, de haïchs, de foulards, de pistolets et de poignards que l'on ne retrouve que chez le spahis *fantaisiste*. De grandes bottes de marocain rouge, dépourvues de semelles, piquetées en tous sens de fils d'or et d'argent, lui remontaient jusqu'au dessus des genoux.

La jambe gauche de son cheval disparaissait sous une superbe peau de panthère; une peau de chat-tigre pendait du côté opposé; enfin un medol (1) immense, posé perpendiculairement sur sa tête, complétait cette splendeur africaine.

Le visage du cavalier était à l'avenant de sa tenue : Peau blanche, quoique légèrement brunie par le soleil, yeux enfoncés, regard hardi et flamboyant, joues creuses, moustaches en croc, le tout fortement empreint de cruauté et d'audace, et formant, néanmoins, une physionomie pleine d'attrait. A première vue, on reconnaissait, je ne saurais dire en quoi, que cet homme, âgé de vingt-cinq ans à peine, tenait pour rien la vie d'autrui et que la sienne était suspendue à un fil.

Il n'avait pas fini de formuler sa prière, avons-nous dit, que les jeunes filles, Yamina exceptée, s'étaient élancées vers la source. Charmé de les voir si empressées, il les suivit des yeux jusqu'à leur entrée dans le bosquet. Ayant ensuite tout naturellement ramené son regard devant lui, il aperçut Yamina, et après un premier mouvement de surprise, il se rapprocha de la belle Kabyle en faisant bondir son cheval. Il l'examina d'abord avec une curiosité impertinente ; mais au bout de quelques secondes son regard se radoucit, puis s'enflamma tout à coup de la plus étrange façon. Une évolution analogue, aussi rapide, se produisit en même temps dans la physionomie de la jeune sauvage : craintive, effrayée à l'approche d'Hamady, ses yeux s'animèrent peu à peu d'une sympathie ardente, et lancèrent des lueurs phosphorescentes au moment où ceux du cavalier s'enflammaient. Après quoi, tous deux restèrent immobiles, silencieux, l'œil fixé l'un sur l'autre.

(1) Chapeau de paille à l'usage des Arabes du désert.

Cette attitude curieuse, occasionnée par les premiers saisissements d'une passion naissante, se prolongea jusqu'à l'arrivée des jeunes filles. Elles revinrent en courant à toutes jambes, entourèrent Hamady, et ce fut à qui lui ferait accepter sa cruche.

Mais le spahis ne répondit plus à cet empressement gracieux, que par une indifférence barbare. Comme s'il ne les eût ni vues ni entendues, il fit brutalement caracoler son cheval à droite et à gauche, les éloigna ainsi de lui sans perdre de vue les yeux de Yamina, dont le regard semblait littéralement lié au sien, et, s'adressant à celle-ci, il lui dit d'un air de reproche caressant, presque craintif :

— Tu méprises ma prière, toi ; et c'est sans doute parce que tu es la plus belle ?... Pourtant Dieu ne dispense personne des devoirs de l'hospitalité !

Hamady se tut ; Yamina conserva son silence et son immobilité.

Un instant après, Hamady reprit :

— Belle vierge des Beni-Mengouch ! c'est à ta cruche seule qu'Hamady des Adjeroude, cavalier du bureau arabe de Lalla-Magrnia, veut se désaltérer !... Si tu me refuses, tu m'auras défendu pour toujours de boire à la fontaine des Beni-Mengouch... Et alors, plutôt que d'y tremper mes lèvres, je mourrai de la soif du désert !...

Les reproches d'Hamady produisirent sur Yamina une impression profonde et pénible.

Refuser au voyageur l'eau de la fontaine des Beni-Mengouch, c'était violer les devoirs de l'hospitalité, en si grand honneur chez les Kabyles ; c'était même vouer la fontaine de la tribu à la malédiction des étrangers !... Et à qui refusait-elle sa cruche ? à un homme pour lequel elle eût peut-être donné sa vie en ce moment.

Pressée par le remords et par les entraînements irrésistibles de son cœur, elle fit un mouvement comme pour courir à la fontaine; mais s'étant aperçue du désordre de sa toilette, elle s'arrêta en rougissant et chercha de nouveau à se cacher au fond de l'eau.

Le déshabillé dans lequelle elle se trouvait ne lui permettait guère, il est vrai, de sortir de son refuge. En se plongeant dans l'eau, tout à l'heure, ses cheveux s'étaient déliés et retombaient, épars, ruisselants, sur ses épaules et sur son sein; le haïch transparent dont elle était vêtue, ruisselant comme ses cheveux, était collé sur son corps et en dessinait toutes les formes. — Une branche de vigne l'eût certainement mieux voilé que ce simple appareil de naïade.

Après un moment d'attente, Hamady renouvela sa prière; et Yamina, confuse, repliée sur elle-même, garda encore le silence.

Hamady ne se découragea point. Il était au contraire évident que cette scène était pleine de charme et de volupté pour lui, malgré le mutisme obstiné de Yamina. Au reste, il devinait trop bien les dispositions d'esprit de la jeune sauvage à son égard, pour s'arrêter en si beau chemin. Tout en ayant l'air d'attendre une réponse, il s'approcha insensiblement du bassin; puis il fit bondir tout à coup son cheval jusque sur le bord de l'eau.

Yamina jeta un cri subit, saisit, en sautant, une branche de figuier, longue et flexible, qui s'étendait au-dessus de sa tête, et l'abaissa vivement devant elle.

Mais ce mouvement ne servit qu'à l'exposer davantage aux regards d'Hamady: car la branche, trop faiblement retenue par la pression légère qu'elle lui imprima, se releva et s'abaissa à plusieurs reprises, l'enlevant hors de l'eau et l'y replongeant tour à tour.

Hamady suivait ce spectacle voluptueux avec avidité;

et il dévora la jeune sauvage du regard jusqu'à ce qu'elle eût enfin fixé la branche devant elle.

— Je suis donc maudit, reprit-il d'un air de vif chagrin, puisque j'épouvante la plus belle vierge que le Tout-puissant ait envoyée sur la terre!... Que la volonté du Seigneur s'accomplisse!... Mais que sa bénédiction reste sur ta jolie tête, belle vierge, et qu'il réalise tous tes désirs!.. Si ce n'est pas là ce que je souhaite le plus en ce moment, que ma bouche et mes yeux soient fermés pour l'éternité!...

Hamady se tut de nouveau; Yamina resta silencieuse.

— Ma vue te gêne? poursuivit le spahis avec amertume, tu veux que je m'éloigne?... Adieu, belle enfant du paradis, Hamady ne t'effrayera plus!...

Et il poussa un profond soupir, tourna bride, serra les flancs de son cheval, et tout en le retenant, prit les allures d'un homme désespéré qui veut s'éloigner à la hâte.

Un cri sourd, étouffé, le cri de détresse d'une personne qui tombe dans un abîme, sortit de la poitrine de Yamina; pendant quelques secondes, sa pudeur lutta encore contre les élans sauvages qu'elle ressentait pour le cavalier, puis elle lâcha la branche et, d'une voix énergiquement accentuée, elle s'écria :

— Reste!

Hamady se retourna vivement vers Yamina; leurs regards se confondirent de nouveau, et tous les feux d'un amour résolument avoué jaillirent de leurs yeux.

Alors, oubliant sa nudité, Yamina s'élança hors de l'eau et courut remplir sa cruche à la fontaine.

Lorsqu'elle eut disparu dans le bosquet, les jeunes filles se rapprochèrent d'Hamady et l'une d'elles lui demanda :

— Tu sers les Français et tu oses voyager seul dans les M'esîrda ?

— Les M'csirda sont amis des Français, répondit Hamady ; qu'ai-je à craindre ?

Presque toutes s'écrièrent avec sollicitude :

— Mais tu ne sais donc pas que depuis quelque temps Sidi Moufock rôde dans le ravin des Beni-Mengouch ?

— Un guerrier ne doit pas craindre un guerrier ! fit Hamady avec un sourire fier et dédaigneux. Je ne crains pas plus Moufock que tout autre !

— On dit pourtant qu'un guerrier ne peut rien contre lui, car il est protégé par Lalla-Magrnia, son aïeule.

Un vif sentiment de haine se peignit sur le visage d'Hamady.

— Jeunes filles, demanda-t-il en tordant sa moustache avec une colère concentrée, vous avez sans doute entendu dire que le père d'Hamady-Alla-ben-Diff, des Adjeroude, a été assassiné par le père de Moufock-ould-Magrnia ?

— Oui... Les chefs de famille en parlent souvent.

— Eh bien ! je vous jure, ici, devant Dieu, que vous ne tarderez pas entendre raconter que Moufock est mort des mains d'Hamady !...

L'arrivée de Yamina interrompit cet entretien ; la jeune Kabyle revint en courant avec rapidité, et, muette, palpitante, offrit sa cruche à Hamady.

Hamady s'empressa de la prendre. Il la porta à ses lèvres sans quitter Yamina des yeux et but avec une lenteur extrême. Bien d'autres, à sa place, auraient fait comme lui, car il est rarement donné à l'homme de goûter à des voluptés aussi vives que celles qu'il savourait en ce moment : l'heureux mortel, en effet, laissant tomber pour ainsi dire goutte à goutte dans son gosier desséché l'eau glacée de la fontaine, éprouvait d'ineffable délices, pendant que d'un autre côté son regard avide et lascif errait avec non moins de félicité sur le corps et le visage de la belle vierge des Beni-Mengouch.

Cette scène dura une minute à peine, et pourtant, non-seulement Hamady et la jeune Kabyle se confirmèrent les aveux qu'ils venaient d'échanger, mais ils se dirent encore des yeux mille choses qui auraient nécessité des heures d'entretien à des amants européens libres.

A certains phénomènes particuliers à la vie des Arabes, on dirait vraiment que la nature s'ingénie à donner à leurs sens des facultés qui ne sont nullement dans les attributs naturels de ceux-ci, et qu'en outre elle doue ces facultés d'une puissance d'action proportionnelle aux exigences des passions qui sollicitent l'individu.

Les mœurs arabes, par exemple, n'autorisent pas ce que l'on appelle en France *faire la cour;* en second lieu, les rencontres entre amants sont très-rares et fort dangereuses : les intrigues d'amour ne peuvent donc avoir ni préface ni mise en scène ; l'accord doit naître d'un premier regard, les projets doivent être arrêtés en quelques signes instantanés. Et c'est ce qui arrive toujours dans ces situations pressantes : alors les yeux, les physionomies des amoureux parlent, s'il est permis d'ainsi s'exprimer, avec une lucidité et une rapidité qui tiennent du prodige.

C'est ainsi que la jeune Kabyle et le cavalier, dans une première rencontre, en un instant, en présence de témoins et sans prononcer une parole, se jurèrent d'être l'un à l'autre en dépit de tous les obstacles qui pourraient se présenter.

Toutefois, quelqu'affirmatif que soit le langage des yeux, les amants n'en sont pas moins toujours très-avides de se le confirmer par la parole.

Hamady ressentait vivement ce désir, partagé par Yamina ; d'ailleurs il fallait arrêter un rendez-vous.

Mais comment se dire tant de choses sans être entendu des jeunes filles qui les entouraient?

Un Kabyle en bonne fortune ne s'embarrasse pas pour si peu.

Lorsqu'il se fut désaltéré, Hamady se pencha vers Yamina comme pour lui rendre son vase ; la jeune Kabyle éleva en même temps les bras pour le prendre, mais au moment où elle allait le saisir, le cheval parut s'effrayer et recula tout à coup de quelques pas. Indécise s'il fallait aller au cavalier ou l'attendre, Yamina resta un instant immobile. Cependant comme le cheval, tout en caracolant, reculait toujours, elle s'élança vers Hamady. Mais à son approche, le cheval bondit encore en arrière ; elle courut une seconde fois vers le cavalier, puis une troisième, puis une quatrième : l'ombrageux coursier reculait toujours. Surexcitée ainsi au dernier point, elle se jeta à la poursuite d'Hamady et, palpitante, les bras tendus vers le spahis, suivit le cheval pas à pas avec une persistance fébrile.

On a compris la manœuvre du rusé cavalier.

Quand il eut attiré Yamina à une assez grande distance pour ne pouvoir plus être entendu des jeunes filles, il arrêta son cheval et dit à Yamina d'une voix rapide :

— Comment t'appelles-tu? Demanda-t-il à la jeune fille.

— Yamina, de la maison de Bel-Hadj-el-Miloud, répondit-elle sur le même ton.

— Tu sais ce que je veux?

— Tu veux que Yamina soit ta femme!

— Tu sais que pour te posséder, je brûlerais l'univers... que je me ferais berger de vaches... que je consentirais à ne plus monter à cheval de ma vie?

— Tes yeux me l'on dit... je te crois... — Moi, je désirerais te suivre et ne plus te quitter!... — Tu m'as sans doute jeté un *charme*, car à ta vue, ce désir m'est venu subitement... comme une lumière qui vous apparaît, la nuit !

— Si tu n'es pas encore fiancée, ce que je saurai bientôt, poursuivit Hamady avec une nouvelle animation, j'irai te chercher chez ton père...

Puis, indiquant à Yamina un bouquet de caroubiers qui s'élevait au loin sur la montagne opposée aux Beni-Mengouch, il ajouta :

— Mais si déjà ton père t'a fiancée, cherche-moi des yeux sous ces caroubiers ou sur les rochers environnants, tu ne tarderas pas à me voir ou à m'entendre.

— Si tu ne reviens pas sous peu de jours, tu ne me trouveras plus : je serai morte !

— Tu ne mourras pas !... tu seras la femme d'Hamady !...

— Le charme que tu as jeté sur moi a altéré tout mon corps d'une soif que je ne comprends pas !... Ce que je ressens pour toi, est comme le désir que l'on éprouve pour la fontaine où l'on voudrait se plonger, quand on est dévoré de la soif du désert !... Je voudrais être suspendue à ton cou et fuir avec toi dans les endroits cachés !...

Ces aveux passionnés remuaient les sens d'Hamady au point de lui couper la voix.

— Tu seras la femme d'Hamady, je le jure ! dit-il en phrases décousues. Et Hamady n'aura jamais d'autre femme que Yamina !... — Je t'aimerai comme les Français aiment leurs dames !... — Tu seras la maîtresse de ma maison !... — Mais, ajouta-t-il, si avant mon retour ton père veut te marier, résiste !...

Il déposa la cruche dans les mains de Yamina et, par un mouvement plus rapide que l'éclair, se pencha vers la jeune Kabyle pour lui prendre au vol un baiser sur le front. Au même instant, obéissant à un élan involontaire, irrésistible, et aussi rapide que celui d'Hamady, Yamina éleva la bouche au point même où devait aboutir celle du spahis, et leurs lèvres s'entre-effleurèrent comme attirées par un double courant électrique.

Ce baiser produisit sur la vierge des Beni-Mengouch une commotion inexprimable : tout son corps vibra pendant quelques secondes et ses yeux lancèrent des flammes.

En ce moment, un cri, ou plutôt un rugissement étouffé passa dans l'air, et un homme s'élança d'un fourré à mi-côte du versant opposé aux Beni-Mengouch, du côté du Kiss, et disparut dans le fond du ravin.

Les jeunes filles, seules, remarquèrent cet incident ; Yamina et Hamady étaient trop profondément troublés pour voir et entendre autre chose que ce qui se passait entre eux.

Sur les bords du Kiss, dans cette saison, l'air et le soleil ont des influences terribles sur les sens : les déterminations y sont promptes comme une explosion, les passions spontanées comme un accès de colère, ardentes et sauvages comme la nature du pays.

A la suite de la commotion que le baiser d'Hamady produisit sur Yamina, la vierge se trouva enivrée, elle fut prise d'une sorte de délire *passionnel*. Oubliant que ses compagnes l'observaient, elle laissa glisser sa cruche sur le sable, saisit d'une main fébrile le burnous du cavalier, mit le pouce de son autre main dans sa bouche, arrêta ses yeux phosphorescents sur ceux d'Hamady et se mordit avec rage.

— Tiens ! dit-elle, les lèvres teintes de sang, en montrant au spahis son doigt meurtri, tiens !... je suis à toi !... quand même !...

Une expression de joie infinie éclata sur le visage d'Hamady ; il releva fièrement la tête, comme le coq qui va chanter sa victoire, roula d'un air glorieux la pointe de ses moustaches entre ses doigts, salua les jeunes filles et fit de nouveau caracoler son cheval en s'éloignant à reculons, fort loin de se douter des dangers imminents qui le menaçaient.

Le personnage que les jeunes filles avaient vu sortir du fourré, tout à l'heure, était à une centaine de pas derrière lui, dans une touffe de figuiers, monté sur un cheval qui n'avait pour tout frein qu'un simple filet à peine visible. Le visage caché dans le capuchon de son burnous, il regardait Hamady avec des yeux de tigre, cherchant à le reconnaître avant de s'élancer sur lui. Mais voyant qu'il ne se rapprochait que très-lentement, le dos tourné de son côté, il se précipita tout à coup, ventre à terre, sur le spahis et lui tira un coup de pistolet en s'écriant :

— Chien !... fils de l'Enfer !...

Hamady, qui, sans cesse exposé à de pareilles surprises, avait l'habitude de se mettre en garde au moindre bruit inconnu, fit à point un écart aussi rapide que la pensée et évita le choc et le coup de feu du cavalier. Instantanément, il fondit à son tour sur son agresseur et lui porta un coup de sabre en lui disant :

— Pour toi, l'Enfer !...

Mais, décrivant un demi-cercle d'une hardiesse admirable, le cavalier déjoua l'attaque d'Hamady et revint avec rapidité sur ses pas. Hamady se retourna en un clin d'œil et tira sur le fuyard deux coups de pistolet, auxquels ce dernier ne répondit que par un éclat de rire sardonique. Celui-ci continua à fuir rapidement, et lorsqu'il eut distancé le spahis, qui courait à sa poursuite, il ralentit l'allure de son cheval, releva son capuchon et regarda Hamady d'un air dédaigneux.

Un cri instantané de surprise et de colère sortit de sa poitrine.

— Hamady-Alla-ben-Diff ! s'écria-t-il en s'arrêtant comme s'il eût voulu revenir sur ses pas.

En même temps, Hamady jeta un cri semblable en disant :

— Moufock-ould-Magrnia !

Après un instant d'hésitation, le cavalier qu'Hamady avait appelé Moufock-ould-Magrnia se remit en marche, mesurant son pas sur celui du spahis, dont le cheval, déjà fatigué des courses de la journée, ne courait plus que l'éperon au flanc.

Au bout de quelques minutes, Hamady reconnut qu'il ne pourrait rejoindre le célèbre bandit qui vient d'entrer en scène.

— Tu fuis, Moufock ! lui cria-t-il d'un air de mépris affecté, voulant l'exciter au combat.

Moufock haussa les épaules et répondit :

— Celui qui brave même les vaillants que Dieu protège, fuit-il jamais devant les maudits qui servent le démon ?

— Tu es lâche, Moufock ! reprit Hamady, car tu as peur de mon bras !... Tu es lâche, car si tu n'avais sur toi le charme qui te protège contre les balles, tu fuirais la portée de mes pistolets comme celle de mon poignard !

Les Arabes croyaient en effet que les balles ne pouvaient toucher Moufock.

— Hamady, répliqua-t-il sur le ton de l'ironie, je suis sur les terres des *chiens* (1), tes maîtres, qui ont mis ma tête à prix... Tu n'ignores pas cela, toi, leur fidèle serviteur ? — Viens sur le Kiss, ajouta-t-il en faisant signe de la main à Hamady : Là, nous nous expliquerons.

Et il lança son cheval.

(1) Chrétiens.

Hamady jeta un dernier regard du côté des Beni-Mengouch. Ayant aperçu Yamina, qui, seule, était restée témoin de cette scène, il lui fit un signe d'adieu et suivit le bandit.

Moufock, que nous avons qualifié de bandit, auquel les Français ont toujours donné cette qualification, que nous lui conserverons, et que les Kabyles du Kiss considéraient comme un héros, Moufock avait alors vingt-deux ans. A sa constitution grêle, à son visage pâle, plein de finesse et de distinction, nul au monde n'eût certainement soupçonné le terrible chef de brigands qui inquiétait depuis trois ans les cercles de Nemours et de Lalla-Magrnia, et dont les coups de main dénotaient une force, une audace et une ruse incroyables.

Après une demi-heure de marche, Hamady s'arrêta et l'interpella de nouveau.

— Moufock, lui cria-t-il, la peur te donne des ailes ! je ne puis plus te suivre !... d'ailleurs, j'ai autre chose à faire que de courir après un lièvre !... au revoir, Moufock !...

Moufock indiqua à Hamady deux mamelons, séparés par un ravin, qui se trouvaient sur leur gauche et dont l'un formait l'extrémité des M'esirda.

— Toi là, moi ici ! dit-il en désignant le dernier pour lui.

Ils coururent simultanément sur les points indiqués.

Moufock prit le premier la parole.

— Hamady, articula-t-il d'un ton calme, démenti par les tremblements de sa voix et l'éclat de ses yeux, Hamady, je ne veux pas me battre contre toi, aujourd'hui, parce que je craindrais de te tuer : ce n'est plus ta tête qu'il me faut maintenant, c'est ton corps vivant.

Hamady prit à son tour le ton d'ironie que Moufock venait d'abandonner et s'écria en éclatant de rire :

— Tu l'aurais déjà, si mon cheval, moins fatigué, pouvait suivre le tien !... — Veux-tu m'attendre ?...

Moufock poursuivit :

— J'avais mis ta tête à prix, mais je vais faire savoir sur toute la frontière que celui qui attentera à ta vie sera puni de mort !

— Je ne suis pas inconstant comme toi, Moufock ! interrompit Hamady. Ton père a assassiné le mien ; j'ai juré de t'arracher le cœur avec mes ongles et de le faire dévorer par mes chiens : je ne change rien à mon serment !

— Assassiné ?... fit Moufock avec mépris. — On n'assassine pas les chiens : on les tue !... ton père avait trahi son pays pour servir les *chiens...* fils de *chiens...* il était moins qu'un chien !... Dieu l'a frappé par la main de mon père, qui vit au paradis : Dieu a fait justice !...

— Comme mon père, je suis dévoué aux Français, parce que les Français sont grands et généreux et qu'on peut les servir et servir Dieu !

— Ah ! s'écria Moufock avec dégoût, voilà bien le langage du démon !... — Traîtres maudits, vous êtes plus misérables que la bête ! La bête, au moins, a un cri à elle, un langage qui lui appartient, tandis que vous autres, traîtres, vous n'êtes qu'un instrument à forme humaine, ont Satan se sert pour répandre les paroles de l'enfer sur la terre !... et la preuve, c'est qu'en tout temps et en tous ieux vous avez toujours tenu le même langage !...

— Les Français sont grands ! insista Hamady d'un air assez embarrassé. Ils nous ont vaincus et ils nous laissent la liberté de nos mœurs et de notre religion !

— Les Français savent que les lâchetés et les trahisons des vaincus font toute la force des vainqueurs, et ils vous paient vos lâchetés et vos trahisons !... mais ils vous méprisent ! — Écoute ceci, que tu ignores, toi, fils de chienne !... plus ignorant qu'un chien ! — Il n'y a pas bien longtemps encore, ces Français maudits, qui nous écrasent, furent aussi écrasés par leurs ennemis... et alors il y eût un grand nombre d'entre eux qui, ainsi que toi, dirent : — On peut servir l'étranger et servir Dieu !... et il y en eût même qui se firent les gendarmes, les *Rockas* (1) de l'étranger ! Or, s'il est vrai, comme on le prétend, que les Français d'aujourd'hui maudissent la mémoire de ces traîtres, comment ne vous mépriseraient-ils pas, vous tous catifats, aghas, caïds et chaouchs, lorsque vous faites comme ceux d'entre eux qui se vendirent à leurs ennemis ?... Ils vous méprisent autant que nous vous exécrons, nous qui sommes restés fidèles à notre Dieu et à notre pays !... — Et toi, vendu, ajouta-t-il, tu oses me traiter de lâche !... les lâches de tous les temps et de tous les pays, les infâmes pour l'éternité sont ceux qui trahissent leur Dieu et qui se vendent à l'étranger !

Hamady haussa les épaules et répliqua en riant :

— C'est très-bien parlé !.... Toutefois, il n'en est pas moins vrai que le commandement des Français est plus juste que celui des chefs arabes : Les Français jugent les hommes, tandis que les chefs arabes leur coupent la tête selon leur bon plaisir.... Et, après la protection du Seigneur, ce que je désire le plus, c'est de conserver la mienne et d'abattre la tienne !

— Oh ! les prétextes ne vous manquent jamais pour

(1) *Rockas* : Espion, mouchard, terme de mépris.

justifier vos trahisons! Mais qui pourrait faire que ce qui est ne soit pas?....

— Moufock! interrompit Hamady, qui ne soutenait cette discussion qu'avec une impatience marquée, tu fais de beaux discours, malheureusement je n'ai pas le temps de les écouter!... Voyons! Est-ce tout ce que tu veux me dire?

— Non!... Ecoute encore ceci : Yamina est la femme que Dieu destine à Moufock-ould-Magrnia, Lalla-Magrnia, mon aïeule, qui vit dans le ciel, me l'a annoncé dans mes rêves. Or tu viens de flétrir le front de ma fiancée!

— Tu te trompes, Moufock, fit Hamady avec un rire ironique, je n'ai pas flétri le front de ma fiancée : j'ai baisé ses lèvres, qu'elle a tendues aux miennes!... Les lèvres de Yamina, Moufock, sont mille fois plus douces que le miel!

Ces dernières paroles arrachèrent à Moufock un cri de douleur.

— Tu mens, vil *Rockas* des chiens, reprit-il d'une voix entrecoupée, et tu seras puni comme doit l'être le plus infâme des maudits!... je l'enlèverai moi-même au millieu du goum de ton lieutenant, ce fils du diable qui assassine lâchement les vrais serviteurs de Dieu, et je l'emporterai à Rorrabba, où nul au monde n'oserait aller affronter le fils de Lalla-Magrnia. Avec mon poignard rougi au feu, je te couperai les oreilles, le nez et les lèvres, et les ferai bouillir dans de la graisse de porc, afin que la miséricorde de Dieu ne descende jamais sur toi!... je t'attacherai à la queue de mon cheval et te promènerai ainsi à travers les Beni-Snassen, puis je te renverrai libre dans les M'esirda. Alors tu ne diras plus que les lèvres des jeunes filles sont plus douces que le miel, car les femmes te fuieront avec épouvante et les enfants te jetteront des pierres en signe de mépris!....

Moufock s'arrêta suffoqué par la colère.

Hamady, qui conservait un calme insolent, répliqua :

— Moufock, tu n'es qu'un enfant !... tes espérances de vengeance te trahiront comme les rêves, car voici ce qui doit arriver : moi seul possèderai Yamina, et tu ne feras point bouillir mes oreilles dans de la graisse de porc ! Non seulement tu ne m'enlèveras pas au milieu du goum de mon lieutenant, mais c'est moi, qui, seul, irai te surprendre à Rorrabba, où nul au monde, dis-tu, n'oserait aller t'affronter. Je te ficellerai plus solidement que ne le fut jamais gueule de panthère prise au piège, et je t'apporterai en croupe derrière moi à Magrnia, où je te mettrai à l'abri de la pluie et du soleil.... et je ne serai pas cruel comme toi....je ne te ferai ni couper le nez, ni crever les yeux !.... je veux au contraire adoucir ta captivité, jusqu'au moment où il sera fait justice de tes brigandages : chaque jour je conduirai Yamina dans ton cachot; son bras entourera ma ceinture, le mien enveloppera sa taille; j'appuierai ma tête sur la sienne et mes moustaches se mêleront à ses beaux cheveux noirs.... je laisserai la porte de ta prison ouverte, pour que tes yeux puissent nous voir clairement : tu pourras alors contempler à ton aise la femme que Dieu destine à Hamady-Alla-ben-Diff !...

Moufock ne lui laissa pas achever cette fanfaronnade, dont l'exécution était incompatible avec le caractère jaloux de l'Arabe : pris d'un accès de fureur devant le tableau irritant qu'Hamady offrait à sa jalousie, il se précipita impétueusement vers le spahis, mais il n'avait pas fait dix enjambées qu'il s'arrêta subitement. Et tous deux restèrent immobiles, s'observant en silence comme deux tigres avides de s'entre-déchirer, mais retenus dans leurs positions par une cause dominant leur volonté.

En ce moment cinq où six coups de fusil retentirent autour de Moufock, et le turban du bandit, frappé d'une balle se déroula derrière ses épaules.

Les spahis placés en embuscade dans le ravin, avaient reconnu Moufock dès le début de sa lutte contre Hamady; se glissant, de broussaille en broussaille, de rocher en rocher, ils s'étaient jetés à la poursuite des deux champions en prenant les raccourcis; ils avaient pu rejoindre ainsi Moufock et faire feu sur lui à une distance de cinquante pas à peine.

Moufock répondit à cette fusillade par le même éclat de rire qu'il avait jeté après le coup de pistolet d'Hamady.

Ensuite il releva fièrement la tête, promena son regard sur les spahis dispersés au bas du mamelon, et prenant ce ton emphatique et solennel commun à tous les chefs arabes qui se croient inspirés, — ou affectent de le croire, — il dit dit d'une voix vibrante :

— Des rivages de la mer jusque dans les replis les plus cachés de l'Atlas, il n'est pas un vivant qui n'ait entendu louer le nom de Lalla-Magrnia, la sainte, que Dieu inspira sa vie durant! — Les bienfaits se répandaient de ses mains comme se répandent du ciel ces pluies abondantes qui raffraichissent les grandes forêts et vivifient en même temps les plantes les plus infimes! — Aux pauvres elle donnait ses biens, aux puissants ses conseils... Et aujourd'hui les enfants maudits de ces pauvres et de ces puissants ont pactisé pour assassiner son fils : les uns donnent le prix du sang, les autres le reçoivent et ils frappent! — Mais Dieu détourne leurs coups!...

Après quelques secondes de silence, il reprit avec un mépris énergique et plein d'ironie :

— Dieu le voit! vous êtes traîtres, voleurs et poltrons!...
— Vous êtes traîtres, car vous vous êtes vendus aux ennemis de votre pays et de votre Dieu! — Vous êtes voleurs,

car vous avez reçu de l'argent pour m'envoyer des balles dans la tête et vous les envoyez au vent ! — Vous êtes poltrons, car vous êtes dix et nul de vous n'ose s'approcher de moi !... — Vous n'êtes pas des hommes !... Vous êtes les lépreux de l'enfer et quand vous y descendrez votre vue dégoûtera les réprouvés !...

Au même instant un spahis tira sur Moufock et le manqua ; Moufock se précipita instantanément sur lui et l'abattit d'un coup de pistolet ; puis, s'adressant à Hamady, qui accourait au secours du spahis, il lui dit :

— Au revoir, Rockas des *chiens !*... chef des Rockas !...

Et il fit volte-face, se pencha sur son cheval et lui siffla dans l'oreille d'une façon particulière. Le cheval partit comme un trait et coupa droit devant lui, à travers les broussailles, les torrents et les abîmes. Nu comme un cheval sauvage, la crinière soulevée par le vent, cet incomparable coureur, qui joue un certain rôle dans cette histoire et dont la mémoire subsistera jusqu'au dernier des Beni-Snassen, semblait plutôt voler que courir. De temps en temps Moufock se penchait sur son cou, lui caressait le poitrail et lui baisait la crinière avec amour.

Et un quart d'heure après, cheval et cavalier avaient disparu dans la vallée du Kiss.

Hamady, qui était porteur d'une missive pour l'agha des M'esîrda, continua son chemin, le cœur heureux, mais l'esprit fort inquiet. Malgré le ton provocateur qu'il avait pris envers Moufock, il le considérait à juste titre comme l'homme le plus redoutable de la contrée ; et tout en poursuivant sa route, il prépara une histoire propre à exciter le chef du bureau arabe de Nemours, dont les Beni-Mengouch dépendaient, à porter toute sa surveillance sur cette dernière tribu.

V

Deux prêtres arabes

Avant de poursuivre ce récit, il est nécessaire de faire plus ample connaissance avec Moufock-ould-Magrnia, personnage entièrement historique et dont le nom a figuré naguère dans un procès célèbre (1).

C'était trois ans avant les événements que nous racontons. Moufock en avait alors dix-neuf. Sa famille, l'une des plus anciennes de la contrée, et qui comptait parmi ses ancêtres l'illustre Lalla-Magrnia, s'était retirée chez les Beni-Snassen après l'occupation par les Français du pays auquel elle a laissé son nom.

Marabout (2) de naissance, entraîné, d'un autre côté, par un penchant naturel, Moufock avait passé sa première jeunesse dans les mosquées d'Oudjdah, ville du Maroc, située à sept lieues environ de Magrnia; dans ces foyers de fanatisme, son âme ascétique et ardente s'était exaltée jusqu'au délire, et à dix-neuf ans il était déjà considéré comme un inspiré.

(1) Procès Doineau.
(2) *Marabout* : se dit indistinctement des prêtres musulmans et des mausolées élevés à la mémoire des saints.

Chez les M'esîrda et les Beni-Snassen, on ne l'appelait que le jeune *Thaleb* (savant) au visage de fille et à l'œil de lion.

A sa taille peu élevée et à la fraîcheur toute juvénile de son visage, on aurait été tenté, en effet, de le prendre pour une jeune fille, si le feu sombre de ses yeux et leur expression dure et sauvage, n'eussent accusé en lui une virilité puissante.

Il aimait passionnément la vie contemplative. Souvent il quittait les mosquées d'Oudjdah et s'en allait à travers les montagnes, s'arrêtant dans toutes les tribus qu'il rencontrait sur ses pas.

Un jour, le hasard le conduisit ainsi aux Beni-Mengouch. Il se rendit d'abord dans un marabout qui s'élève au-dessus du village, au milieu d'un bouquet de lentisques, et se mit à prier.

Il égrenait son chapelet depuis une demi-heure à peine, lorsque plusieurs jeunes filles, parmi lesquelles se trouvait Yamina, passèrent sous le feuillage qui entourait le tombeau saint et s'arrêtèrent immobiles à la vue du jeune religieux. La ferveur du fils de Lalla-Magrnia était si profonde, que ni les chuchotements des jeunes filles, ni l'agitation du branchage n'attirèrent d'abord son attention. Mais en élevant les yeux vers le ciel, il aperçut les jeunes Kabyles, et son regard s'arrêta sur elles, se promenant avec surprise de l'une à l'autre. A la vue de Yamina, ses lèvres, qui avaient continué de murmurer des prières, restèrent immobiles; des lueurs douces jaillirent de ses yeux, puis son regard étincela tout à coup. Les jeunes filles reconnurent alors ce regard unique dans les M'esîrda et s'enfuirent avec épouvante en murmurant :

— Le lion !.. le lion !... C'est le lion !...

A partir de ce moment un rival puissant disputa au

prophète le culte du jeune ascétique : Moufock aimait Yamina, — et l'aimait comme on aime au désert !

Après la fuite des jeunes filles, le fils de Lalla-Magrnia oublia de terminer ses prières. Il se dressa machinalement, réfléchit pendant quelques minutes d'un air étonné et descendit au village, pensif comme un homme qui cherche à graver dans sa tête les souvenirs d'un beau rêve.

La ruse et la dissimulation germèrent si rapidement dans ce cœur, tout en Dieu jusque-là, qu'en arrivant aux Beni-Mengouch, il sut parfaitement, tout en paraissant ne s'occuper que du ciel, se faire renseigner sur la famille de Yamina.

Il apprit ainsi que la belle Kabyle était convoitée par la plupart des hommes de la tribu, et qu'elle n'avait point était fiancée encore parce que le vieux Miloud, son père, ne voulait pas la céder à moins de mille douros.

Un des côtés saillants du caractère de Moufock, était une résolution impatiente dans l'accomplissement des projets qu'il arrêtait : Il allait, comme on dit, droit au but sans hésiter. Cette particularité se révéla pour la première fois chez lui dans l'incident que nous racontons en ce moment. Le lendemain matin, il alla trouver Bel-Hadj-el Miloud, qui lui était inconnu, et, après les salutations d'usage, lui dit :

— Je suis Moufock-ould-Magrnia. Lalla-Magrnia, la glorieuse, qui vit au ciel, est mon aïeule !

Miloud inclina la tête et tendit la main à Moufock, en signe de considération pour lui et de vénération pour la sainte femme.

Moufock reprit :

— Hier j'ai aperçu près du marabout de Sidi-Mengouch, la plus belle fille du Kiss... Elle s'appelle Yamina, fille du chef de famille Bel-Hadj-el Miloud, qui vit dans la crainte du Seigneur... Lalla-Magrnia m'est apparue cette nuit dans mes rêves et m'a dit : — Yamina sera la femme de Moufock-ould-Magrnia : Dieu le veut!.

Cette ouverture désappointa Miloud ; ses lèvres s'amincirent d'une manière visible. Miloud, ainsi que la généralité des Arabes, honorait les saints, mais adorait les douros. Or, un gendre tel que Moufock, proscrit, vivant d'aumônes, lui souriait peu, quelqu'illustre que fût la famille du jeune religieux.

— Tout est à Dieu et les jeunes filles appartiennent à leurs pères! fit-il en mettant ses mains sur sa poitrine et en levant les yeux au ciel, comme pour prendre Dieu à témoin que lui seul sur la terre avait le droit de disposer de son enfant.

— Moufock, qui glorifie les œuvres du Tout-puissant, poursuivit le jeune marabout, respecte les droits sacrés que Dieu a donnés aux chefs de famille sur leurs enfants.

Miloud se remit.

Après quelques secondes de recueillement, Moufock continua :

— Dieu est puissant, Miloud! Il m'a fait pauvre, mais il peut me rendre riche!... Si Moufock t'apporte un jour mille douros, lui donneras-tu ta fille Yamina?

Miloud croyait fort bien que Dieu fait la pluie et le beau temps, mais il était persuadé qu'il ne sème point les douros sur le chemin des amoureux. A la demande de Moufock, un sourire d'incrédulité et de satisfaction passa sur ses lèvres.

— Si l'œil de Dieu se repose aussi visiblement sur la tête de Moufock, répondit-il avec une certaine onction, comment Miloud pourrait-il refuser sa fille au fils de Lalla-Magrnia?

Moufock reprit vivement :

— Alors jure que le jour où je t'apporterai mille douros, Yamina deviendra la femme de Moufock-ould-Magrnia !

— Miloud le jure devant Dieu, qui entend tous les serments des hommes ! dit le père de Yamina avec une effusion apparente, mais bien convaincu que le jeune homme ne lui demandait sa parole que pour une chimère.

Moufock n'était point de cet avis. Car, prenant congé de Miloud, dans la crainte qu'il ne lui imposât de nouvelles conditions, il lui dit d'un air transporté, comme s'il eût été au comble de ses vœux :

— Que le salut de Dieu veille sur ta tête, Miloud ! que la paix et la prospérité demeurent dans ta maison ! — Au revoir, Miloud ! ajouta-t-il en fixant sur le père de Yamina un regard audacieux et résolu qui causa à ce dernier une surprise extrême.

— Au revoir, Moufock.... Et à bientôt ! répondit Miloud... Yamina touche à ses douze ans !... Et je ne saurais tarder à la fiancer !...

— Sous peu je serai de retour, si Dieu ne s'est pas détourné de moi ! dit le jeune marabout en se retirant.

Après son départ, Miloud haussa les épaules d'un air de pitié bienveillante, dans lequel perçait aussi beaucoup de dédain. Il regardait comme impossible que le malheureux proscrit pût jamais se procurer mille douros. Or, s'il avait quelque pitié pour l'infortune, il n'avait pour elle, ainsi que tous les Arabes, aucune considération : les hommes sont les mêmes partout !

L'entretien qu'il eut avec le jeune déshérité lui parut même si peu sérieux, que le jour suivant il l'avait déjà oublié.

Avant de s'éloigner des Beni-Mengouch, Moufock voulut revoir Yamina. Sachant que les jeunes filles de la tribu descendaient chaque matin à la Fontaine glacée, il courut, avant l'aube, se blottir tout près de la source, dans une haie de sureau très-touffue.

Le hasard, ou sa perspicacité, le servit à merveille : il se trouvait en face d'une petite clairière où les jeunes filles prenaient d'habitude leurs ébats.

Au lever du soleil, il les entendit descendre le bosquet et un instant après il les vit s'asseoir au pied même de la haie dans laquelle il était caché. Yamina arriva une des dernières, et, au lieu de se reposer sur l'herbe, sauta sur une branche de vigne suspendue comme une liane entre deux figuiers vis-à-vis du passionné marabout. Ses compagnes coururent à elle et se mirent à la balancer de toutes leurs forces en riant aux éclats.

La fille de Miloud, le visage tourné vers Moufock, les jambes pendantes, le corps incliné en arrière, et se retenant par les mains au branchage, s'abandonnait aux mouvements de la liane avec une grâce délicieuse.

Tous les ravissements du ciel auraient moins ébloui le jeune ascétique, que ce spectacle séduisant. Immobile au fond de la haie, les mains serrées sur sa poitrine, la bouche entr'ouverte et souriante, l'œil étincelant, il tenait son regard sur la belle Kabyle avec la fixité de l'extatique contemplant une vision.

Au bout d'un moment, Yamina fut remplacée sur la balançoire par une de ses compagnes ; celle-ci fit ensuite place à une autre, et chacune se livra ainsi à tour de rôle à cet agréable passe-temps.

Quand elles furent remontées au village, Moufock sortit de sa retraite et s'élança dans la direction du Kiss, marchant au hasard, comme un fou, sans chercher ni chemin ni sentier. La tête en feu, l'imagination en délire, ses yeux voyaient encore la scène à laquelle il venait d'assister ; Yamina était toujours là, se balançant devant lui.

La fraîcheur de la nuit et la solitude du désert finirent pourtant par le calmer.

Les engagements qu'il avait pris envers Miloud lui revinrent alors à la mémoire, et il se demanda où il allait prendre ces mille douros, devenus la condition fatale de son bonheur terrestre. Non-seulement il ne put se répondre tout d'abord, mais après toute une nuit et tout un jour de méditations incessantes, il n'entrevit pas même l'ombre d'un projet propre à le mettre sur la voie de la fortune. A bout de recherches, il revint à Dieu, qu'il avait oublié pendant ces nouvelles préoccupations, et il le pria de faire descendre dans son esprit la lumière qui lui manquait : mais le Seigneur resta sourd à ses prières.

Ces déceptions révélèrent tout à coup au futur bandit une particularité de son existence dont il ne s'était jamais préoccupé, qu'il n'avait même jamais soupçonnée : c'est que malgré les protections qu'il avait au Ciel, en réalité, il était fort misérable sur la terre, ce qui l'étonna profondément.

Jusqu'ici, Moufock, entièrement absorbé par la prière, était resté étranger à toute pensée d'argent, de lucre, de cupidité. Comme toutes les personnes qui dédaignent la fortune, ou qui n'ont jamais eu besoin d'en rechercher les faveurs, il ne se doutait nullement des rigueurs, des lassitudes et des déceptions qu'elle sème sur les pas de ceux qui la poursuivent ; et en offrant à Miloud les mille douros que celui-ci prétendait retirer du mariage de sa fille, il n'avait cru prendre qu'un engagement facile à tenir, erreur qu'il reconnut, avons-nous dit, à sa grande surprise.

Toutefois si la connaissance de sa misère et de sa faiblesse présentes l'étonna, elle ne le découragea point.

Moufock était une de ces natures puissantes dont le courage, l'énergie et la tenacité grandissent en raison des obstacles qu'ils rencontrent dans leurs entreprises. D'ailleurs, il se croyait sous la protection de son aïeule. Ainsi, quand, de guerre lasse, il eut renoncé à chercher le moyen d'acquérir le prix auquel Yamina lui avait été promise, il s'écria, emporté par l'espérance :

— Moufock est pauvre... aussi pauvre que celui qui mendie son pain !... N'importe ! Yamina sera la femme de Moufock !...

Et il s'achemina vers Oudjdah. Arrivé à une demi-lieue de la ville, il prit à droite, et après un quart d'heure de marche, se mit à gravir, lentement, d'un air inquiet, un mamelon au sommet duquel s'élevait un marabout.

Un vieillard, à la barbe longue et blanche, au visage profondément dévasté, quoique plein de feu encore, était accroupi sur le seuil du mausolée. En ce moment sa tête retombait sur sa poitrine, ses mains roulaient un chapelet et ses lèvres murmuraient des prières. Ce vieillard, oncle de Moufock, était un marabout presque octogénaire, qui jouissait d'une grande réputation de sainteté.

Moufock s'approcha craintivement de lui, s'agenouilla à ses pieds, baisa respectueusement son burnous et lui dit :

— Moufock-ould-Magrnia salue Sidi-Chérif-ben-Magrnia, son oncle, à qui Dieu a donné la sagesse et la lumière des saints !

Le vieillard, conservant son attitude, ne répondit que par un regard sombre et dédaigneux.

— Moufock adore le Tout-puissant et le sert, poursuivit le jeune marabout avec amertume, et cependant Ben-Magrnia, son oncle, qui vit en Dieu, le reçoit toujours avec dureté et mépris !

Ben-Magrnia resta silencieux.

Moufock releva la tête, et, d'une voix toujours suppliante, mais énergique, il s'écria :

— Mon père! Moufock a besoin de tes lumières!... Il les invoque au nom du Très-Haut!

L'accent avec lequel Moufock prononça ces paroles émut le vieux marabout; sa figure se radoucit et il dit à son neveu :

— Je prie et je t'écoute : Parle !

Moufock, ouvrant alors son âme au sévère vieillard, lui raconta les scènes que nous venons de rapporter. Le vieux marabout l'écouta d'abord avec une certaine bienveillance, son visage brilla même d'un éclair de joie enthousiaste au récit du rêve dans lequel Lalla-Magrnia était apparue à son neveu. Mais quand le jeune homme lui fit part de l'embarras dans lequel il se trouvait pour acquérir le prix de Yamina, il le repoussa par un brusque mouvement d'indignation et s'écria d'un ton menaçant :

— Celui qui mendie une obole quand il possède de grands biens, ne mérite que le mépris!... retire-toi!...

A cette apostrophe inattendue, dont il ne saisissait pas le sens, Moufock resta interdit.

— Mon père!... reprit-il avec anxiété au bout d'un instant.

— Retire-toi, ta vue m'est un martyre!...

— Mon père!... Sidi-Magrnia!... Tes paroles sont pleines de sagesse... Mais mon esprit troublé n'en comprend pas le sens! Tu es mon père, Sidi!... Dieu a répandu ses lumières sur toi!... Éclaire-moi!...

— Dieu maudit les chefs de famille qui abandonnent leur toit aux enfants du démon!... Comprends-tu ces paroles?... Non!... tu ne les comprendras jamais, car tu n'es qu'une femme!...

— Dieu le veut! continua le vieux marabout en laissant retomber sa tête avec accablement. La famille Magrnia est maudite!... Abandonnée à l'impuissance d'une fille sans force et sans courage, elle sera anéantie!...

Moufock commença à comprendre les sombres pensées de son oncle. Il se dressa vivement, regarda le vieillard en face et lui dit avec une nouvelle énergie :

— Je suis ton fils, Sidi !... parle !... éclaire-moi !...

— On n'éclaire pas les aveugles ! répliqua l'inexorable marabout en tenant son regard farouche fixé sur Moufock. Si tu avais le cœur de ton père, tu saurais par toi-même ce que Dieu te commande ! — Cesse de prier, enfant dégénéré d'une famille de guerriers ! ajouta-t-il avec un redoublement de mépris. Tes prières sont vaines, car les chrétiens sont dans ta maison et tu fuis devant eux comme le lièvre devant le chacal !... tu pries dans le désert, car la prière du sang, seule, peut monter vers le Très-Haut quand la terre du Prophète est souillée par les infidèles !...

Le vieillard se tut, suffoqué par la colère. Tout son corps tremblait, son dos voûté s'était redressé, sa tête semblait prête à lancer l'anathème.

Moufock, terrifié, le regard tendu sur Ben-Magrnia, restait immobile, comme fasciné par celui-ci.

Tout à coup le vieillard se leva impétueusement, darda sur Moufock des yeux étincelants d'indignation et s'écria :

— Quand ton père mourut, assassiné par les *chiens*, je te donnai son poignard et son couteau !... je les mis... là.. sur ta poitrine !... qu'as-tu fait de ces armes ?

Moufock, tremblant d'émotion, écarta son burnous et murmura :

— Les voilà, Sidi !...

— Les voilà !... fit le vieillard avec un ricanement sauvage. Les voilà !... et depuis la mort de ton père, elles n'ont plus revu la lumière du jour !... et les Français vivent en paix à Magrnia !... et Moufock a dix-neuf ans !...

— Mon esprit s'ouvre à la lumière !... s'écria Moufock avec une exaltation subite. Parle !... parle encore, Sidi !...

Le vieux Magrnia, aveuglé par la fureur, s'avança vers Moufock en lui disant :

— Rends-moi ces armes !... tu es indigne de les toucher !...

— Elles m'appartiennent ! exclama Moufock, la tête haute.

— Non !... elles ne t'appartiennent pas !... les guerriers seuls ont le droit de porter des armes !... et Moufock-ould-Magrnia n'est point un guerrier !... c'est un lâche !... — Je te maudis !... éloigne-toi de ma vue !...

La vie sembla se retirer de Moufock à ces paroles. Il fit deux pas en arrière, et, saisi, plus pâle qu'un mort, il resta un instant paralysé. Mais le sang empourpra presque aussitôt son visage ; un frisson visible l'agita de la tête aux pieds, et son regard s'anima d'une façon étrange. S'étant raffermi sur ses jambes, il prit vivement son couteau d'une main et son poignard de l'autre ; ainsi armé, la tête droite, avancée, il fixa ses yeux sur ceux de son oncle.

— Sidi-Magrnia ! dit-il, comme s'il eût ressenti qu'une transformation venait de s'opérer en lui, et avec un accent que le vieillard ne lui avait jamais connu. Sidi-Magrnia ! toi qui lis sur la figure les pensées de l'âme, regarde-moi !... je suis Moufock-ould-Magrnia !... Moufock a-t-il le visage d'un lâche ?...

Une lueur de joie inexprimable rayonna sur le front du vieux Magrnia.

— Dieu tout-puissant !... unique dans l'univers !... fit-il en élevant les mains au ciel, est-ce bien Moufock-ould-Magrnia que je vois devant mes yeux ?...

Et il s'arrêta, muet d'étonnement et d'admiration, les yeux grands ouverts, fixés sur Moufock.

Le jeune marabout ne s'était jamais présenté à son oncle que le regard baissé et dans l'humble attitude d'un enfant craintif, ce qui lui avait attiré à son insu les dédains et les mépris du vieillard, qui eût voulu voir dans son neveu un guerrier ardent à combattre les chrétiens. Or l'enfant timide était devenu tout à coup, comme par une transformation miraculeuse, l'homme que le vieux fanatique avait rêvé dans ses plus violents transports de haine contre les Français.

La physionomie de Moufock, en effet, exprimait au même degré, et d'une manière éclatante, la soif du meurtre, le désir de la vengeance, l'audace et le courage, et sa voix, habituellement douce et craintive, était tranchante et pleine d'énergie.

— Sidi-Magrnia, révéré des hommes, aimé de Dieu! poursuivit-il pendant que son oncle le regardait en silence, Moufock n'a jamais été lâche!... c'était un enfant qui dormait; ta voix sainte l'a réveillé!...

Après un instant de recueillement, il reprit :

— Sidi-Chérif, je suis le fils de Lalla-Magrnia!... ton corps est brisé, mais ton esprit est de feu!... commande : Moufock sera le bras de ton esprit !

Il y eut un moment de silence.

Les émotions de l'orgueil triomphant oppressaient le cœur du vieux marabout. La bouche béante, le regard émerveillé, il contemplait Moufock comme s'il eût vu devant lui un envoyé du ciel. Mais en examinant ainsi son neveu, ses yeux rencontrèrent les bras grêles du jeune homme ; alors son front s'assombrit de nouveau et sa tête retomba tristement sur sa poitrine.

— Il y a de l'ardeur dans ton âme, mon enfant, murmura-t-il avec amertume, mais ton bras est fragile comme le roseau !...

— Tu éprouves ton fils, Sidi ! fit Moufock en souriant avec orgueil. Toi qui connais les choses cachées, tu sais fort bien que mes muscles, fermes comme ceux du lion, sont plus souples que ceux de la panthère !...

En même temps, il s'approcha d'un vieux platane qui ombrageait la chapelle, assujettit fortement son couteau dans ses mains et en frappa le tronc de l'arbre.

La lame s'enfonça aux trois quarts dans le bois séculaire et l'arbre en fut ébranlé du faîte à la base. Laissant le couteau dans le tronc du platane, — où on le voit encore aujourd'hui, — Moufock bondit près d'un peuplier, frêle comme une pousse de printemps, et le fendit avec son poignard de haut en bas, dans toute sa longueur, sans le courber.

Ben-Magrnia poussa un cri de joie rauque et sauvage, et se précipita la face contre terre en priant avec une ardeur délirante. Puis, se relevant, il s'écria, haletant, l'œil hagard :

— Moufock !... mon fils !... l'âme de ton père est passée en toi !... viens !...

Et il entraîna le jeune marabout vers son douar, situé au pied du versant opposé à celui que Moufock avait gravi. Aussi émus l'un que l'autre, ils y arrivèrent sans prononcer une parole. Des serviteurs leur vinrent au-devant et voulurent donner leurs soins au vieillard ; Ben-Magrnia les repoussa et leur ordonna de seller à l'instant sa mule de voyage. Il conduisit ensuite Moufock auprès d'un cheval blanc, entravé derrière sa tente, et d'une voix entrecoupée, il dit au jeune homme en lui désignant le cheval :

— Embrasse-le !...

Moufock obéit.

— C'était l'ami de ton père, poursuivit le vieillard ; il aimait ton père comme jamais une mère n'aima son enfant... pour sauver ton père, il faisait des miracles !... — Les balles ne peuvent rien sur lui, car Dieu le protége !...
— Te croyant lâche, je ne t'avais jamais permis de le toucher ; mais aujourd'hui que ton âme s'est révélée... que Dieu t'a soufflé la force et le courage, tu es devenu son chef... son ami !... — Ne le selle jamais : ce n'est pas un cheval de parade : c'est le cheval des coups d'audace !... de la ruse !... de la fuite !...

Moufock embrassa de nouveau le cheval en murmurant :
— Oh ! je me le rappelle, maintenant : il pleura le jour où mon père mourut !...
— Oui... il pleura !... tout le douar l'a vu !... Et depuis, bien des fois encore, je l'ai vu pleurer !...

Deux larmes roulèrent sur le visage du vieux marabout. Pendant quelques instants, il regarda tour à tour Moufock et le cheval, en murmurant avec inquiétude et comme se parlant à lui-même :

— Non, il ne reconnaîtra pas Moufock !... il le précipitera !..... Ah ! si Dieu daignait entendre ma dernière prière !...

Il attira Moufock devant les yeux du cheval, plaça une des mains du jeune homme sur les naseaux de l'animal, et, s'adressant à celui-ci, il lui cria :

— Blanc (1) !... voilà le fils de Magrnia !... l'aîné de la famille !... ton chef !... regarde-le !...

Le cheval resta immobile, indifférent. Le vieillard poussa un gémissement de désespoir.

(1) généralement les Arabes donnent à leurs chevaux le nom de la couleur de ceux-ci.

— Il ne te reconnaîtra pas!...; il te précipitera!... répéta-t-il en parlant à Moufock.

Après quelques secondes d'abattement, il s'adressa de nouveau au cheval et lui cria avec une sorte de délire :

— Blanc!..... le fils de Magrnia!..... Moufock!.... ton chef!... le voilà!... c'est lui!... tu lui appartiens maintenant!...

Le cheval conserva son impassibilité. Le vieillard courba la tête d'un air découragé.

— Parle-lui toi-même, dit-il à Moufock ; peut-être ta voix lui rappellera-t-elle celle de ton père!...

Moufock serra la tête du cheval entre ses bras et s'écria avec énergie :

— Blanc!... Blanc!... je suis Moufock-ould-Magrnia!...

Le cheval releva la tête, regarda alternativement le vieillard et Moufock d'un œil froid et tranquille, et se remit au repos.

Cette froideur torturait le vieux marabout. Il resta un moment comme anéanti ; puis tout à coup il s'écria vivement :

— Ah!..... j'oubliais!..... oui, il te reconnaîtra!..... viens!...

Il entraîna Moufock à quelques pas du cheval et lui dit :

— Je vais t'apprendre un secret qui te fera reconnaître, ou qui lui fera croire qu'il porte ton père, car ton père seul en a usé avec lui : — quand, pressé par le danger, il te faudra fuir devant tes ennemis..... lorsque tu voudras distancer le vent, tu souffleras ainsi à l'oreille de ton *buveur d'air*...

Le vieillard fit entendre un sifflement très-léger.

— Répète-le, dit-il à Moufock.

Moufock siffla comme son oncle, mais assez fortement pour que le cheval l'entendît.

Le noble animal, tout à l'heure pensif, releva vivement la tête, jeta un regard flamboyant sur Ben-Magrnia et Moufock, et s'agita avec une telle violence qu'il rompit tout d'un coup ses entraves.

Plus rapide qu'une gazelle chassée, il se précipita vers une petite plaine qui s'ouvrait au pied du mamelon, la franchit en quelques instants, revint au douar avec la même rapidité, en fit plusieurs fois le tour, bondissant au milieu des tentes, des femmes et des enfants sans les toucher et s'arrêta enfin à sa place, tour à tour flairant ses entraves brisées, et promenant son regard dans toutes les directions.

A ce spectacle, qui lui avait sans doute rappelé son frère, Ben-Magrnia s'évanouit dans les bras de Moufock. Le jeune marabout l'emporta dans la tente et parvint à le rappeler à la vie.

Trop faible pour se mettre en voyage, ainsi qu'il en avait tout à l'heure manifesté le désir, le vieillard se disposa au repos; il prit plusieurs tasses de thé et ne tarda pas à s'endormir profondément.

Moufock avait oublié Yamina. Les passions nouvelles que son oncle venait d'allumer dans son âme l'absorbaient tout entier. Il sentait instinctivement qu'il allait changer de vie, que quelque chose de terrible planait sur sa tête.

Assis près du vieillard, il passa le reste de la journée et une partie de la nuit à prier ce Dieu qui, selon la foi du saint marabout, lui imposait le meurtre. Le sommeil l'ayant enfin gagné, il s'affaissa, endormi, à côté de son oncle.

Bien avant le jour, celui-ci s'éveilla.

Son visage décharné, ses yeux caves et éteints, sa tê

tremblotante, le burnous blanc qui l'enveloppait comme dans un linceul, tout, dans sa personne, concourait à lui donner l'aspect d'un cadavre galvanisé. Cependant, à la vue de Moufock, sa physionomie se ranima.

— Seigneur tout-puissant! murmura-t-il le regard fixé sur le jeune homme, tes décrets sont impénétrables!... Que sont les hommes sur la terre? Des aveugles, errant au milieu de la lumière comme s'ils étaient au sein des ténèbres! — Là, où il y avait un lion, ajouta-t-il en posant sa main sur la poitrine de Moufock, mes yeux aveuglés n'ont jamais vu qu'un agneau craintif!...

Il le contempla pendant quelques instants avec une sorte d'admiration religieuse; l'ayant ensuite éveillé, il ordonna aux serviteurs attachés à sa tente de préparer du thé et de seller sa mule.

Comme il se disposait à se lever, Moufock lui tendit la main.

— Dieu me donnera les forces nécessaires pour accomplir le devoir qu'il m'impose, fit-il en se dressant lui-même.

Il s'approcha d'un grand bahut, seul meuble de la tente, en retira deux pistolets et un yatagan, les donna à Moufock et, d'un air d'excitation effrayante chez un homme de cet âge, il lui dit :

— Moufock-ould-Magrnia, voilà une partie de l'héritage que ton père a laissé... Le reste... les biens que Dieu lui avait donnés et dont les Français l'ont dépouillé..... c'est avec ces armes que tu dois les reprendre..... ou les disputer aux enfants du démon !...

En touchant ces armes, le jeune marabout frissonna dans tout son corps; en quelques secondes, son regard sauta vingt fois, tour à tour et avec un égal enthousiasme, des armes au visage de son oncle.

4

Le vieillard prit encore dans le bahut une bride excessivement légère, faite de cordons de poil de chameau très-minces, et la donna à Moufock en lui disant :

— Voilà la bride de ton cheval. Ne lui en mets jamais d'autre, sans quoi il ne *t'accepterait pas !*

Une demi-heure après, l'oncle et le neveu, le premier monté sur sa mule, le second sur le cheval dont il venait d'hériter, marchaient d'un pas allongé dans la direction de Lalla-Magrnia.

Le jour commençait à poindre, lorsqu'ils s'arrêtèrent au pied d'une montagne aride et ardue.

— C'est ici, dit le vieillard en se laissant glisser de sa mule.

Moufock sauta à terre et accourut auprès de son oncle.

— Suis-moi, ajouta ce dernier d'une voix ferme et en faisant signe à son neveu qu'il fallait gravir la montagne.

Moufock, qui s'attendait à chaque instant à la révélation de quelque terrible mystère, se trouvait depuis son réveil dans un état de surexcitation fiévreuse. Incapable de réfléchir, il suivit son oncle sans hésiter, ne s'apercevant pas que le vieillard entreprenait une ascension mille fois au-dessus de ses forces. Mais bientôt le vieux Magrnia réclama le secours de son bras, et il reconnut alors que son oncle succombait à l'épuisement : le vieux marabout faisait en effet des efforts surhumains pour se raffermir sur ses jambes vacillantes et pour recouvrer sa respiration. Cependant, lorsqu'il se sentit soutenu par Moufock, il parut se ranimer ; il fit un effort suprême et se remit énergiquement en marche.

Vains efforts ! au bout de quelques minutes, l'impuissant vieillard s'affaissait sur son neveu.

— Dieu m'abandonne ! murmura-t-il d'un accent désespéré où perçait une expression d'amer reproche contre le ciel.

Mais il n'avait pas fini d'exhaler cette plainte, qu'un éclair d'espérance brilla de nouveau sur son visage. Il regarda Moufock avec un orgueil indicible, et s'écria d'une voix forte :

— L'homme est faible, parce que le doute est dans son esprit !... Non, le Dieu de miséricorde n'a pas abandonné son serviteur !... La force n'est point en moi, mais elle est avec moi, et le corps du vieillard ne sera qu'un léger fardeau pour la main qui a ébranlé le vieux platane ! — Dieu te regarde, Moufock ! ajouta-t-il en élevant les bras au ciel.

Les yeux de Moufock suivirent machinalement la direction indiquée par les bras de son oncle. Exalté jusqu'au délire par la situation émouvante dans laquelle il se trouvait, le jeune fanatique crut apercevoir comme une forme lumineuse passer rapide au sein des premières lueurs du jour ; pris d'un transport frénétique, il enlaça de ses bras le corps de son oncle, et, le regard immobile, noyé dans les cieux, il l'emporta jusqu'à la cime de la montagne sans reprendre haleine.

Le soleil commençait à paraître sur les hauteurs ; mais voilé par une brume épaisse, il ne jetait qu'une lueur pâle, triste comme le regard d'un prisonnier qui s'éveille.

Soutenu par Moufock, le vieux marabout s'assit au pied d'un rocher, en face de la vaste plaine de Lalla-Magrnia, qui se déroulait au loin, et son regard avide en parcourut en un instant tous les points accidentés.

— Dieu unique, dont la bonté égale la puissance ! murmura-t-il, ton serviteur te rend grâce !... Je vais mourir heureux entre les heureux, puisque appuyé sur le bras du chef intrépide que tu as rendu à notre famille, dispersée par les ennemis, j'aurai pu contempler une dernière fois le domaine que tu avais donné à Lalla-Magrnia.... et qui appartient aujourd'hui à Moufock, son fils!...

De grosses larmes sortirent de ses yeux, et il resta pensif, immobile, comme inanimé.

Au bout d'un moment son visage s'alluma tout à coup, ses yeux se séchèrent et il se dressa comme enlevé par un ressort violent.

— Moufock! s'écria-t-il en étendant sa main tremblante de colère vers la vallée de Lalla-Magrnia. Moufock! avant l'arrivée des enfants du démon, ceux qui avaient des esclaves se faisaient les serviteurs de Lalla-Magrnia... Et aujourd'hui le fils de la glorieuse sainte erre, misérable, cherchant vainement la dot de la fiancée que Dieu lui a promise!...

Il reprit haleine, porta sa main vers les quatre points cardinaux de la plaine et poursuivit :

— Moufock-ould-Magrnia! voilà les biens de ta famille!... Elle les tient du Tout-Puissant!... Les chrétiens... les *chiens*, fils de l'enfer, les lui ont ravis!...

Le vieillard s'arrêta. Le corps penché en avant, le regard fixé et les bras tendus vers la plaine, il semblait vouloir s'y élancer et la disputer aux chrétiens. Moufock le serrait de son bras gauche sur sa poitrine et tenait son bras droit raidi vers Magrnia.

Jamais groupe silencieux peut-être n'exprima la menace comme ces deux têtes représentant la passion aux deux âges extrêmes de la vie.

— Mon père! s'écria Moufock dans cette attitude, voilà mes biens!... Je les tiens de Dieu!... Les enfants de l'enfer me les ont ravis!... C'est ta voix sainte qui vient de me révéler ce mystère!...

Moufock déposa vivement son oncle à terre, s'agenouilla

à ses pieds, baisa son burnous et s'arma d'un poignard.

— Dieu très-haut! tout-puissant! unique dans l'univers! reprit-il, le visage tourné vers le soleil levant, tu m'as donné la volonté, donne-moi la force! Aux pieds du saint marabout, mon père, qui a le salut, je jure de consacrer à l'extermination des fils du démon tout le pouvoir que tu mettras en moi!... Et que Moufock-ould-Magrnia soit à jamais maudit!.. qu'il soit esclave durant l'éternité s'il oublie un seul jour son serment!

Au même instant, le soleil apparut au-dessus des nuages qui se traînaient sur les crêtes des montagnes et inonda de sa lumière, tout d'un coup, sans transition, le ciel et la vallée.

On eût dit qu'une puissance surnaturelle venait d'illuminer subitement la nature.

Un cri de félicité suprême sortit de la poitrine du vieillard.

— Moufock, s'écria-t-il, palpitant, éperdu, croyant voir dans ce simple effet de lumière une intervention divine, Moufock, le ciel s'est ouvert à ta voix!... Ton serment est monté aux pieds du Très-Haut!... Moufock, mon fils, l'œil de Dieu est sur toi!... Tu seras grand!..

Le vieux fanatique tomba à genoux et appuya son front sur la terre en priant avec une volubilité effrayante; Moufock, en proie à la même hallucination, imita son oncle; et tous deux restèrent longtemps prosternés, priant comme des frénétiques, et bien convaincus que l'œil de Dieu se reposait sur eux avec amour.

Le vieillard interrompit le premier cette scène étrange.

— Relève-toi, mon fils, murmura-t-il à voix basse. La vie m'abandonne, mais la force est dans ton âme et dans ton corps.... Vois: le vieillard chancelle... Dieu me réclame!...

4,

Moufock comprit l'appel de son oncle : il le prit de nouveau dans ses bras et le descendit au bas de la montagne, à l'endroit où ils avaient laissé leurs montures.

Avant de monter sur sa mule, Ben-Magrnia prit Moufock par la main et l'attira devant la tête du cheval.

— Blanc! dit-il en s'adressant à celui-ci avec une sollicitude qu'un Européen eût prise pour de la folie, Blanc! je te confie Moufock!... Le chef de la famille!... Ton chef!... Le fils de Magrnia!...

Le cheval resta impassible.

Ben-Magrnia dit en soupirant :

— Il ne te reconnaîtra que lorsque tu lui auras fait sentir l'odeur de la poudre.

— Oh! bientôt il la sentira!... fit Moufock en étreignant la tête du cheval dans ses bras.

— Surtout, lorsque tu seras en danger, n'oublie pas le secret que je t'ai enseigné pour lui donner des ailes.

Moufock mit son oncle en selle et sauta sur son cheval.

Le vieux marabout le regarda avec une vive expression de crainte et lui dit :

— Tu as peu l'habitude du cheval, mon enfant : tiendras-tu sur celui-ci, plus rapide que l'hirondelle?

— Comme sa crinière, Sidi-Chérif!

— Le salut est sur sa tête, mon fils! dit le vieillard, souriant et rassuré.

Il étendit la main du côté de Magrnia et ajouta :

— Va-t'en dans cette direction : là sont les ennemis qui t'ont dépouillé... Et ils sont nombreux!... Agis avec tout ce qui est en toi : Dieu fera le reste! — Hâte-toi, mon fils; avant d'aller rejoindre ton père au ciel, je veux voir par quels signes le salut du Seigneur se sera manifesté sur toi!... — Si Dieu favorise ton retour, tu me retrouveras sur ce chemin ou dans ma tente!...

Et il prit le chemin d'Oudjdah, pendant que Moufock se dirigeait du côté de Magrnia.

Le jeune marabout n'arriva en vue de la redoute que le lendemain, vers midi. Il allait à pied, tenant son cheval par les rênes. En proie à la plus vive appréhension, il ne s'approchait de Magrnia que très-lentement, regardant avec défiance de droite et de gauche, devant et derrière lui, comme un jeune renard qui va voler sa première poule.

Arrivé à deux cents pas de la redoute, il aperçut deux jeunes soldats qui dormaient, le visage souriant, à l'ombre d'un figuier. Après un long moment d'hésitation, il abandonna les rênes de son cheval et s'approcha des deux jeunes gens, un yatagan à la main. En arrivant sous le figuier, il s'arrêta subitement et regarda les deux soldats avec une curiosité extrême.

C'était la première fois qu'il voyait des soldats français ; son imagination les lui avait toujours représentés semblables à des monstres. Pourtant, à l'expression de leurs visages, ceux qui étaient sous ses yeux lui paraissaient avoir le caractère insouciant et doux, le cœur noble et généreux, l'esprit intelligent ; et il en fut tout surpris. La voix de l'humanité vibra au fond de son âme : il ressentit pour ces deux êtres, jeunes comme lui, une sorte d'entraînement sympathique et il éprouva comme un remords anticipé du crime qu'il allait commettre.

Mais la religion ne tarda pas à triompher de la conscience : il lui sembla que Dieu le regardait du haut des cieux, lui reprochant sa pitié comme une trahison, et il crut entendre la voix menaçante de son oncle lui crier :

— Il n'y a qu'un seul Dieu ! Mahomet est son prophète ! Dieu veut le sang des chrétiens !

La lueur douce qui avait un instant affaibli la cruauté de sa physionomie s'évanouit soudainement. Il s'agenouilla entre les deux soldats et tout en priant avec la plus grande ferveur, les poignarda en quelques secondes.

Frappées au cœur, les deux victimes expirèrent sous le coup sans faire un mouvement.

La sentinelle qui veillait sur le mur d'enceinte de Magrnia et qui avait vu Moufock s'approcher des soldats, bien loin de se douter des intentions du bandit, poussa un cri lamentable, fit feu sur celui-ci et le manqua.

Moufock, entièrement absorbé par l'holocauste qu'il offrait à son Dieu, persuadé, d'ailleurs, que ce Dieu veillait sur lui et le rendait invulnérable, parut n'entendre ni le cri de la sentinelle ni le coup de feu. Il coupa la tête à ses victimes, enveloppa les deux têtes dans son burnous, s'élança sur son cheval et s'enfuit dans la direction d'Oudjdah.

Mais cinq minutes ne s'étaient pas écoulées, qu'une partie du goum de Magrnia était déjà à sa poursuite : au cri de la sentinelle, une vingtaine d'hommes avaient sauté sur les premiers chevaux venus et s'étaient précipités vers lui.

Moufock avait cinq minutes d'avance, il avait un coureur contre lequel aucun cheval du goum ne pouvait lutter; mais il n'était pas fait encore aux allures de son cheval et il portait un fardeau qui gênait considérablement sa course. Les hommes du goum, au contraire, montés à poil et lancés avec furie, couraient à toute vitesse. Dans ces conditions, le goum ne tarda pas à gagner du terrain sur le bandit ; au bout d'une demi-heure, il s'en rapprocha à portée de fusil, et, criant, hurlant, fit sur lui un feu précipité.

Malheureusement les balles passaient autour de l'assassin et de son cheval sans les toucher.

Toutefois le goum gagnait toujours du terrain sur le fuyard, et bientôt les spahis, qui avaient cessé leur feu, ayant épuisé le peu de munitions dont ils s'étaient pourvus à la hâte, le harcelaient à vingt pas, de leurs vociférations et le sabre au poing.

A ce vacarme infernal, le jeune marabout commence à se troubler. Éperdu, il jette un regard d'épouvante derrière lui, et il aperçoit vingt sabres tourbillonnant autour de son cheval; et dans ces vingt hommes, qui poussent des cris effroyables en le regardant avec des yeux de tigres, il croit voir vingt démons lancés sur lui par le diable. Il pense alors que Dieu l'a abandonné en punition du sentiment de pitié qu'il a ressenti pour ses victimes avant de les frapper, et il se déconcerte entièrement. Se voyant perdu, il va jeter le fardeau qui gêne sa fuite, lorsqu'il se rappelle tout à coup qu'il a oublié d'user du secret que son oncle lui a révélé pour activer les jambes de son cheval dans la fuite.

Il se penche vivement sur le cou de celui-ci et lui lance dans les oreilles le sifflement particulier que Ben-Magrnia lui a enseigné.

Mais pour se faire quelque idée de la scène indescriptible que nous essayons d'esquisser, et qui avait pour théâtre une plaine aride, ou plutôt un désert en miniature de sept lieues d'étendue environ, il faut en ce moment même se transporter à l'extrémité du théâtre, du côté d'Oudjdah.

VI

L'Arabe et son coursier.

L'oncle de Moufock était sur un de ces mamelons élevés qui terminent le territoire du Maroc et que l'on aperçoit de Magrnia ; il y était venu, dès le point du jour, attendre le retour de son neveu ; un jeune nègre gardait au bas du mamelon la mule sur laquelle nous l'avons vu la veille ; un autre nègre, grand et vigoureux, à qui l'on doit la connaissance de cet épisode, l'avait aidé à monter sur la hauteur et se tenait accroupi à quelques pas derrière lui.

Au moment où Moufock accomplissait son double assassinat, le vieux marabout tenait son regard tendu vers Magrnia avec une fixité avide. Sachant combien les objets grandissent à la vue sur les horizons du désert, il espérait, malgré l'éloignement, apercevoir et reconnaître Moufock ; mais aucune forme mouvante ne se dessinait dans le lointain.

Il se mit à genoux, joignit les mains, leva les yeux au ciel et murmura, entrecoupant ses phrases :

— Dieu tout-puissant, tu as donné le souffle des guerriers à Moufock ; Moufock exterminera les infidèles !... mais aujourd'hui Moufock n'est encore qu'un enfant : protége-le !... — Il est au milieu de tes ennemis, les réprouvés : oh ! protége-le !

Ben-Magrnia regarda de nouveau au loin et continua :

— Rien !... rien !... je ne vois que des vapeurs vacillantes !... — Pourtant il est là !... dans l'espace que mes yeux embrassent ! — Il n'a pu franchir Magrnia, car les Français y sont nombreux comme les démons aux portes de l'Enfer ! — Ils vont me tuer mon fils !... me prendre mon cheval !... je les ai envoyés au massacre ! — Mon cheval au pouvoir des chrétiens !... oh non !... Dieu ne le permettra pas !...

Il y eut comme un étranglement dans son gosier et il s'arrêta. Au bout d'un instant ses traits se contractèrent, ses muscles se raidirent et il s'écria avec une énergie délirante :

— Seigneur tout-puissant !... rends-moi la vue !...

Ses yeux prirent un éclat étrange ; ils semblaient fouiller tous les replis de la plaine jusqu'à l'horizon. Tout à coup il jeta un cri de surprise et resta immobile, le visage ravi et murmurant tout bas :

— Dieu m'a rendu ma vue !... ma vue d'autrefois ! — Je vois mon fils... c'est lui... c'est Moufock ! — Il est seul dans la plaine et il fuit... pourquoi fuit-il ? — Blanc a la marche gênée... il porte un fardeau caché dans le burnous de Moufock... une tête de chrétien, peut-être !... Oh ! Moufock sera grand !...

Le vieillard venait en effet d'apercevoir Moufock, débouchant seul au fond de la plaine, derrière une série de mamelons. La vue depuis longtemps affaiblie, il était frappé d'y voir à une aussi grande distance, et il attribuait à un miracle ce qui n'était dû qu'à la surexcitation des sens. Mais après quelques minutes de ravissement, sa physionomie, ses gestes et son regard exprimèrent l'épouvante.

— Ah ! fit-il d'une voix étouffée, le goum !... le goum des maudits !...

Pendant quelques instants il suivit en silence la course des cavaliers et continua avec un redoublement d'effroi :

— Moufock perd du terrain !... le goum le gagne !... le gagne !... — Ils tirent sur lui... mais Dieu le protége : il détournera leurs balles !... cependant... le goum le gagne !... — Seigneur !... Moufock va tomber au pouvoir des réprouvés !... protége-le !...

Il fit une nouvelle pause, puis il cria avec force, comme si le cheval eût pu l'entendre :

— Blanc ?... Blanc ?... tu te laisses gagner !... pars... pars donc... tu portes Moufock, le chef de la famille... sauve-le !...

Il tomba le corps en avant, sur ses bras raidis, et poursuivit :

— Blanc !... sauve-toi... sauve Moufock... ils vont le tuer... ils vont le prendre !... — Moufock et le cheval de Magrnia au pouvoir des damnés ?... mon Dieu !... grand Dieu !.. Dieu tout-puissant !... — Non !... Dieu ne le permettra pas !...

Le désespoir et la colère lui coupèrent la parole ; mais l'excès de la douleur la lui rendit à l'instant : il voyait Moufock sur le point de tomber au pouvoir du goum.

— Ah ! cria-t-il avec angoisse, ils l'ont coupé !... ils vont le cerner !.. ils le cernent !.. — Moufock ?.. siffle !... siffle donc, ou tu es perdu !... — Malédiction des enfers !... ils ont frappé le cheval !... ses flancs saignent !... — Siffle donc, Moufock !...

Dans son égarement, il siffla lui-même à plusieurs reprises, bien que près de deux lieues le séparassent de Moufock, et il attendit.

Les yeux lui sortaient de la tête ; ses dents claquaient ;

il labourait la terre de ses doigts avec une telle furie que ses ongles s'étaient recourbés ; les bouts de ses doigts étaient tout rouges de sang.

Tout à coup, comme si la violence des passions qui l'agitaient eussent ramené en lui toutes les forces de son jeune âge, il bondit sur ses jambes, étendit sa main vers Moufock, jeta dans le ciel son regard flamboyant et s'écria avec des éclats de voix retentissants :

— Magrnia ?... vois.. ton fils... ton cheval !... les réprouvés vont se saisir de ton fils... de ton cheval !... arrête les réprouvés... arrête-les !... sèche-leur les yeux !.. brûle les damnés !...

Convaincu que son frère l'entend du haut des cieux, il ramène son regard sur les cavaliers, croyant que Dieu va les exterminer : mais les cavaliers s'avancent toujours rapidement et Moufock a disparu au milieu d'eux.

Ben-Magrnia écume de rage ; il élève vers le ciel ses yeux étincelants d'indignation et le menaçant de ses deux poings crispés, il crie, ou plutôt il rugit :

— Magrnia ?... ne m'entends-tu pas ?... tu n'es donc point au ciel ?...

Il regarde encore les cavaliers et croit que Moufock est tombé en leur pouvoir. Alors tout ce qu'il peut y avoir de haine, d'amour, de violence, de douleur chez l'homme du désert, éclate sur le visage de ce vieillard tout à l'heure anéanti : il se produit chez lui comme une résurrection passagère de toutes les forces de son âme assoupie par les ans, et il s'écrie d'une voix vibrante qui semble remplir l'espace :

— Lalla-Magrnia, mère de la famille, sauve ton fils !... sauve le cheval de la famille !... — Dieu tout-puissant !... arrête les damnés !... ouvre la terre sous leurs pas... précipite les étoiles... le soleil... l'univers !... éteins le soleil !... — Que les réprouvés soient foudroyés... engloutis !...

Il regarde de nouveau au loin, persuadé qu'il va voir disparaître les cavaliers dans un abîme, et après un instant d'attente, il pousse un cri de joie suprême et se jette la face contre terre en murmurant :

— Dieu a inspiré mon fils !... louange au Seigneur tout-puissant, qui rend à la famille de Lalla-Magrnia son chef et son cheval !...

C'est en ce moment même, en effet, que Moufock vient de faire entendre à son cheval le sifflement particulier que le vieux marabout lui a enseigné.

Et le noble animal a compris qu'il porte un enfant de la famille Magrnia, et que cet enfant est en péril. Il fait à l'instant un bond immense ; il oblique à gauche par un crochet inattendu qui déjoue la charge en ligne droite des cavaliers, s'élance comme une flèche du côté d'Oudjdah et en quelques minutes laisse bien loin derrière lui le goum décontenancé par cette ruse et cette vitesse inouïes.

Pendant que Moufock accourait vers son oncle, celui-ci se fit descendre par son nègre au bas du mamelon, sur le sentier ; et en moins d'une heure, le jeune marabout fut auprès du vieillard.

Le jeune bandit fit rouler aux pieds de son oncle les têtes sanglantes des deux soldats et attendit en silence.

L'avare qui découvrirait dans sa maison même des monceaux d'or, serait moins saisi que ne le fut le fanatique octogénaire à la vue de ces trophées. La surprise, l'admiration, l'orgueil et la félicité éclatèrent successivement sur son visage. Pris ensuite d'un tremblement général, exprimant l'allégresse de l'illuminé qui croirait voir des anges lui tendre les bras, il éleva les yeux et les mains au ciel, se raidit sur ses genoux par un effort suprême, et, le visage rayonnant d'un éclat indéfinissable, il balbutia :

— Moufock... mon fils... tu as le salut !... la félicité m'étouffe !... Moufock... tu... seras... grand !...

Et sa voix s'évanouit au milieu d'un long soupir.

Le saint homme venait de trépasser dans les ravissements de l'extase.

Moufock le retint dans ses bras en murmurant :

— Mort !... mort !... le saint vieillard est mort !...

Puis, regardant dans le ciel, il ajouta :

— Non, le saint marabout n'est pas mort !... il a laissé son corps sur la terre, mais son âme est montée aux cieux !... mes yeux la voient !...

Le nègre se jeta aux pieds de Moufock, lui baisa son burnous et s'écria avec une exaltation sauvage :

— Non !... le saint n'est pas mort !... il est monté au ciel !... Sidi-Moufock est l'élu de Dieu !... — Sidi-Moufock-ould-Magrnia est le sultan... le vrai sultan des croyants... le sultan de la terre !...

VII

Le bandit.

Moufock fit transporter son oncle au douar et pria longtemps, agenouillé auprès des restes du saint marabout ; mais pendant que ses lèvres murmuraient des versets du Coran, son cerveau se remplissait de projets ambitieux.

Par ses soins, tous les incidents de cette journée se répandirent rapidement dans le douar et du douar à Oudjdah. Et le soir même, une foule nombreuse et fanatique accourait de toutes parts : hommes, femmes et enfants se pressaient autour du trépassé et saluaient avec frénésie le jeune héros du drame qui provoquait leur enthousiasme.

En moins de deux jours, l'événement courut toute la contrée, accompagné de mille incidents, tous, bien entendu, mêlés de merveilleux.

Parmi ces versions, deux furent universellement acceptées : ce fut que l'âme du vieux marabout était montée au ciel en plein jour, et que la glorieuse Lalla-Magrnia était apparue à Moufock.

Plus de cent personnes, disait-on, avaient vu ces prodiges.

Toujours disposées à voir l'intervention divine dans le moindre événement défavorable aux chrétiens, toutes les populations insoumises de la frontière furent unanimes à reconnaître dans le jeune et intrépide marabout un envoyé du ciel qui devait exterminer les infidèles.

Moufock partagea facilement l'opinion générale sur son compte : de bonne foi, il se crut prédestiné. Sûr, dès lors, de la protection divine, il commença, seul, contre les chrétiens et les tribus qui repoussaient ses prédications, cette guerre d'embuscades où l'assassin, caché dans un buisson, peut attendre sa victime et la frapper à coup sûr, après s'être assuré tous les moyens de fuite que les circonstances, la ruse et le temps lui ont permis de préparer.

Bientôt tout le ramas d'assassins et de pillards qui infestait le pays accourut à lui, demandant à se ranger sous sa bannière. Mais le futur califat de l'émir Abd-el-Kader se contenta d'abord, en homme prudent et rusé, de choisir dans cette écume de la contrée une douzaine de bandits résolus et fidèles.

Ce fut alors sur la frontière une désolation générale.

Des douars entiers étaient saccagés ; des troupeaux de bœufs, parqués dans des enceintes, disparaissaient la nuit comme par enchantement ; des militaires, des colons étaient assassinés en plein jour sous les murs mêmes de Magrnia. Enfin, chaque jour, on avait à déplorer quelque désastre.

Et ce qu'il y avait surtout de déplorable dans cette *guerre de buissons*, c'était moins encore l'audace surprenante du jeune chef que sa ruse à déjouer les embûches qui lui étaient tendues.

Tout ce qu'il est possible de tenter était journellement mis en usage par l'autorité militaire de Magrnia pour se saisir de lui, et il s'en faisait un jeu. En un mot, pour nous servir des paroles du fameux Boukra, que les Arabes avaient surnommé le boucher de Doineau : *On le guettait toujours, et on ne pouvait le prendre* (1).

Un jeune officier, le lieutenant D., ce chef du bureau arabe de Magrnia dont nous avons déjà parlé, s'était particulièrement attiré la haine de Moufock.

Il eût été certainement difficile de trouver un homme qui, alors, convînt mieux que D. au cercle de Magrnia. C'était un soldat courageux, chevaleresque ; il aimait les grands dangers, les entreprises téméraires ; il aimait surtout les exterminations de bandits.

Accompagné seulement d'Hamady et de quelques cavaliers résolus, il était tombé plusieurs fois à l'improviste sur les tribus ennemies qui donnaient asile à Moufock. Deux fois il avait surpris le jeune marabout au cœur même du Maroc, et deux fois celui-ci, grâce à l'agilité incomparable de son cheval, s'était échappé comme par miracle en jetant au lieutenant D. cette menace :

— Fils du diable, Dieu t'a jugé ! tu mourras de la main de Moufock !

A l'animosité naturelle qui existait déjà entre eux par suite de la guerre, il s'était joint une haine personnelle implacable. Le lieutenant D. avait juré de s'emparer de Moufock et de détruire toute sa bande, et Moufock avait

(1) Procès Doineau.

fait le serment de tuer de ses propres mains le lieutenant D.

En dernier lieu, deux ou trois mois avant le jour où nous l'avons rencontré dans le ravin des Beni-Mengouch, Moufock avait fait un coup d'éclat qui avait eu un retentissement immense parmi les peuplades de l'intérieur, et qui avait achevé de le poser à leurs yeux comme un héros.

Voici ce qui s'était passé.

L'émir Abd-el-Kader se trouvait en ce moment dans cette contrée, aux dépens de laquelle il entretenait sa petite armée. Il était campé près des Beni-Attig, tribu de l'intérieur très-riche en céréales et en moutons succulents; il en avait fait le centre de ses ravitaillements. Et comme les réguliers de l'émir aimaient beaucoup le mouton rôti, il s'ensuivait que les troupeaux des Beni-Attig diminuaient à vue-d'œil.

Cette dévastation ne tarda pas à effrayer les Beni-Attig; ils trouvèrent que les guerriers de l'émir avaient trop bon appétit, qu'ils faisaient trop d'honneur à leurs moutons, et ils formèrent le projet de repousser par les armes cet importun voisinage.

Trop faibles pour y réussir par eux-mêmes, ils firent un appel aux Beni-M'ekriès, tribu populeuse et guerrière, et avec laquelle ils avaient des liens de parenté : les Beni-M'ekriès acceptèrent.

Selon un usage de ces peuplades aussi ancien que leur tradition, les Beni-Attig, ayant sollicité l'alliance, devaient offrir sept de leurs vierges aux sept principaux chefs des Beni-M'ekriès; ce choix tomba sur les sept plus belles.

Parmi elles, il s'en trouvait une, nommée Néfissa, qui

aimait un jeune Beni-Attig du nom d'Hassen-Babba et qui en était aimée.

Du jour où elle fut destinée à un M'ekriès, Néfissa, ainsi que ses compagnes, fut gardée à vue par les matrones : elle ne devait plus descendre à la fontaine ; Babba ne pouvait plus lui faire des signes d'amour, ni même la voir.

Le lendemain, Babba quitta les Beni-Attig et se rendit à Oudjdah. En arrivant à Oudjdah, il courut à la grande mosquée pour y faire sa prière ; mais, en mettant le pied sur le seuil de la porte, il s'arrêta en face d'un jeune homme qui se disposait à en sortir et lui dit :

— Tu es celui que je cherche !

Le jeune homme s'arrêta en regardant Babba d'un air étonné.

Babba reprit avec animation :

— Tu es Moufock-ould-Magrnia ! Je ne t'avais jamais vu, mais je te reconnais aux signes écrits sur ton visage !... Dieu a soufflé dans tes yeux la flamme des guerriers !

Moufock sourit, tendit la main à Babba et lui dit :

— Si tu me cherches pour le service du Seigneur, Moufock te suivra.

— Je veux t'entretenir dans le secret, fit vivement Babba.

Et ils se retirèrent dans un lieu isolé.

Babba raconta à Moufock les diverses circonstances que nous venons de rapporter touchant le complot des Beni-Attig contre l'émir ; puis, lui serrant les mains, il s'écria :

— Moufock, tu es un guerrier aimé de Dieu ! Dans tous les pays où les chrétiens sont exécrés, on prononce ton nom avec admiration..... Moufock, je viens réclamer le secours de ton bras !

— Que peut donc Moufock pour toi, en cette affaire ?

— Dans quatre jours cent Beni-Attig doivent accompagner chez les Beni-M'ekriès les sept vierges parmi lesquelles se trouve Néfissa. Je te désignerai un endroit où tu pourras les attaquer avec avantage : tu les disperseras, tu feras un grand butin, tu enlèveras Néfissa et tu me la rendras.

Moufock hésitait.

— Moufock, reprit Babba d'une voix suppliante et désolée, Moufock, aie pitié de Néfissa!... Ecoute ceci, Moufock, et si tu as aimé, tu auras pitié de Babba... et ton cœur cèdera : — une nuit, il y a trois mois, Néfissa me reçut sur la terrasse de la maison de son père. Elle avait *charmé* sa famille; elle avait *charmé* les chiens de la maison et du village; elle avait *charmé* la tribu entière; tout dormait : de sorte que la lune seule fut témoin de notre bonheur!... Et notre bonheur fut plus grand que l'espace qui sépare les étoiles que Dieu a placées aux extrémités de l'Orient et de l'Occident!..... Et Néfissa deviendra mère, Moufock !...

— Je comprends ton désespoir, Babba, interrompit Moufock, car, moi aussi, j'aime une vierge... la plus belle vierge de la terre!...

Babba serra sa tête dans ses mains avec une sorte d'égarement sauvage et poursuivit :

— S'il me restait au moins l'espoir qu'elle dût être égorgée par le Beni-M'ekriès auquel elle sera donnée !... je me consolerais en prenant une tête dans la famille de celui-ci! Mais non! Elle est trop belle! le chef M'ekriès jettera mon enfant aux chacals et il gardera Néfissa pour ses plaisirs !... Ah! penser que Néfissa dormira près d'un autre homme !... sur le même tapis !... Moufock, aie pitié de Babba !

Moufock se laissa toucher par ces plaintes, qui dépeignent l'amour égoïste de ces barbares et leur langage emphatique.

— Babba sera heureux, dit-il, car seul il possédera Néfissa, Moufock le jure devant Dieu !

Le bandit tint sa parole. Guidé par Hassem-Babba, il s'embusqua avec une quarantaine de coupe-jarrets dans une gorge, sur le passage des Beni-Attig. Les Beni-Attig, qui se croyaient en pleine sécurité, ne s'étaient que faiblement armés. Moufock les assaillit à l'improviste, les mit en fuite après une lutte assez acharnée, enleva Néfissa et la rendit à Babba ; il rapporta en outre un butin considérable avec lequel il équipa vingt hommes, qu'il appela depuis ses *fidèles* et auxquels il donna une certaine autorité sur le reste de sa bande.

Moufock n'était cependant pas tout entier à la haine et à la guerre. La fièvre furieuse qui s'était emparée de lui au début de cette vie de meurtre et de pillage, lui avait fait oublier un instant la belle vierge des Beni-Mengouch, mais l'impression que Yamina avait produite sur le jeune marabout avait été trop profonde pour qu'elle pût jamais s'effacer. La scène voluptueuse de la balançoire était revenue frapper son imagination, et en rallumant en lui tous les feux d'un premier amour, avait laissé dans son cœur un désir irrésistible de revoir la fille de Miloud.

Après l'assassinat des deux soldats, sa tête avait été mise à prix chez toutes les tribus soumises de la frontière : il ne pouvait donc s'aventurer sur le territoire des Beni-Mengouch qu'au péril de sa vie. Néanmoins, méprisant tout danger, il s'était glissé à la faveur de la nuit dans le ravin où il avait éprouvé de si délicieuses émotions, et, caché dans une broussaille, il avait pu de nouveau contempler Yamina.

Sa passion s'était alors ravivée, plus impétueuse que jamais.

Depuis, il consacra tous les instants que la guerre, le pillage et la prière lui laissaient, à se préparer par mille ruses les moyens de revoir la jeune fille. Et, aussi heureux qu'habile, il sut pendant trois ans se glisser plus de cent fois dans le ravin sans éveiller les soupçons de la tribu.

Blotti, ainsi que nous l'avons dit, au fond d'une broussaille ou d'une haie, il y restait parfois plusieurs jours consécutifs, vivant de racines de palmiers nains et se désaltérant la nuit au ruisseau.

On chercherait vainement à mesurer l'étendue des voluptés, des diverses émotions que cette nature sauvage et puissante ressentait, quand, du fond de sa retraite, il pouvait reposer son regard sur le visage de la jeune Kabyle. Douée d'une sensibilité excessive, ange et démon en même temps, l'âme de l'ascétique bandit vibrait alors tour à tour et incessamment aux aspirations les plus douces et aux ardeurs farouches du lionceau jaloux.

On s'étonnera peut-être de ce que Moufock, intrépide, passionné et cruel, ne reculant devant aucun danger, considérant les Arabes soumis aux Français comme des ennemis et des lâches, s'en fût tenu si longtemps à cet amour contemplatif et n'eût pas tenté d'enlever la fille de Miloud. Cette réserve incroyable n'avait pourtant rien que de très-naturel. Chez Moufock, ainsi que chez tous les chefs marabouts, le mysticisme le plus exalté s'alliait à la fougue guerrière. Sans cesse préoccupé du ciel et de son aïeule, qui, selon ses croyances, lui avait promis Yamina, il était entièrement convaincu que lui seul devait et pouvait posséder la jeune fille. D'un autre côté, il était très-persuadé que Dieu ne tarderait pas à le mettre à même de remplir les engagements qu'il avait contractés envers Miloud, en lui favorisant une prise sur les chrétiens assez importante pour qu'il lui fût possible de satisfaire l'avidité de sa bande et de se réserver en même temps mille douros.

D'ailleurs, il était retenu dans le respect de la jeune Kabyle par une circonstance bien autrement puissante encore, circonstance qui est une des singularités les plus étranges des caractères que nous essayons de dépeindre ici : c'est que l'amour du bandit pour Yamina s'était élevé jusqu'à l'adoration.

Moufock n'avait jamais ressenti pour les femmes que le plus froid dédain ; dans son existence vagabonde, il avait souvent aperçu de jeunes vierges d'une grande beauté et il était toujours resté indifférent, et pourtant son cœur battait à rompre à la vue de Yamina ! Lui, qui regardait avec hauteur les hommes les plus redoutables, qui bravait froidement les plus grands dangers, il se sentait défaillir toutes les fois que la jeune fille passait près du lieu où il était caché ! Profondément frappé de ces émotions inexplicables, il les attribuait à des influences surnaturelles, et il croyait que dans le corps de Yamina résidait un ange envoyé par Dieu ou son aïeul tout exprès pour lui.

On peut donc se figurer quels déchirements de cœur il dut ressentir le jour où, caché dans le ravin des Beni-Mengouch, il suivit tous les détails des différentes scènes qui accompagnèrent la rencontre de Yamina et d'Hamady, surtout au moment où le spahis prit un baiser sur les lèvres de la belle Kabyle !

Hamady ne fut plus seulement pour lui un ennemi abhorré, un rival insolent, mais il devint à ses yeux un être infernal qui avait outragé une créature céleste et qui méritait les derniers supplices.

A partir de ce moment, l'un de ces deux hommes était de trop sur la terre ; l'idée seule que l'un vivait était pour l'autre une torture incessante. On a vu les menaces qu'ils avaient mutuellement échangées lors de leur rencontre dans le ravin. Cet incident ajouté à la haine ardente qu'ils s'étaient depuis longtemps vouée, devait fatalement précipiter leur vengeance : avant peu, l'un des deux devait inévitablement périr d'une manière tragique.

Mais n'anticipons pas sur les événements et revenons aux Beni-Mengouch.

VIII

L'attente.

A la vue de Moufock se précipitant sur Hamady, les jeunes filles des Beni-Mengouch s'étaient enfuies dans le bosquet. Tout en courant, l'une d'elles, qui avait cru reconnaître le bandit, s'était écriée : — C'est le lion ! c'est le lion !

Ce mot, par lequel on désignait d'habitude Moufock dans les M'esîrda, leur avait paralysé les jambes. Plus effrayées que des colombes à la vue du vautour, elles s'étaient cachées, çà et là, dans des touffes de feuillage.

Pendant que les craintives Kabyles tremblaient ainsi au fond de leurs cachettes, Yamina, l'œil enflammé, la respiration suspendue, suivait avec avidité les évolutions des deux adversaires. En voyant Moufock fuir devant Hamady, malgré les provocations outrageantes de ce dernier, elle ressentit pour le spahis un enthousiasme qui la retint dans le saisissement jusqu'au moment où les deux champions disparurent à ses yeux.

Les événements singuliers qui s'étaient succédé depuis quelques heures lui revinrent alors à l'esprit.

Avec cette pénétration merveilleuse qui ne fait jamais défaut à la femme, — à la plus novice, même, en affaires d'amours, — elle reconnut que ses compagnes avaient deviné le sens réel des manœuvres d'Hamady, mais que le serment d'amour significatif qu'elle lui avait fait en se mordant le pouce leur avait échappé. Elle se hâta de laver dans le ruisseau les traces de sang restées sur ses lèvres et ses doigts, mit sa main blessée dans l'intérieur de la cruche et accourut vers la fontaine, appelant ses compagnes et leur annonçant que les cavaliers s'étaient éloignés dans la direction du Kiss.

Les jeunes filles, rassurées, sortirent de leurs refuges et la rejoignirent. Tout en tenant son pouce meurtri fermé dans sa main, elle les pria de se taire sur sa rencontre avec Hamady. Toutefois elle n'insista point, sachant, d'instinct, que toute insistance était superflue en pareil cas.

Les femmes arabes sont, en effet, d'une discrétion rare en matière d'intrigues amoureuses. Ce sentiment leur est si naturel, que les jeunes filles n'y faillissent jamais, alors même qu'elles en ignorent encore la nature et l'importance.

Du moment où Yamina fut rentrée au village, toutes ses pensées se tournèrent vers le bouquet de caroubiers qu'Hamady lui avait désigné pour rendez-vous. Le soir même elle courut chercher sur le flanc de la montagne des Beni-Mengouch, vers l'est, le point le plus rapproché à vol d'oiseau de celui où le spahis devait lui apparaître de nouveau. Au premier aspect des lieux, son choix s'arrêta sur un massif de figuiers disposé sur une éminence, en face des caroubiers.

C'était un endroit délicieux. Caché dans le feuillage, on pouvait voir au-dessous de soi le ravin dans toute sa longueur, et le ruisseau qui coulait au fond. La petite baie dans laquelle le Kiss se jette, terminait le côté gauche du tableau ; à droite s'ouvrait une vallée fermée au loin par une montagne qui semble cacher la France, la France se trouvant dans cette direction, et vis-à-vis s'élevait le pâté de mamelons sur les hauteurs duquel on distinguait parfaitement les caroubiers.

Des caroubiers à l'*observatoire* choisi par Yamina, il y avait une lieue environ, à vol d'oiseau. Mais Yamina ne s'inquiéta nullement de cette distance, si peu favorable à des relations d'amour. Il lui semblait qu'Hamady devait lui apparaître au loin tel que son imagination le voyait : c'est-à-dire pareil à un géant.

Le lendemain, en remontant de la fontaine, elle entraîna les jeunes filles des Beni-Mengouch à son observatoire, sans leur avouer, bien entendu, le mobile qui lui faisait choisir cette promenade. Pendant trois ou quatre jours ses compagnes cédèrent à ses instances ; mais comme ce passe-temps monotone était peu de leur goût, elles cessèrent de l'accompagner.

Yamina n'insista plus, car le moment où, selon ses prévisions, la voix d'Hamady devait retentir dans le ravin approchait. Seulement elle se fit accompagner par un petit nègre, sorte de paria, d'esclave de sa famille. Ce jeune nègre, âgé de dix ans environ, s'appelait Barka. Barka, pas plus que les jeunes filles des Beni-Mengouch, ne comprit d'abord la prédilection particulière que la fille de Miloud avait pour ce lieu. Mais Barka n'avait pas besoin d'explications : accompagner sa belle maîtresse, était pour lui, être chétif, misérable, méprisé, battu, plus maltraité qu'un chien, était pour lui le comble de la félicité.

Dès le point du jour, Yamina l'entraînait hors de l'habitation, et lorsqu'ils étaient sortis du village, ils couraient à toutes jambes au massif de figuiers.

Yamina ne descendait plus à la fontaine : le ravin lui paraissait triste comme un désert. Au reste cette course ne se prêtait nullement aux préoccupations qui la tourmentaient, tandis que du haut de son éminence favorite elle pouvait, tout en attendant Hamady, rêver librement à une foule d'idées nouvelles et émouvantes qui naissaient et se succédaient incessamment dans son cerveau.

Souvent, assise auprès de Barka, qui la regardait d'un air étonné, elle y restait des journées entières, explorant des yeux les environs des caroubiers.

Plusieurs jours s'écoulèrent ainsi dans une attente toujours déçue. Mais loin de décourager la jeune Kabyle, ces déceptions ne firent d'abord qu'exciter ses désirs et ses impatiences ; il ne s'éveilla pas même dans son esprit l'ombre d'un doute sur le retour d'Hamady.

Des caroubiers à l'endroit où elle se trouvait, il y avait, avons-nous dit, près d'une lieue. Cet éloignement, qui semble ne pas permettre de se correspondre, ne dépasse point la portée de l'ouïe et de la vue des Kabyles : placés sur des élévations, ils conversent souvent du geste et de la voix à des distances bien plus grandes. Malgré que ses yeux n'eussent pas encore acquis une telle subtilité, Yamina se croyait sûre de reconnaître Hamady dès qu'il apparaîtrait sur la montagne. Or, comme elle n'avait aperçu aucune forme humaine autour des caroubiers, elle en concluait que son amant n'avait pu s'y rendre encore, et chaque soir elle rentrait avec l'espoir d'être plus heureuse le lendemain.

Cette confiance instinctive se soutint pendant quelques ours.

Mais un matin, au moment où elle venait de s'asseoir ous les figuiers, Barka, qui s'étonnait de la voir les yeux onstamment tournés vers les caroubiers, lui dit :

— Pourquoi donc Yamina regarde-t-elle toujours là-haut ?

Yamina sourit.

— Parce que c'est là qu'Hamady doit m'annoncer son retour, répondit-elle.

— Hamady ? fit Barka stupéfait, qui est-ce, Hamady ?

— C'est un beau cavalier !... c'est mon fiancé !... Hamady deviendra chef, Barka... Il m'emmènera avec lui !

Yamina se tut, pensive, l'œil fixé dans la direction où elle supposait la France.

— Barka, reprit-elle en soupirant, là-bas, là-bas, très-loin... après la mer, il y a un autre monde !... c'est le monde des Français ! on dit qu'il est grand... grand... plus grand que les M'esîrda et les Beni-Snassen ! Oh ! que je voudrais voir ce monde, Barka !... Hamady m'y conduira !...

— Et Barka restera aux Beni-Mengouch ? demanda tristement le petit nègre.

— On dit que ce pays est plein de merveilles, poursuivit Yamina. Les jeunes filles ont le droit de choisir leurs fiancés !... Les femmes peuvent voyager... monter à cheval !... Que ce monde doit être beau, Barka !

Puis, après un moment de silence, elle murmura :

— Hamady m'a juré de m'aimer comme les Français aiment leurs dames... Je serai heureuse... Hamady est le plus beau cavalier du monde !... Il est fier, vaillant !... Le lion, Sidi-Moufock, même, a peur d'Hamady !

— Yamina laissera Barka aux Beni-Mongouch ! fit de nouveau observer le jeune nègre, les larmes aux yeux.

— Non, je ne te laisserai pas. Tu viendras avec moi. Hamady sera ton seigneur. Tu ne seras plus battu, parce que Hamady aime Yamina et que Barka est le bon serviteur de Yamina.

— Mais pourquoi donc Hamady ne vient-il pas chercher Yamina ? dit vivement le petit nègre d'un ton joyeux.

A cette question, fort naturelle pourtant, Yamina resta tout interdite. Elle réfléchit un instant d'un air inquiet; puis son visage devint tout à coup d'une pâleur mortelle et sa respiration s'arrêta.

L'idée qu'Hamady l'avait oubliée, venait de la frapper au cœur et avait failli l'étouffer.

Cette terrible pensée produisit sur la jeune sauvage une révolution instantanée et profonde : ses yeux, tout à l'heure doux et légèrement humides, devinrent durs, secs et ardents, et des contractions farouches raidirent les traits suaves de son beau visage.

Barka, en proie à des angoisses indicibles, essaya, par mille tentatives d'une naïveté sublime, de ramener le sourire sur les lèvres de la pauvre désolée et l'espérance dans son cœur, mais la jeune sauvage le repoussa avec une sorte d'impatience brutale et lui imposa silence.

Ils passèrent la journée entière sans reprendre la conversation.

Le soir, quand ils rentrèrent, les joues et les yeux de Yamina s'étaient déjà creusés. Voulant éviter les questions de sa famille, avide de se retrouver seule, elle prétexta un malaise et courut se rouler dans un tapis, au fond du compartiment de l'habitation réservé au sommeil des femmes et des enfants.

Il est des êtres doués d'une telle insensibilité, qu'il suffit d'un chagrin cuisant, d'un regret amer, d'une séparation douloureuse, pour les faire dépérir à vue d'œil ou les rendre fous; Yamina était une de ces natures. Le lendemain matin elle était méconnaissable : on eût dit qu'un mal inconnu avait dévoré, dans cette nuit, tout ce qu'elle avait de force et de fraîcheur. Sa famille, frappée d'une altération aussi subite, l'accabla de questions auxquelles elle ne répondit que par des mouvements brusques et fébriles. Absorbée par l'idée fixe qui la tourmentait, toute caresse lui était même insupportable. Une autre particularité ajoutait encore à son agitation : des élans spontanés d'espérance faisaient à chaque instant bondir son cœur et laissaient en elle un désir fiévreux de courir de nouveau à son observatoire.

Ne pouvant en obtenir aucune réponse, ses parents la laissèrent enfin en paix.

Et pendant que chacun reprenait ses occupations habituelles, elle sortit furtivement avec Barka de la maison, et tous deux coururent au massif de figuiers.

Quand ils furent assis, Barka dit à Yamina :

— Yamina, comment se fait-il que tu sois fiancée au cavalier Hamady, lorsque Miloud va te marier au seigneur marabout Sidi-Hadj-Mimoun, chef des Rhamdam?

Le cœur de Yamina se serra; muette de crainte et de surprise, elle interrogea silencieusement Barka des yeux.

— Hier au soir, quand tout le monde fut couché, poursuivit Barka, Miloud sortit, et rentra un instant après suivi de deux Beni-Snassen. Ils allèrent au fond de la cour et se mirent à parler avec beaucoup d'animation. Leur ayant entendu prononcer plusieurs fois le nom de Yamina, je montai sur la terrasse pour les écouter. J'appris ainsi que Sidi-Hadj-Mimoun te recherche depuis longtemps en mariage, car les deux Beni-Snassen, qui sont des envoyés du seigneur marabout, disaient à ton père :

— Miloud, voilà trois fois que Sidi-Hadj-Mimoun nous envoie t'offrir l'honneur et la fortune en te demandant ta fille en mariage, et, tout en ayant l'air de te glorifier de la grâce qu'il te fait, tu éloignes toujours le moment d'engager ta foi. — Le seigneur Mimoun se lassera de cette attente, Miloud, et il oubliera qu'il t'a offert son alliance.— Miloud a donc perdu l'esprit, puisqu'il n'accepte pas à l'instant même les faveurs que le Tout-Puissant lui envoie?
— Enfin, termina Barka, Miloud leur donna sa parole qu'il se prononcerait définitivement avant la nouvelle lune.

— Yamina ne sera jamais la femme de Sidi-Hadj-Mimoun ! s'écria la jeune fille d'un ton résolu, car avant huit jours Yamina sera morte, si Hamady n'est pas venu la chercher !

— Non, Yamina ne mourra pas, dit le petit nègre d'une voix entrecoupée, parce que Sidi-Mimoun la comblera de présents... Et elle sera heureuse aux Beni-Snassen !... et Barka restera son bon serviteur !

La fille de Miloud regarda les caroubiers et dit avec un accent qui n'admettait plus de réplique :

— Yamina ne veut pas de présents ! Elle veut être la femme d'Hamady, ou mourir si Hamady ne vient pas la chercher !

Barka renonça dès lors à convaincre sa malheureuse maîtresse et tous deux gardèrent le silence jusqu'au soir, le cœur serré et les yeux fixés sur les caroubiers.

IX

Les fiançailles.

Ainsi que Barka venait de le révéler à Yamina, la jeune Kabyle était recherchée en mariage par Sidi-Hadj-Mimoun, l'un des chefs les plus influents des Beni-Snassen.

Expliquons comment cette affaire s'était engagée et avait pu rester aussi longtemps en suspens.

Hadj-Mimoun résidait à Rhamdam, village très-considérable des Beni-Snassen, situé sur une hauteur, en face des M'esîrda, à deux heures de marche du Kiss. Miloud y avait des parents; or, un an avant l'époque où nous nous trouvons, il s'y était rendu avec toute sa famille, à l'occasion d'une grande fête donnée par Mimoun.

Le premier jour même de la fête, Mimoun rencontra plusieurs fois Yamina, et il lui arriva ce qui arrivait à tous ceux qui la rencontraient : il fut frappé de la beauté toute

particulière de la jeune Kabyle; et, bien qu'il eût passé la
soixantaine, le lendemain matin il la fit demander en mariage à Miloud, offrant en même temps de compter à celui-ci
cinq cents douros le jour du contrat. Miloud parut infiniment flatté d'un tel honneur; mais il déclara que ne voulant se séparer de sa fille à aucun prix, son intention était
de la marier aux Beni-Mengouch; puis, comme il craignait
quelque mauvais coup de tête du vieux chef, il repassa le
Kiss incontinent.

Peu de temps après, Mimoun fit de nouvelles démarches : la réponse de Miloud fut la même. Seulement il insinua que la somme de cinq cents douros, à lui offerte par
Mimoun, n'était en rapport ni avec la fortune du puissant
chef des Rhamdam ni avec la beauté de Yamina. Au bout
de quelques mois, Mimoun, toujours poursuivi par l'image
de la jeune Kabyle, fit proposer mille douros à Miloud.
Cette fois, Miloud fut sur le point de céder, toutefois, sous
prétexte que l'idée seule de se séparer de sa fille lui fendait le cœur, il demanda un certain temps avant de se prononcer. Mimoun revint une troisième fois à la charge, ajoutant aux offres déjà faites, celle de cent têtes de bétail,
chèvres ou moutons, au choix de Miloud; et, pour en
finir, il envoya son frère Hassen-Mimoun, homme à la parole et au geste énergiques. Miloud parut tout disposé à
consentir; mais il déclara qu'il lui était impossible de donner sa parole avant huit jours. Hassen dut souscrire encore
à ce nouveau sursis.

On comprend pourquoi Miloud faisait ainsi trainer l'affaire.

Miloud considérait le mariage de sa fille avec Mimoun
comme un coup du sort des plus fortunés. Mais sachant
tout ce que l'on peut espérer de sacrifices d'un vieillard
amoureux, le vieux rusé demandait délais sur délais pour

arracher peu à peu au riche marabout toutes les concessions qu'il se proposait secrètement de lui imposer. Cela ressort évidemment des réflexions qu'il se fit lorsque Hassen l'eut quitté.

D'après Barka, qui faisait semblant de dormir dans un recoin de la pièce où Miloud se trouvait, voici le monologue auquel le père de Yamina se livra.

— Tout ce qui est sur la terre et dans l'univers vient du Tout-Puissant et rien ne se fait sans sa volonté. Au lieu d'un guerrier, Dieu, selon le désir secret de mon âme, m'a donné une fille, et cet enfant est devenue la plus belle vierge du Kiss... — Car assurément, il n'en est pas dans la contrée qui lui soit comparable ! — Les chefs de famille les plus riches la convoitent... Sidi-Hadj-Mimoun, lui-même, en est arrivé jusqu'à m'offrir mille douros et cent têtes de bétail !... — Il est donc de toute évidence qu'en me donnant une fille, Dieu a voulu assurer ma fortune !... Louange au Seigneur, maître de l'univers, qui protége son serviteur Miloud !

Miloud leva les yeux au ciel d'un air béat, fit une pause et poursuivit : — Mille douros et cent têtes de bétail !... Oui, c'est plus que je n'eusse jamais osé espérer !... Mille douros !... Mille fois un douro !... Dieu du ciel et de l'univers ! me sera-t-il vraiment donné de voir... là... sous mes yeux, mille douros... les uns sur les autres ? — Il y a quinze ans que je caresse ce rêve, que je demande au Seigneur de faire en sorte que ce rêve devienne une réalité... afin que sa bienfaisance soit entière !... — Ici Miloud baisa la terre, fit une nouvelle pause et continua : oh ! Dieu est grand, il est généreux ; ma longue patience l'aura touché : ces mille douros, qu'il a laissés voir seulement à mon imagination jusqu'ici, il va me les mettre sous les yeux... en espèces sonnantes ! — Louange au Seigneur, qui dispose des richesses de l'univers !

Miloud resta un moment immobile, pensif, l'œil fixe, puis il murmura :

— Oui, mille douros et cent têtes de bétail, sont un prix magnifique... Mais est-ce bien là tout ce que Dieu me réserve ? — Hadj-Mimoun possède plus de vingt chevaux, tous superbes... tandis que moi, je n'ai qu'une rosse... couverte de tares ! Si l'un des chevaux de Mimoun devenait ma propriété, ne serait-ce pas justice ? — oui, ce serait justice... ma conscience me le dit... Si je me trompe, que Dieu daigne éclairer ma conscience !

Miloud s'arrêta en levant les yeux au ciel. Il écouta avec le recueillement d'un homme qui attend une manifestation surnaturelle, puis, voyant que le ciel restait muet, il se dressa en s'écriant avec de vrais transports de joie : — qui ne dit rien consent !... Dieu veut qu'un des chevaux de Mimoun devienne ma propriété... Et cela sera... et j'aurai le plus beau cheval des Beni-Mengouch !...

A partir de ce moment, Miloud prit ses dispositions pour loger convenablement ce nouvel hôte, qu'il croyait déjà tenir aux entraves dans la cour de sa maison. Quant au bétail, il ne s'en inquiéta nullement : la place ne manquait pas sur les montagnes.

Huit jours après, Hassen, accompagné de deux amis de Mimoun, se présenta de nouveau à Miloud, ainsi qu'il avait été convenu. Ils se souhaitèrent d'abord mutuellement tous les bienfaits qu'il serait possible à Dieu de répandre sur les hommes ; après quoi, Hassen prit la parole :

— Tu connais le motif qui m'amène ? dit-il à Miloud.

— Certainement, fit Miloud avec un bon sourire, hier, ton frère Sidi-Hadj-Mimoun... — que Dieu lui conserve sa

puissance et sa fortune ! — hier ton glorieux frère m'a fait
prévenir... et je t'attendais...

— Eh bien ! je vais sans doute lui rapporter enfin une
réponse définitive et favorable ?

— Hassen ! s'écria subitement Miloud d'un air désespéré, Hassen, si l'idée seule de me séparer de Yamina...
de la seule vierge que le Seigneur m'ait donnée, ne me déchire pas les entrailles, que Dieu me pourrisse la langue à
l'instant même !

Miloud frappa la terre de son front.

Hassen haussa les épaules avec autant d'impatience que
d'indignation.

— Miloud ? fit-il...

— Oui... certainement... interrompit Miloud en s'animant, oui, pour moi, pauvre diable, c'est le comble de
l'honneur, de la fortune, des faveurs du Très-Haut, que
Sidi-Hadj-Mimoun veuille allier sa famille à la mienne !....
Mais...

Hassen l'arrêta en se bouchant les deux oreilles et en
frappant du pied.

— Si ce n'est Dieu, s'écria-t-il, que ce soit le diable,
qui te pourrisse la langue, si elle doit éternellement me
faire entendre les mêmes paroles et les mêmes protesta-
tons !...

— Eh bien, oui, je te le répète et te le répéterai : il
m'en coûterait moins de me séparer de mes deux yeux
que de ma fille !... Tu comprendrais ça, toi, si tu étais le
père de Yamina !

Hassen se croisa les bras sur la poitrine et lui dit d'un
ton sec et menaçant : — Miloud, tu te joues de nous ;
mon frère l'a compris comme moi, et je t'apporte son dernier mot, que voici : sa haine implacable, c'est-à-dire une
balle dans la tête ou un poignard dans le cœur avant un

mois si tu refuses! ou bien, si tu acceptes, son amitié pour la vie, plus mille douros et cent têtes de bétail, le tout au comptant. — Choisis!... mais il me faut un oui ou un nom à l'instant !

Miloud répondit avec une résignation calme :

— Dieu le veut! je mourrai de tristesse aux Beni-Mengouch, mais Yamina sera heureuse, car elle sera la femme de Sidi-Hadj-Mimoun, dont les richesses sont incalculables !

— Tu consens donc?

— Oh! je consentirais avec transport s'il m'était donné de voir ma fille quand bon me semblerait.

— Et qui donc pourrait t'empêcher de voir ta fille?

— Je me fais vieux, Hassen, et d'ici à Rhamdam il y a six lieues de montées, de descentes, de ravins et de précipices. Un cheval vigoureux m'y transporterait comme un oiseau porte ses plumes... mais je n'ai qu'une misérable haridelle, qui en a tout son poids rien que de se porter elle-même.

— Les chevaux de Sidi-Mimoun seront à ta disposition.

— On ne dispose librement que de ce qui vous appartient !

— Ah! je te comprends! s'écria Hassen furieux... Consens-tu, oui ou non?

— Yamina sera la femme de Sidi-Hadj-Mimoun à la nouvelle lune.

— Ta parole!

— Ma parole?... non!... je ne puis te la donner avant huit jours... Dieu m'est témoin...

Hassen ne le laissa pas achever. Il sauta sur son cheval en engageant ses deux compagnons à en faire autant; ceux-ci voulurent faire quelques observations à Miloud pour le décider à se prononcer sur l'heure, mais voyant qu'ils ne pouvaient obtenir de lui qu'un mielleux sourire, qui ne disait absolument rien, ils s'éloignèrent avec Hassen.

Au moment où ils partaient, Miloud se dressa en s'écriant :

— Hassen!... reviens dans huit jours... tu auras ma parole... si je mens, que Dieu me frappe de la foudre et que tout mon corps soit dispersé en lambeaux!... mais n'oublie pas de m'amener un des meilleurs chevaux de Mimoun!...

Lorsqu'ils furent hors de la portée de sa voix, il ajouta :
— Va, ta colère ne m'inquiète guère! Mimoun est amoureux. Or un vieillard amoureux est comme un enfant qui convoite une gourmandise : celui qui la possède se le rend plus soumis qu'un chien... — Et il ne tiendrait qu'à moi de faire composer Mimoun bien davantage encore... Mais Dieu défend d'abuser de la faiblesse d'autrui : louange au Seigneur, qui prescrit la miséricorde!

C'est de cette entrevue que Barka avait parlé à Yamina, en lui rapportant à sa façon la conversation qu'il avait entendue.

Cette journée fut pour Miloud une des plus heureuses de sa vie ; il en fut de même de la nuit qui lui succéda. Il fit des rêves d'or : il voyait des monceaux de douros ; les montagnes étaient couvertes de ses troupeaux.

Le réveil ne le désenchanta point : douros et troupeaux s'étaient évanouis, sans doute ; mais un avenir prochain ne devait-il pas les lui rendre pour tout de bon ?

Malheureusement, cette riante perspective ne tarda pas à se couvrir de nuages.

Sur les six heures du matin, au moment où Yamina et Barka s'acheminaient tristement vers leur observatoire, le caïd des Adjeroude se présenta à Miloud. Quand ils eurent échangé la kyrielle de souhaits que les Arabes se font toujours en s'abordant, le caïd dit à Miloud :

— Je t'apporte de bonnes nouvelles, Miloud.

— Bonnes ou mauvaises, sois toujours le bien venu.

— Miloud, si tu n'as pas encore fiancé ta fille Yamina, ta maison va se trouver dans la joie, car le bonheur de ta fille sera assuré.

Après un premier moment de surprise, Miloud, devinant le motif qui amenait le caïd, sourit avec une bonhomie toute naturelle.

— Je préfère le bonheur de ma fille à tous les biens de l'univers ! dit-il, explique toi, caïd.

— Connais-tu le brigadier de spahis, Hamady-Alla-ben-Diff, l'ami du chef du bureau arabe de Lalla-Magrnia ?

— Je l'ai vu une fois... ou deux... c'est un beau cavalier !

— Et surtout un vaillant guerrier !

— On le dit. Que Dieu lui fasse toujours vaincre ses ennemis !... Je le souhaite !

— Hamady n'est pas riche : il n'a que ce qu'il porte sur lui... mais il deviendra chef... caïd... officier !... Miloud ne serait-il pas fier de devenir le beau-père d'Hamady ?

Miloud poussa un cri d'étonnement et de désespoir.

— T'ai-je bien compris, caïd ?... serait-il possible que le seigneur Hamady eût songé à ma fille ?

— Il m'envoie te la demander en mariage.

Miloud se cacha le visage dans ses mains.

— Malheur !... malheur !... malheur !... fit-il en frappant du pied, et en s'agitant comme un possédé.

— Qu'est-ce qui te prend ? dit le caïd étonné. Aurais-tu la colique ?

— Dieu m'a ôté sa miséricorde ! s'écria Miloud !... il ne m'a pas éclairé à temps !... je suis maudit !

— Je ne te comprends pas, Miloud. Que veux-tu dire ?

— Il est trop tard, caïd ! éclata Miloud avec un accent désespéré.

— Il est trop tard ?...

— Yamina est fiancée !... j'ai donné ma parole !... me comprends-tu, maintenant ?...

Miloud s'affaissa d'un air atterré.

Le caïd le regarda comme on pourrait regarder un ami qui viendrait d'être condamné à mort.

— C'est un grand malheur pour toi... que Dieu te garde, Miloud, tu en as grand besoin... Car Hamady aime ta fille, et les Ben-Diff ne sont pas commodes... tant s'en faut !

— Mais pourquoi avoir tardé si longtemps ? répliqua Miloud, avec un énergique reproche, pourquoi n'être pas venu hier ?... hier, il était temps encore !

— Je suis venu quand on m'a envoyé.

— Alors, que puis-je y faire, puisque j'ai donné ma parole ? tu vois mon désespoir... fais-le connaître aux Ben-Diff ; dis-leur combien je regrette de ne pouvoir m'allier à leur famille !... Ils comprendront mon désespoir !...

— Ils ne comprendront rien du tout, fit le caïd en secouant la tête avec ce lent mouvement qui exprime de sombres présages. Ah ! tu ne connais pas les Ben-Diff, Miloud ! crois-moi, si tu leur refuses ta fille, tu es un homme perdu : avant qu'il soit longtemps, ils t'auront placé une balle dans la tête ou une lame de couteau dans la poitrine... et cela, sans que personne ne sache ni pourquoi, ni comment !... tu es un homme mort... C'est aussi sûr que Dieu est le maître de l'univers !

— Je ne refuse pas ma fille à Hamady ! protesta Miloud avec épouvante. Dieu, qui est tout-puissant, qui voit tout, qui entend tout, qui sait tout, m'est témoin si mon plus grand désir ne serait pas que mon enfant devînt la femme d'Hamady!... mais, enfin, je te le répète, caïd, que faire puisque j'ai donné ma parole à...

Miloud s'arrêta, troublé par le mensonge dont il venait de charger sa conscience, et effrayé de l'aveu qu'il allait faire au caïd.

— A qui ! demanda vivement ce dernier.

— A... à... à Sidi-Hadj-Mimoun... de Rhamdam... dit Miloud d'une voix altérée.

— A Mimoun !... à un Beni-Snassen !... s'écria le caïd, à un ennemi des Français !... Tu l'as dit, Miloud : Dieu s'est détourné de toi, car ta cervelle a déménagé... et tu ferais bien d'en faire autant en te sauvant chez les Beni-Snassen !

— Me sauver ?... Eh ! pourquoi me sauver ?... est-ce que les Français ne nous laissent pas libres de marier nos filles à qui bon nous semble ?... j'en appellerai à la justice et à la protection du chef français de Nemours.

— Il n'est pas de protection qui puissse te tirer de ce mauvais pas. Si tu ne t'alliais pas à un ennemi des Français, il te resterait peut-être quelque chance de sauver ta tête. Mais au chef des Rhamdam ! à l'ennemi le plus acharné des Français !... C'est sans doute l'appât de quelques douros qui t'aura fait tourner la tête à ce point ?

— Des douros ! s'écria Miloud avec indignation, des douros ! est-ce que tous les douros de Mimoun vaudraient pour moi l'honneur de m'allier à Hamady, qui deviendra chef, officier ?... Des douros !...

Le caïd l'interrompit.

— Miloud ? demanda-t-il.

— Parle, caïd.

— Ne pourrais-tu pas revenir sur ce qui a été fait ?... as-tu juré par le Seigneur tout-puissant ?

— Hier, ici... là... fit Miloud en mettant son doigt sur

la dalle, devant le soleil qui nous éclaire... devant le Seigneur qui étend son regard sur tout l'univers, j'ai juré !... j'ai donné ma parole !... je me suis lié !... — Ah ! ajouta-t-il en se frappant le front, maudit soit ce jour, qui m'a fait perdre le bonheur d'avoir pour gendre le plus vaillant guerrier des M'esirda !

— Miloud, dit le caïd en se disposant à se retirer, tu sais qu'il ne fait pas bon être poursuivi le long des chemins par un lion, surtout quand on a la peur au ventre ?

— Oh ! oui, je le sais ! Cela m'est arrivé deux fois : la première, j'en eus une fièvre de deux mois, et la seconde, j'en fus tellement hébété, que je n'aurais pas su distinguer un caillou d'un douro.

— Eh bien ! moi, qui suis caïd, et qui aurais, par conséquent, moins de sujet de crainte que toi, je préférerais encore me voir poursuivi par un lion que par la haine des Ben-Diff !

— Alors, caïd, protége-moi ! s'écria Miloud d'un ton lamentable, conseille-moi, nous sommes deux vieux amis... nous avons brûlé ensemble de la poudre contre les Français... Et nous désirerions, autant l'un que l'autre, les voir exterminer jusqu'au dernier !... Je suis ton ami, caïd : conseille-moi !

— Que pourrais-je te conseiller ?... Je crois que ce que tu as de mieux à faire, c'est de ne jamais sortir des Beni-Mengouch et d'invoquer la protection du Tout-Puissant !

Miloud serra les mains du caïd en disant avec une effusion qui touchait à la frénésie :

— Oh ! oui, le Seigneur me protégera... je suis son serviteur... je le prie en me levant, je le prie en me couchant, je le prie au milieu du jour... je suis un homme de prières... je suis un homme de religion... oh ! le Seigneur me protégera !

— Je le souhaite, dit le caïd d'un air peu convaincu; jamais homme n'en eut plus besoin.

Le caïd sortit et monta à cheval. Miloud, qui l'avait accompagné, lui serra de nouveau les mains en lui disant :

— Adieu, caïd... pense à moi... recommande-moi au chef français de Nemours... et que le Seigneur te comble de ses bienfaits !

Le caïd partit. Du moment qu'il eut tourné le dos à Miloud, celui-ci le regarda avec des yeux de tigre et en grinçant des dents, et quand il le vit à une certaine distance, il murmura :

— Caïd de l'enfer !... que la peste te putréfie !... Il m'apporte la ruine ou la mort, ce caïd, et il vient me dire qu'il m'apporte de bonnes nouvelles ! — Quand tu n'auras que des nouvelles de cette nature à m'apporter, caïd mille fois maudit, que le démon te sèche la langue et te mette assez de glu aux pieds, pour que tu sois aussi solidement attaché aux Adjeroude, que la queue de ton cheval l'est à son derrière !

Miloud se tut et s'assit. Il était consterné. Il eut un moment le désir de courir après le chef des Adjeroude pour lui avouer que tout n'était pas fini avec Mimoun, et lui déclarer qu'il était disposé à agréer la demande d'Hamady. Malheureusement, l'idée qu'il faudrait dès lors renoncer aux mille douros et aux cent têtes de bétail promis par Mimoun, lui traversa l'esprit et le cloua à sa place. Enfin il finit par se rassurer quelque peu en songeant que l'autorité française laissait aux Kabyles soumis le droit de marier leurs filles à qui bon leur semblait, et que les Beni-Mengouch, se trouvant sous la protection du bureau arabe de Nemours, les Ben-Diff n'étaient pas aussi redoutables que le caïd des Adjeroude avait eu l'air de le croire.

— Ils ne viendront pas me poignarder dans le village

même, se dit-il. Or, je n'en sortirai qu'en bonne compagnie ; et j'aurai mes mille douros et mes cent têtes de bétail.

Miloud fit encore une foule de réflexions encourageantes, et, presque entièrement rassuré, il alla se joindre à un groupe de Kabyles étendus sous un massif d'arbres, à quelque distance du village.

Il venait à peine de s'asseoir parmi eux, quand un bruit confus se fit entendre au fond du ravin, du côté du Kiss. Etonnés et instinctivement effrayés, ils cessèrent leur conversation et tendirent l'oreille. Le bruit allait toujours grandissant et devint bientôt formidable. L'un d'eux, pressentant quelque événement funeste, proposa de s'enfuir au village. Mais au même instant, une troupe de cavaliers déboucha d'un tournant voisin, escalada la côte avec une rapidité prodigieuse et entoura le groupe de Beni-Mengouch.

— Moufock ! murmura l'un de ces derniers, la voix étranglée par la terreur.

A ce nom terrible, les Beni-Mengouch frissonnèrent.

Les pauvres diables se trouvaient, en effet, cernés par Moufock et sa bande.

Leurs regards se portèrent simultanément sur un cavalier, que son magnifique cheval, ses armes resplendissantes, ses riches vêtements, signalaient comme le chef de la troupe, et dont le visage noble, hautain, rayonnant d'audace et de fierté, contrastait de la façon la plus étrange avec les figures effrayantes de ses compagnons.

C'était Moufock-ould-Magrnia.

Sur un signe du jeune chef, la troupe bruyante rentra dans le silence et l'immobilité, et un cavalier, à l'air éveillé, insouciant et moqueur, s'approcha des Beni-Mengouch. Ce jeune homme, appelé Gérôme, était un enfant perdu de la France. Deux ans avant, il avait déserté du bataillon de *zéphirs*. Son insouciance, ses allures comiques, la facilité avec laquelle il parlait l'arabe, lui avaient attiré la protection de Moufock, qui lui avait accordé la vie au moment où il allait être brûlé vif dans une broussaille. Moufock, qui aimait la mise en scène, lui faisait souvent jouer le rôle de héraut. Il avait souvent aussi l'occasion de 'employer comme interprète.

Gérôme, avons-nous dit, s'approcha des Beni-Mengouch. Il tira son sabre, et, avec une sorte de solennité moitié sévère, moitié comique, il s'écria :

— Beni-Mengouch, tenez-vous à conserver vos oreilles?

Les Beni-Mengouch, qui étaient comme pétrifiés, gardèrent le silence.

— Répondez! cria Gérôme avec colère.

Miloud, et tous les Beni-Mengouch après lui, répondirent :

— Oui, oui, nous y tenons !

— Nous y tenons même beaucoup ! ajouta Miloud.

— A la bonne heure ! fit Gérôme en adoucissant le ton, un homme sans oreilles est comme une cloche sans battant : il n'y a plus moyen de s'entendre !

Après cette plaisanterie de mauvais goût, il poursuivit :

— Mais puisque vous désirez conserver ce présent de la nature, servez-vous-en pour bien écouter la déclaration suivante : — Si vous restez immobiles comme des troncs d'arbres, il ne vous sera fait aucun mal, il ne vous sera pas même arraché un cheveu, mais si vous avez le malheur de vous agiter le moins du monde, vos têtes tomberont sous nos sabres comme les épis sous la faucille du moissonneur. C'est Sidi-Moufock-ould-Magrnia, notre vaillant chef, votre seigneur à tous, qui vous fait dire ces paroles par moi, son interprète et califat, appelé présentement : Si-el-Hadj-ould-Chaban-Mohamed-ould-Saff:-Laribi, autrefois Gérôme, dit le poulailler, dit le philosophe, né bâtard à Castres sur l'Agout, y baptisé chrétien, et converti à la vraie foi sur les bords du Kiss. — Est-ce bien entendu ?

Miloud donna encore l'élan aux Beni-Mengouch et tous répondirent :

— Nous resterons immobiles comme des troncs d'arbres !

— C'est très-bien, dit Gérôme d'un air satisfait. Maintenant, autre chose : Bel-Hadj-el-Miloud, qui vit dans la crainte du Seigneur, est-il parmi vous ?

Tous les Beni-Mengouch, excepté Miloud, dont le gosier s'était subitement fermé, crièrent à tue-tête :

— Oui, oui, il y est !..... le voilà !..... le voilà !

— Que le salut soit sur lui ! car il a l'amitié de Sidi-Moufock, dit Gérôme en rengaînant son sabre. Sidi-Moufock, le fils de Lalla-Magrnia, la glorieuse, qui vit au ciel et qui protége tous les bons musulmans, Sidi-Moufock veut lui dire des paroles de paix : qu'il s'approche donc sans crainte.

Miloud, tremblant, pâle comme un mort, se dressa. Moufock, l'ayant aperçu, le salua amicalement, s'éloigna à une certaine distance sur un point isolé et lui fit signe de s'approcher.

Quelqu'amicales que fussent les démonstrations de Moufock, elles ne réjouirent point Miloud, tant s'en faut ! Devinant le motif qui amenait le fils de Lalla-Magrnia aux Beni-Mengouch, il n'inaugura qu'ennuis et tribulations de la visite intempestive du jeune marabout. Néanmoins, s'étant recommandé à Dieu, il obéit.

— Miloud, me reconnais-tu ? dit Moufock.

— Je reconnais ton visage, répondit Miloud. Mais ton regard et ta voix sont bien changés, si tu es ce jeune marabout, appelé Moufock-ould-Magrnia, qui pria le Tout-

Puissant en ma présence, il y a trois ans, de conserver la paix à ma famille.

— Aujourd'hui, comme alors, je prie le Très-Haut de protéger ta maison, et il ne tient qu'à toi d'assurer le bonheur de ta famille, que j'aime. Ecoute bien les paroles que je suis venu te dire, Miloud, et que Dieu te fasse comprendre ce qu'elles valent ! — Yamina doit être la femme de Moufock : Dieu le veut ! Quand j'allai à toi, il y a trois ans, je te dis : — Jure-moi que le jour où je t'apporterai mille douros, Yamini sera la femme de Moufock. — Devant Dieu, qui entend tous les serments des hommes, me répondis-tu, Miloud te le jure ! — La parole des Magrnia est sacrée, Miloud. Ainsi, au lieu d'enlever Yamina aujourd'hui, ce qui ne me demanderait qu'un signe, je ne te réclamerai ma femme que le jour où je pourrai remplir les engagements que j'ai contractés avec toi. Mais ce jour approche...

Miloud voulut parler ; Moufock lui imposa silence par un geste d'autorité superbe.

— Garde tes paroles, poursuivit le jeune marabout : elles seraient inutiles ! Je parle au nom du Très-Haut : écoute et retiens dans ton esprit ce que je te dis. Avant peu de temps je serai riche. Si tu obéis à la volonté de Dieu, c'est-à-dire si, par ton gré, Yamina devient ma femme, je te comblerai de bienfaits. Les mille douros que je t'ai promis, te seront comptés ; je te donnerai à Oudjdah un asile sûr et heureux pour toi et ta famille ; tu auras des chevaux et des esclaves, et tous les bons musulmans t'honoreront, parce que tu seras le père de la femme de Moufock-ould-Magrnia, le fidèle serviteur de Dieu ! Mais si Yamina entre par ta volonté ou ta faiblesse dans une autre maison que celle de Moufock, je te le jure devant Dieu, Miloud, je brûlerai les Beni-Mengouch, et toi et ta famille serez réduits en esclavage! Choisis donc : mon amitié ou ma haine! la fortune et la considération ou l'esclavage!... J'ai dit, Miloud; et que Dieu te garde du mal en t'inspirant de bonnes pensées!

Avant que Miloud eût ouvert la bouche pour hasarder une des nombreuses objections qui se pressaient dans sa tête, Moufock s'élança dans le bas du ravin. Sa troupe se précipita à sa suite avec un bruit effroyable d'armes, de cris et de piétinements; et bientôt le plus grand silence se fit dans le vallon.

Les Beni-Mengouch restèrent tout ébahis pendant quelques minutes. Ils s'interrogeaient silencieusement du regard, se demandant ce que pouvait signifier cette scène étrange et rapide, qui venait de les frapper comme une apparition fantastique.

Miloud ne pensait à rien : il n'avait plus conscience de lui-même. La réunion le rejoignit et l'accabla de questions, auxquelles il ne répondit que par un silence absolu. Il s'adressa enfin au caïd, et lui dit d'un air mystérieux :

— Caïd, c'est à toi seul que je veux parler.

Le caïd et Miloud remontèrent aux Beni-Mengouch, laissant leurs compagnons de plus en plus stupéfaits. Arrivés au village, Miloud dit au caïd :

— Va m'attendre dans ta maison; j'y serai dans un instant... il faut auparavant que je passe chez moi.

Miloud se retirait chez lui pour réfléchir sur sa situation. Elle n'était pas riante : de quelque côté qu'il se retournât, l'abîme était sous ses pieds.

Moufock passait dans le M'esîrda pour être aussi inexorable dans ses menaces, que fidèle à sa foi jurée, à laquelle il n'avait jamais manqué. En donnant sa fille à Hamady, Miloud se vouait donc à l'esclavage ou à une mort certaine : car, en admettant que le bureau arabe de Nemours prît toutes les mesures de sûreté possibles, pour garantir les Beni-Mengouch contre un coup de main de Moufock, rien au monde ne pouvait le soustraire à la vengeance de Mimoun, qui avait à son service une foule de coupe-jarrets, ne demandant que têtes à couper et poitrines à poignarder. Les dangers n'étaient pas moins grands s'il mariait sa fille, soit à Mimoun, soit à Moufock. En effet, en s'alliant à des ennemis jurés de l'autorité française, il se rendait suspect à celle-ci et donnait beau jeu à la haine des Ben-Diff, dont les balles et les poignards n'étaient pas moins à redouter, sinon plus, que ceux de Mimoun et de Moufock.

Cependant si les dangers étaient égaux de part et d'autre, il n'en était point de même quant aux compensations que pouvait offrir chaque parti. Ainsi, avec Hamady, il n'y avait pas le moindre douro à attendre ; Moufock avait fait de belles promesses, mais leur réalisation était fort éventuelle ; Mimoun, au contraire, était prêt à compter mille douros sonnants et cent têtes de bétail.

Quand il eut fait ces réflexions, qu'il eut tout bien pesé et supputé, Miloud se tint ce raisonnement.

— Pourquoi Dieu nous a-t-il donné la raison ? — Dieu nous a donné la raison pour nous aider à discerner le vrai du faux, le juste de l'injuste, la sagesse de la folie. En conséquence, quand on fait ce que la raison commande on obéit à la volonté de Dieu !.... La déduction est irrésistible ! Donc, si je veux savoir le parti que Dieu m'ordonne de prendre, dans la position embarrassante où je me trouve, il faut que je consulte ma raison... et rien que ma raison. Or, que me dit-elle, ma raison, dans ce cas-ci ?

Après un instant de méditation, il poursuivit d'un air convaincu :

— Eh ! la réponse est bien simple !... Le doute n'est

pas possible!... ma raison... mon bon sens... le gros bon sens que Dieu m'a donné me dit que, danger pour danger, je dois m'en tenir à celui qui m'offre des dédommagements certains... C'est-à-dire à Mimoun! conséquemment, Dieu veut que Yamina soit la femme de Mimoun... et cela sera!
— Louange au Seigneur tout-puissant, qui éclaire son serviteur! — D'ailleurs, ajouta-t-il, si je me vois sérieusement menacé, je passe le Kiss et vais vivre en paix à Rhamdam, où ni Moufock, ami de Mimoun, ni les Français n'iront me poursuivre.

Cette résolution arrêtée, Miloud courut chez le caïd des Beni-Mengouch. Comme tous les caïds, celui-ci était riche, relativement à ses administrés. On l'appelait le caïd Nakache.

Nakache avait cinquante ans environ. Bien qu'il eût deux femmes, il désirait secrètement leur en adjoindre une troisième : la belle Yamina. Il tenait son projet dans le plus grand secret, attendant qu'une occasion favorable se présentât pour s'en expliquer avec Miloud. Mais Miloud avait deviné ce projet du jour où Nakache l'avait conçu ; et il se tenait dans la plus grande réserve à l'égard de ce dernier, connu pour l'homme de la tribu le plus âpre aux douros ; seulement il se le ménageait comme un pis-aller.

— Que Dieu protège les Beni-Mengouch, Nakache! dit Miloud en entrant chez le caïd. De grands malheurs nous menacent!

Malgré sa résolution, Miloud ne s'était pas encore remis de ses frayeurs; la pâleur de son visage effraya Nakache.

— De grands malheurs nous menacent? fit celui-ci, non moins alarmé que le père de Yamina. Explique-toi, Miloud!

— Sidi Moufock veut que ma fille Yamina devienne sa femme!

Nakache fit un mouvement de surprise et de contrariété.

— Il veut!... Il veut!... dit-il en haussant les épaules d'un air de protestation. Yamina n'est donc pas ta fille, puisqu'un autre que toi prétend disposer de son sort?

— Je n'entends point renoncer aux droits que Dieu m'a donnés sur mes enfants... je préférerais mourir! Mais considère un peu combien la situation est difficile : tout-à-l'heure Sidi Moufock m'a juré sur l'honneur de sa famille qu'il saccagerait les Beni-Mengouch et nous réduirait tous en esclavage, toi aussi bien que moi, si je mariais ma fille à tout autre qu'à lui... Et je viens prendre conseil auprès de toi, qui es mon ami et qui es sage.

Nakache était pensif; Miloud le regardait d'un air consterné.

Après quelques instants de silence, Nakache reprit d'un ton courageux, presque rassuré :

— Miloud, il est un moyen de vous mettre à l'abri des désastres qui nous menacent tous en général, et plus particulièrement toi et ta famille.

— Tu me rends la vie, Nakache! s'écria Miloud. Si j'étais seul exposé, ô que m'importerait ce qui pourrait advenir de moi; mais penser que je puisse être la cause de la destruction de ma tribu!... Cette idée me déchire les entrailles!... Parle donc, caïd; je t'écoute comme si Dieu même me parlait!

— Tu sais que je suis l'ami du chef du bureau Arabe de Nemours?

— Je le sais.

— Suffisants pour une embuscade, les dix cavaliers qu'il m'a donnés sont impuissants à nous garantir contre une attaque de Moufock. Mais si au lieu de dix spahis nous en avions vingt, Moufock ne se montrerait plus : ce n'est pas pour une amourette qu'il voudrait exposer sa troupe !

— Tu juges les choses avec sagesse, Nakache !

— Le chef français me donnera ce renfort si je lui prouve que l'existence de ma famille est menacée... et il en sera convaincu quand il saura que j'ai épousé une troisième femme, jeune et jolie, et que Moufock, amoureux de cette femme, a juré de me l'enlever, dût-il brûler les Beni-Mengouch... — je ferai plus : je m'engagerai à surprendre le jeune chef s'il veut me donner vingt spahis au lieu de dix...

— Dieu t'inspire, Caïd, s'écria Miloud, tu as de l'imagination... tu étais né pour être grand... cours trouver le chef français... hâte-toi, Nakache !

— Une heure après le mariage, je serai en route.

— Après quel mariage ? demanda Miloud avec un étonnement naïf.

— Comment ! tu ne m'as pas compris ?

— Compris quoi ?... Que veux-tu dire ?... Que m'as-tu donc dit ?... Ma tête se brouille !...

— Le chef français sait que je n'ai que deux femmes... toutes les deux sur le retour... pour lui dire que j'en ai une troisième, jeune et jolie, il faut que je l'aie... Enfin il faut que ta fille Yamina soit réellement dans ma maison !

Miloud répéta le cri d'étonnement et de désespoir qu'il avait poussé le matin devant le caïd des Adjeroude, dans une circonstance analogue, serra les mains de Nakache avec transport et s'écria d'un air égaré :

— Toi... Nakache... toi... caïd... tu songeais à Yamina ?

— Oui, Miloud, je désire m'allier à ta famille.

Miloud laissa tomber sa tête dans ses mains.

— Dieu s'est détourné de moi, murmura-t-il d'une voix éteinte, je suis maudit !... que la volonté du tout-puissant s'accomplisse !

Et il s'affaissa sur le plancher.

Nakache crut que Miloud était devenu fou.

— Qu'as-tu donc, Miloud? demanda-t-il tout étonné.

Miloud se dressa impétueusement.

— Ce que j'ai? éclata-t-il de l'air d'un homme qui aurait tout perdu en ce monde. Ce que j'ai? J'ai que si tu m'avais fait cet aveu deux jours plus tôt, je n'aurais plus rien à désirer sur la terre : car ta famille serait la mienne et la mienne serait la tienne!...

Miloud s'arrêta; il suffoquait.

— Mais enfin, explique-toi! insista Nakache, ne comprenant rien aux lamentations extraordinaires de Miloud.

— Il est trop tard, caïd!... que le tout-puissant prenne pitié de moi!

— Il est trop tard? fit Nakache confondu.

— Yamina est fiancée, Miloud! j'ai donné ma parole à ton ami, Sidi-Hadj-Mimoun, chef des Rhamdam!

Nakache garda le silence.

Miloud poursuivit avec l'accent du plus vif reproche :

— Eh quoi! il y a cinquante ans que nos mains se touchent, que nos yeux se regardent, que nos langues se parlent!... Il y a quinze ans que tu vois ma fille tous les jours!... Et jamais tu ne m'as dit un mot sur tes intentions... jamais tu ne m'as fait un signe!...

— Pouvais-je supposer que tu l'aurais fiancée ainsi, secrètement, à l'insu de toute la tribu? Je savais qu'en raison de sa beauté tu voulais retirer un bon profit de son mariage, comme c'est ton droit, et j'amassais des douros pour te les donner... j'en ai, là, dans ce bahut, cinq cents que j'allais précisément t'offrir aujourd'hui.

Miloud arrêta sur les yeux de Nakache un regard amer et triste.

Des douros, dit-il, eh! pourquoi m'aurais-tu donné

des douros? N'aurais-je pas déjà été assez récompensé du Très-haut par l'honneur de m'allier à ta famille? Ah! caïd, que tu me connais peu!

Pendant que Miloud prononçait ces paroles, il se disait intérieurement :

— Toi, me donner cinq cents douros? Tu mens, vieux ladre! tu ne m'en aurais pas même offert deux cents : je te connais!...

— Mimoun est mon ami, c'est vrai, reprit Nakache, mais cela ne m'empêche pas de te dire que tu as eu tort... et grand tort de lui donner ta fille... tu t'es jeté là dans une mauvaise affaire... mauvaise pour toi, surtout! Moufock sait fort bien que la tribu lui est sympathique, et ce n'est pas parce que toi... et toi seul, l'auras mécontenté, qu'il viendra tous nous exterminer... il se contentera de te couper la tête!... Et, tu le comprends, il ne me serait possible de prendre fait et cause pour toi que tout autant que Yamina serait ma femme!

— Eh bien! abandonne-moi, dit Miloud d'un air résigné. Mais, pour l'amour du Seigneur, pense à sauvegarder la tribu! ainsi que tu en as eu l'idée, va demander du secours au chef français pour protéger les Beni-Mengouch. Quant à moi, je me confie à la miséricorde de Dieu!

Miloud se retira. Il était brisé, anéanti. Après tant de secousses en un seul jour, il était difficile qu'il en fut autrement. Et ensuite, qu'étaient ces tribulations, à côté des orages qui s'amoncelaient sur son avenir?

On sait combien Miloud tenait aux douros; eh bien, il y avait une chose à laquelle il tenait encore plus : c'était à sa tête. Et quelle tête fut jamais plus en danger que la sienne?

Sans doute, à Rhamdam, auprès de Mimoun, son gendre, il pouvait trouver un refuge contre ses ennemis.

Mais cette situation, qui le mettait pour ainsi dire en tutelle, ne lui souriait que médiocrement.

Mimoun, en définitive, n'était qu'un gendre, et un gendre qui avait cinq ou six beaux-pères. Or, sur les bords du Kiss, pas plus qu'ailleurs, les gendres ne se font guère remarquer par un amour exagéré à l'endroit de leurs beaux-pères ; et Miloud ne se faisait pas illusion sur le peu de solidité de ces affections artificielles, qui naissent d'une alliance de familles, et que la moindre question d'intérêt transforme souvent, chez les arabes comme chez les Européens, en haine profonde.

Ce n'était donc qu'à son corps défendant qu'il acceptait la perspective d'aller vivre auprès de Mimoun.

A toutes ces inquiétudes, il vint tout à coup s'en ajouter une nouvelle, plus terrible encore, mais qui ne devait pas avoir de durée. Il se rappela subitement que deux fois dans la journée il avait menti à Dieu en jurant que sa fille était fiancée.

— Malheureux que je suis! s'écria-t-il en se frappant le front. Malheureux!... j'ai commis un mensonge... deux mensonges en un seul jour !

Il resta consterné pendant un long moment ; puis il se rassura aussi subitement qu'il s'était alarmé.

— Mais non, se dit-il avec bonheur, je n'ai pas menti!... voilà comme nous sommes, faibles mortels : nous jugeons toujours sans aller au fond des choses. Il suffit de la moindre réflexion pour reconnaître que je n'ai pas menti!... En effet, ce qui ment, ce n'est pas la bouche, qui dit tout ce qu'on veut lui faire dire ; ce qui ment, c'est l'intention, c'est la conscience. Or, quelle était mon intention ? mon intention était de donner ma fille à Mimoun : donc en jurant que je la lui avais donnée, j'ai dit la vérité !... la pure vérité !

Miloud baisa la terre, leva les yeux au ciel et s'écria :

— Gloire au Seigneur tout-puissant, protecteur des hommes qui fuient le mensonge !

Le visage de Miloud était rayonnant de béatitude ; Miloud se croyait, de bonne foi, aussi pur que l'agneau qui vient de naître. Cela se conçoit : les Arabes ont l'habitude d'associer le nom de Dieu à tous leurs méfaits ; ils n'oseraient pas commettre un meurtre s'ils ne pouvaient pas dire : — Dieu le veut ! Miloud avait toujours vu tous les coquins du Kiss agir de la sorte : il faisait et agissait comme tout le monde ; c'était un effet de l'habitude, de la tradition ; ce qui fait voir qu'il ne faut jamais professer pour l'habitude et la tradition, qu'un respect conditionnel. D'ailleurs nous n'aurions aucune raison de nous étonner de cette particularité religieuse de Miloud : combien, en effet, ne voyons-nous pas parmi nous de faux chrétiens qui ont toujours le nom de Dieu dans la bouche, et dont la vie n'est qu'un tissu d'iniquités ?

Quoi qu'il en soit, Miloud, pour se mettre pleinement d'accord avec sa conscience, fit savoir le jour même à Mimoun qu'il acceptait ses conditions, et le pria de désigner le jour où il lui plairait de recevoir sa fille.

Mimoun répondit qu'il était enchanté des bonnes dispositions de Miloud et qu'il enverrait chercher Yamina le huitième jour suivant.

Le lendemain matin, Miloud annonça à la mère de Yamina les dispositions qu'il avait prises à l'égard de leur fille et lui enjoignit de l'en informer.

Tous les membres de la famille, Yamina et Barka exceptés, s'occupèrent dès lors de préparer la cérémonie d'usage en pareille circonstance.

Yamina et Barka devaient être les derniers à apprendre ce triste événement. Pendant que la nouvelle s'en répandait dans la tribu, les deux enfants exploraient du regard les plateaux et les sinuosités de la montagne pouvant aboutir aux caroubiers.

Les élans d'espérance qui avaient soutenu jusqu'ici la jeune Kabyle, ne faisaient plus battre son cœur; elle succombait sous le découragement. Barka, qui recueillait tout ce qui se disait aux Beni-Mengouch touchant Yamina, qui épiait tous les mouvements de Miloud, cherchant à surprendre ses paroles, Barka avait deviné les projets secrets de celui-ci et en avait fait part à sa jeune maîtresse, après lui avoir raconté les événements extraordinaires de la veille. Déjà vivement effrayée et surprise de l'amour de Moufock, sentiment qu'elle avait ignoré jusqu'ici, Yamina était tombée dans l'accablement en apprenant la détermination précipitée de son père.

Assise à son observatoire, elle s'abandonnait depuis un certain temps aux sombres pressentiments qui l'obsédaient, quant tout à coup elle poussa un cri de détresse et étendit la main vers le village.

— Écoute, Barka! écoute! murmura-t-elle.

Un bruit confus de tams-tams, de tambourins et de cornemuses venait de frapper ses oreilles.

— On va me fiancer! ajouta-t-elle d'une voix navrante.

Barka, muet de désespoir, fit le signe qui signifie : oui.

En ce moment plusieurs femmes, précédées de la mère de Yamina, apparurent en avant du village et se dirigèrent vers les figuiers.

Yamina devina le motif qui amenait sa mère; elle porta tour à tour son regard vers celle-ci et vers un rocher qui s'élevait du côté opposé, au-dessus d'un abîme.

— Viens! viens, Barka! s'écria-t-elle en désignant ce dernier point. Viens, Barka, : je veux mourir!

Le jeune nègre la retint.

— Yamina, dit-il vivement, vois, là-haut, ce point! C'est un homme... c'est Hamady !

Yamina suivit les indications de Barka. Mais son regard voilé par les larmes ne put rien distinguer. Elle essuya ses yeux et regarda encore : elle ne vit que des arbres et des rochers.

— Là ! là ! à côté des caroubiers ! persistait Barka, la main toujours tendue dans la même direction. C'est un homme !... ce doit être Hamady !

Elle fit une troisième tentative, une quatrième : rien de semblable à une forme humaine ne s'offrit à sa vue.

Sur ces entrefaites, sa mère arriva auprès d'elle, la prit dans ses bras et tout en lui prodiguant mille caresses, l'entraîna pour ainsi dire de vive force au village.

A mesure qu'elle approchait des Beni-Mengouch, Yamina se sentait défaillir. Les sons qui lui avaient déchiré les oreilles, tout à l'heure, redoublaient d'intensité à chaque pas; il s'y mêlait des chants, des cris sauvages et des coups de feu. Bientôt elle fut entourée par les auteurs de cet affreux tintamarre. Les cris et les gambades prirent alors tous les caractères de la frénésie. Ces réjouissances sauvages torturaient la pauvre enfant. Plus pâle qu'un fantôme, soutenue par sa mère, elle marchait en chancelant comme une jeune victime conduite au sacrifice.

Barka supporta d'abord ce spectacle navrant avec une douleur résignée, mais en entrant dans le village, un accès de fureur le prit. Sa figure devint horrible de férocité. Il promena rapidement un regard de tigre sur l'escorte bruyante dont la joie insultait aux tourments de sa malheureuse maîtresse. Un grand nègre se faisait remarquer entre tous par le feu frénétique de ses tams-tams, par ses cris assourdissants et ses gestes exagérés : Barka courut au bruyant personnage, lui sauta au visage et lui enfonça ses dents dans la joue.

Cet incident suspendit la marche de la horde importune. Les musiciens cessèrent leur tapage pour assister à la lutte du nègre et de Barka, et les femmes poursuivirent seules leur chemin jusqu'à la maison de Miloud.

Des tourments d'un nouveau genre attendaient ici Yamina.

La cour était encombrée de femmes et de jeunes filles, seules admises dans ces sortes de réunions. A l'arrivée de la malheureuse fiancée, elles se précipitèrent sur la pauvre fille en poussant en chœur ces cris de *ioü-ioü! ioü-ioü!* par lesquels les femmes arabes expriment leur joie dans les fêtes, et l'obsédèrent de leurs manifestations joyeuses. Il y eut ensuite quelques minutes de bavardage général et confus : femmes et jeunes filles, au nombre d'une vingtaine, parlaient en même temps. Elles s'accroupirent enfin sur une grande natte étendue au milieu de la cour. La femme de Miloud, tenant Yamina par la main, prit place au milieu d'elles, et, après un moment de silence solennel, leur annonça avec orgueil que sa fille Yamina était fiancée au seigneur Hadj-Mimoun, chef des Rhamdam.

Un hourra de *ioü-ioü* accueillit cette nouvelle. Les femmes se pressèrent en foule autour de Yamina et toutes l'embrassèrent en lui disant mille louanges. Mais Yamina protesta contre cette expansion générale par une tristesse poignante et par un mouvement de tête machinal, plusieurs fois répété, qui signifiait : non! non! rien de tout cela! vos compliments me torturent!

La réunion entière fut frappée de la tristesse et des protestations silencieuses de la jeune fiancée. Heureusement le couscoussou, les galettes et les raisins secs, toujours servis en pareilles circonstances, furent apportés en ce moment. Ces friandises, étalées sur la natte, absorbèrent subitement l'attention des femmes et des jeunes filles et leur firent oublier Yamina.

Le reste de la journée, et la nuit qui suivit, eurent la durée d'un siècle pour la fille de Miloud. Ce cri : — c'est Hamady ! — jeté par Barka, lorsque sa mère l'avait arrachée de son observatoire, résonnait sans cesse à ses oreilles, faisait bondir son cœur et lui rendait toutes ses espérances perdues.

Persuadée qu'Hamady était de retour, elle avait voulu, après la cérémonie, s'enfuir à travers la montagne pour entendre la voix de son amant ; mais retenue prisonnière dans la maison de son père, elle dut renvoyer au lendemain matin cette dernière tentative qui allait décider de son sort ; et elle passa la nuit à attendre de seconde en seconde les premières lueurs du jour.

X

L'embuscade.

Dans une histoire comme celle-ci, où les événements se passent en divers lieux et à la même date, il faut de toute nécessité, pour donner quelqu'ensemble à la marche générale du drame, se transporter tour à tour d'un endroit dans l'autre, abandonner par intervalles un personnage, lors même que sa position offre le plus d'intérêt, pour revenir à un autre. C'est ainsi que nous devons maintenant quitter notre jeune héroïne, pour raconter l'épisode curieux qui avait si longtemps retardé le retour d'Hamady.

Quand il fit la rencontre de Moufock dans le ravin des Beni-Mengouch, Hamady, on se le rappelle, était porteur d'une missive pour l'agha des M'esîrda. Sa mission remplie, il s'achemina en toute hâte vers Magrnia et arriva dans la redoute au point du jour. Le goum du bureau arabe était déjà sur pied, rangé en ordre sur la place et prêt à partir pour une expédition.

Un chaouch, tenant un cheval sellé, s'approcha d'Hamady.

— Ce cheval est pour toi, lui dit-il, le lieutenant D. t'attend depuis plus d'une heure ; il jure par tous les diables qu'il te cassera la tête.

Hamady courut chez le lieutenant D.

— Ah ! te voilà, enfin ! s'écria celui-ci en jurant. Moufock et sa bande sont signalés dans les tribus du Sud, et il faut que je t'attende ici, cloué comme *pingoin!* — Allons, en route, flâneur ! ajouta-t-il avec moins de rudesse et en se disposant à sortir.

— Moufock dans le Sud ? dit Hamady. C'est impossible ! je l'ai rencontré hier au soir dans le ravin des Beni-Mengouch !

Le lieutenant D. resta la bouche béante de surprise et interrogea Hamady du regard.

— C'est comme je te le dis, mon lieutenant répondit le spahis.

— Les caïds qui lui ont donné la chasse sont ici, sous ma main et m'ont juré sur leurs têtes l'avoir reconnu !

— J'ai vu Moufock comme je te vois là, mon lieutenant, insista Hamady. Je l'ai même poursuivi jusque sur le Kiss, et c'est ce qui m'a retardé.

— Les caïds se sont trompés, alors, dit D. en jetant son burnous sur ses épaules. Mais si ce n'est lui, c'est sa bande, conduite par Adj-el-Askri... *filons!*

Ils sortirent, montèrent à cheval et se mirent en route, précédant le goum à une assez grande distance. Après un quart d'heure de marche, ils entamèrent la conversation.

D'habitude, quand ils étaient en tête-à-tête, D. parlait

l'arabe et Hamady le français, mais un français tout particulier, qu'on ne saurait trouver que dans la bouche d'un Arabe ayant fait son éducation au milieu des camps.

Dans les circonstances les plus graves, les plus périlleuses, comme dans la vie ordinaire, le langage de D. était toujours comique, plaisant ; il abusait même des expressions familières ; mais son air hautain et dédaigneux, son ton original effaçaient entièrement le trivial du mot, s'il est permis de s'exprimer ainsi.

Ce ton, ce correctif fait inévitablement défaut au narrateur ; néanmoins, dans un tableau de peintures locales comme celui-ci, il faut absolument reproduire le langage fidèle des personnages, au risque, pour le conteur, de tomber dans le trivial. Nous conserverons donc au langage de D. le mot propre, attribuant à notre impuissance tout ce qu'il aura de vulgaire et de familier.

Hamady, qui professait pour D. une admiration extrême, à cause du sang-froid, de l'audace et de la gaîté que celui-ci conservait au milieu du danger, avait classé dans sa mémoire la plupart des expressions originales de son lieutenant et les employait parfois en conversant avec lui.

— Tant que ce scélérat de Moufock sera sur ses *pattes*, commença D., il n'y aura aucune sécurité dans le cercle. Il faut vraiment que ce bandit ait le diable dans le corps : il est partout en même temps et il n'est nulle part ! Veux-tu être caïd, Hamady ?

— Oui, mon lieutenant.

— Apporte-moi la tête de Moufock : ce jour-là tu le seras.

— Je te prends au mot, mon lieutenant. Avant que le soleil ait passé trente fois dans le ciel, je t'aurai apporté, non-seulement sa tête, mais son corps, vivant, entortillé dans une corde de chameau, ainsi que je le lui ai promis.

D. regarda Hamady avec une joie sauvage et s'écria :

— Si tu fais ce coup de maître, ta fortune est assurée : je te propose pour officier.... je n'ai plus rien à te refuser, en un mot!

— S'il en est ainsi, mon lieutenant, je commence par te demander une permission de huit jours, car je regarde le coup comme fait.

— Est-ce pour le préparer?

— Non ; c'est pour me marier.

— Pour te marier?

— Oui, pour me marier avec une jeune Kabyle des Beni-Mengouch, nommée Yamina.... La plus belle fille du Kiss, mon lieutenant. Moufock l'aime aussi : tu comprends si j'ai intérêt à t'apporter la tête de ta *bête-noire*, comme on dit dans le camp en parlant de Moufock. Mais, avant tout, il faut que Yamina soit en sûreté dans ma maison. L'idée qu'un autre pourrait me l'enlever, pendant que je courrais après Moufock, me ferait perdre la tête et peut-être manquer mon coup.

— Soit! à notre retour tu auras huit jours... Raconte-moi donc tes aventures d'hier ?

Hamady s'empressa de satisfaire au désir de son lieutenant.

— Pour le moment, dit-il en terminant, Moufock n'en veut plus à ma tête, bien qu'il y tienne beaucoup. Ce qu'il cherche, c'est de me prendre vivant, pour se donner le plaisir de me promener à travers les Beni-Snassen attaché à la queue de son cheval. Il me l'a juré et il ne jure jamais en vain. J'en suis sûr : dans ce moment, il ne pense qu'à me jouer le tour... Et je crois qu'il donnerait sa part du paradis pour t'en faire autant.

Quarante lieues environ séparent les Beni-Mengouch des tribus où D. allait opérer; cependant, Moufock, qui, la veille, était dans le ravin des Beni-Mengouch, se trouvait, quinze heures après, au milieu de ces tribus à la tête de sa bande, composée de vingt-cinq ou trente hommes. Il vint même au-devant du lieutenant D. chevauchant avec sa troupe sur les crêtes des mamelons hors de la portée des balles, mais assez près pour pouvoir être reconnu.

— C'est bien lui, dit Hamady. Quel jarret ! On dit qu'il dort à cheval et que Lalla-Magrnia l'accompagne toujours et le soutient en selle. Que penses-tu de cela, mon lieutenant ?

D. haussa dédaigneusement les épaules.

— Il y a longtemps que je lui aurais réglé son compte, dit-il, si le général avait voulu m'écouter. N'importe ! une fois ou l'autre je lui mettrai bien la main dessus ! nous verrons alors s'il digère les balles !

Dans cette journée, D. usa de toute la hardiesse et de toutes les ruses possibles dans la situation pour joindre Moufock. Le bandit, se tenant toujours à distance, ne répondit à ces attaques que par des évolutions frénétiques, des coups de fusil tirés en l'air et autres railleries guerrières en usage chez les Arabes, et le soir il disparut dans la direction du désert. Le lendemain matin, il se montra de nouveau sur les premières hauteurs avoisinant le camp français. Les scènes de la veille se renouvelèrent avec la même ardeur et les mêmes péripéties. Pendant la nuit, D. s'avança, en tournant les mamelons, jusqu'à la lisière du petit désert. Mais le lendemain, il n'aperçut pas âme qui vive : les bandits avaient vidé les lieux.

D., furieux, la rage au cœur, reprit le chemin de Magrnia.

— Mon lieutenant, lui dit Hamady, Moufock nous prépare quelque tour de sa façon. Les manœuvres qu'il vient de faire ne sont pas dans ses habitudes. Il a passé au milieu de tribus soumises et impuissantes sans les attaquer : ça n'est pas naturel!....

— Te sens-tu réellement de taille à t'emparer de ce scélérat? demanda D. d'un air provoquant.

— Oui. Je l'aurai, je te l'apporterai; mais, en attendant, crois-moi, mon lieutenant, ouvrons l'œil!

— Tu me fatigues, avec ton œil!... Tu sais bien que je dors les yeux ouverts!.... En arrivant à Magrnia, sauve-toi aux Adjeroude, marie-toi et reviens au galop avec ta femme.

— Bon! Mais si Yamina est déjà fiancée, je l'enlève, mon lieutenant, dit Hamady d'un ton résolu.

— Non pas! s'écria D., tu brouillerais les cartes. Je ne suis pas très-bien avec mon collègue de Nemours; et si tu chassais sur ses terres, tu t'en trouverais mal... Pas de bêtise! tu gâterais ton affaire!

— Alors, objecta Hamady d'un air de protestation énergique, quoique respectueuse, si elle est fiancée, il faudra que je me la laisse enlever les bras croisés! C'est impossible! je préférerais perdre les oreilles et les yeux que le Tout-Puissant m'a donnés! je préférerais...

— Il ne s'agit pas de cela! interrompit D. Seulement, je ne veux pas que tu me soulèves ce lièvre en ce moment. Si ta belle est fiancée, fais peur au père... retarde le mariage d'une façon ou de l'autre, sans te compromettre, et reviens à Magrnia. Nous aviserons.... je t'aiderai.... tu sais ce que cela veut dire.... que diable veux-tu de plus!

— Puisque tu m'aideras, mon lieutenant, c'est bien! j'irai doucement. Pourtant, je dois te déclarer que si Yamina devient la femme d'un autre malgré les efforts que je vais faire pour empêcher ce malheur, c'est fini : tu ne me verras plus, car il y aura mort d'hommes et la mienne ensuite !

— Quel enragé ! s'écria D. en riant. Du diable si je te croyais aussi inflammable !

— Quand mon lieutenant aura vu Yamina, il ne sera plus étonné du *charme* qu'elle a jeté sur moi !

Causant sur ce ton, D. et Hamady arrivèrent à Magrnia vers dix heures du matin. Au moment où ils entraient dans la redoute, un nègre s'approcha de D. et lui présenta une feuille de papier sur laquelle étaient écrites quelques lignes en caractères arabes.

— Ça tombe bien mal, fit D. en les parcourant d'un air contrarié. — Tiens, ajouta-t-il en donnant la missive à Hamady, le caïd des Ouled-Mansour marie son fils aujourd'hui. Il me prie d'assister à la noce... il m'avait fait part de ce projet, en effet, mais je ne le croyais pas si prochain.

Hamady prit le papier, le lut, le tourna, le retourna, le relut, regarda D. et le nègre qui avait apporté ce billet, puis resta silencieux et pensif.

— Je ne puis lui refuser, reprit D., c'est un homme à ménager. Au reste, je le lui avais promis. Nous partirons après déjeuner. Ce n'est pas loin, d'ailleurs. Nous serons de retour demain matin avant dix heures et tu fileras sans débrider.

Hamady restait immobile et silencieux, le regard fixé sur le papier.

— Que diable fais-tu là, planté comme une cigogne ? s'écria D. Décidément l'amour te fait perdre la tête !... Après tout, si tu es si pressé, pars ; j'irai sans toi.

— Non, je t'accompagnerai, mon lieutenant.

— Crains-tu quelque chose, voyons ?

— Pas précisément... non... fit Hamady indécis. — Je

connais cet homme, ajouta-t-il en regardant le nègre ; c'est bien Salem, le nègre du caïd.

S'adressant ensuite à celui-ci, il lui dit :

— *Fantazia bezzeff and el Caïd ?* (Il y a de grandes réjouissances, chez le caïd ?)

— *Bezzeff ! Bezzeff ! Bezzeff !* (Beaucoup !) s'écria le nègre en pirouettant et imitant avec les mains le jeu des tams-tams.

— Cours annoncer au caïd que je serai chez lui à deux heures, lui dit D. en arabe.

Le nègre baisa les bottes de D. et disparut.

Une heure après, le lieutenant D. et Hamady remontaient à cheval et se dirigeaient du côté des Ouled-Mansour. Deux spahis les suivaient à cent pas de distance.

Ils trottèrent pendant quelque temps avec une grande rapidité à travers les palmiers nains et les lavandes qui couvraient la plaine de Lalla-Magrnia, et arrivèrent sur un terrain où ils durent ralentir leur marche. Le pays devenait montueux, accidenté ; il était coupé de distance en distance par de petits ravins encombrés de broussailles. D. et Hamady, sur les indications de ce dernier, qui connaissait parfaitement les lieux, se tinrent d'abord sur les hauteurs, et, après une demi-heure de marche à découvert, ils descendirent dans un ravin assez profond.

Ce ravin court du sud au nord-ouest et conduit directement, en suivant cette dernière direction, aux Ouled-Mansour. Il formait en cet endroit un petit bas-fond, une sorte d'ovale allongé, s'ouvrant aux deux extrémités par un passage très-étroit ; un filet d'eau serpentait au milieu, sous des herbages épais et des lauriers roses, et rendait le terrain fort dangereux pour des cavaliers ; de nombreuses broussailles, épineuses, resserrées, se liant les unes aux autres, ajoutaient encore aux difficultés de la marche.

D. et Hamady n'allaient qu'au pas, très-lentement et au hasard. D. jurait comme un démon contre les broussailles et les caïds qui marient leurs enfants. Hamady était silencieux, préoccupé ; il examinait avec la plus minutieuse attention les abords de leur chemin.

Tout à coup, vers le milieu du vallon, au détour d'un buisson disposé près du sentier, le spahis fit un brusque mouvement de jambes qui secoua son cheval, et une exclamation sourde, comprimée à sa naissance, s'échappa de sa poitrine. A l'émotion d'Hamady, D. comprit instantanément qu'ils couraient de grands dangers ; cependant il ne manifesta ni crainte ni surprise.

— Qu'as-tu donc ? demanda-t-il.

— Parle en français, mon lieutenant, articula Hamady d'une voix brève et calme. Et surtout ne t'emporte pas, autrement nous sommes perdus.

Depuis qu'ils marchaient au pas, D., tout en jurant, se laissait aller aux mouvements de son cheval comme s'il eût sommeillé.

— Allons ! pas de discours, farceur ! dit-il tranquillement sans rien changer à ses allures, qu'y a-t-il ? Parle !

— Nous sommes dans la nasse !

— Dans quelle nasse ?

— Dans la nasse de sidi... Moufock.

Hamady souffla, plutôt qu'il ne le prononça, le nom du bandit.

— A trois lieues de Magrnia ! murmura D., c'est impossible !

— Dieu est grand ! mais nous sommes dans une embuscade de Moufock.

La scène que nous racontons en ce moment se passait avec une rapidité que la plume ne saurait égaler.

— Où vois-tu donc les bandits ? demanda D.

— Tu sais bien qu'ils ne se perchent pas, mon lieutenant. Nous venons de passer tout à côté d'un buisson dans lequel j'ai aperçu des branches d'arbousier : c'est un buisson *rapporté*, car il n'existe pas un seul arbousier dans le ravin... Du reste, il n'y était pas l'autre jour, quand je passai par ici. Ce buisson récèle un homme qui nous ajuste avec un fusil en ce moment... Nous voici au milieu de l'embuscade... je vois à vingt pas de nous, à droite et à gauche, d'autres buissons *rapportés*... Je veux que Dieu m'ôte la vue, si ces buissons ont poussé dans le ravin !

— Il faut débusquer ces brigands ! dit froidement D. Appelle les deux spahis et jouons de la *broche*.

— Non, non, mon lieutenant ! nous ne sommes pas en nombre ; la ruse, seule, peut nous sauver.

— Tournons les talons, si tu crois que toute la bande y soit.

— Que Dieu nous en garde ! nous n'aurions pas tourné la bride que nos chevaux seraient par terre.

Après un instant d'hésitation, Hamady ajouta vivement :

— Mon lieutenant, veux-tu me donner le commandement pour dix minutes ?

A cette demande, D. fit un soubresaut ; il arrêta son cheval, regarda Hamady en clignant de l'œil d'un air sévère et dédaigneux, et, avec autant de sang-froid que s'il eût été loin de tout danger, il dit en menaçant son brigadier

— Toi, me commander ! même pour une minute !... si je te cassais la tête, que dirais-tu ?

— Je ne dirais rien, mon lieutenant.

D. éclata de rire, reprit son air familier et se remit marche en disant :

— Rappelle-toi que le *Grand Turc*, même, n'est pas... de taille à commander le lieutenant D. !

— Pardon, mon lieutenant, je sais bien que tu es mon sultan !... je me suis mal expliqué. Comme je connais parfaitement le terrain...

— Suffit ! interrompit D., donne-moi ton avis sur la position, et dépêche-toi !

Pendant cette scène, Hamady avait conservé l'attitude respectueuse mais ferme, qoiqu'un peu familière ; qu'il avait toujours avec D.

— Nous sommes ici au milieu de l'avant-garde de l'embuscade, poursuivit-il sur ce ton. Le centre se trouve probablement derrière la gorge que nous voyons là-bas, dans un petit vallon comme celui-ci, où les brigands espèrent sans doute nous fusiller. Mais, à moins que Dieu ne le veuille autrement, je crois que nous leur échapperons.

— Comment veux-tu t'y prendre.

— Rassembler d'abord nos chevaux, les exciter un peu tout en marchant, et, à vingt pas de la gorge, partir comme un coup de vent ; à quatre pas de l'autre côté, quitter court le sentier par un crochet à gauche et gagner la hauteur sans détourner la tête. Au premier temps de galop, et surtout à cette dernière manœuvre, le bandit va deviner que nous avons éventé l'embuscade, et, déconcerté, désirant, d'un autre côté, nous tenir vivants, il est possible qu'il ne fasse pas feu.

Il y eut un moment de silence ; D. hésitait à accepter les conseils d'Hamady : il lui répugnait profondément de fuir devant le bandit.

— Il sera donc dit que D. a *détalé* devant ce scélérat ! murmura-t-il désespéré.

— Nous ne *détalons* pas, mon lieutenant, fit observer Hamady : Nous sommes quatre contre vingt pour le moins.

D. et Hamady étaient arrivés près du passage qui donnait entrée à l'autre vallon.

— Tiens ta langue au chaud! dit brusquement D. d'un ton bref et impérieux, — Hamady? demanda-t-il ensuite avec une certaine émotion.

— Mon lieutenant?

— Attention et *motus!*

— Ça y est.

— Bien que je te rudoie de temps en temps, tu sais que je suis ton ami?

— Oui, mon lieutenant.

— Arme un pistolet.

— C'est fait.

D. exécuta le mouvement qu'il venait de commander à son brigadier et continua:

— Je ne veux pas rester vivant entre les mains de ces brigands: si je tombe dans leurs *pattes* sans pouvoir me régler mon compte, tu oublieras tout pour me faire sauter la tête!

— Oui, mon lieutenant... j'ai un pistolet à deux coups: un pour toi, un pour moi.

— Jure-le!

— Sur l'âme de mon père et devant Dieu, qui nous regarde, je le jure!

— C'est bon!... J'en ferai autant pour toi, le cas échéant... Es-tu prêt?

— Oui.

— Fais signe aux deux spahis de jouer de la botte.

— C'est fait.

— Une!... deux!... enlevé! s'écria D.

Et ils partirent ventre à terre en relevant fièrement la tête, comme des guerriers qui vont franchir un trajet sillonné par des balles. En quelques minutes ils eurent traversé le défilé, sauté à gauche par un crochet hardi et gagné la hauteur. Mais nul bruit, nul signe ne dénonça la présence d'êtres humains dans le vallon ; quelques alouettes, effrayées par le fracas des chevaux, troublèrent seules par leur vol et leurs cris le silence et l'immobilité qui y régnaient. Immédiatement après, les deux spahis d'escorte débouchèrent du passage et grimpèrent la côte au milieu du même silence.

D., déconcerté par ce résultat inattendu, se croyant le jouet d'une fausse alerte de son brigadier, s'arrêta en jurant contre celui-ci.

— Quelle comédie me fais-tu donc jouer là, *cornichon !* s'écria-t-il furieux, tu mériterais que je te coupasse le ventre !

— Tu me le couperas aux Ouled-Mansour, si je me suis trompé, dit vivement Hamady, mais ne t'arrête pas... arrive, arrive, mon lieutenant !

— Je te dis que tu as perdu la tête, animal ! tu as pris des buissons pour des hommes !

— Non ! non ! je ne suis pas si bête !.. J'ai fait voir le tour à Moufock... mais ne le tente pas, mon lieutenant, en restant là, comme une cible... arrive, arrive : il pourrait changer de tactique.

Le visage d'Hamady s'était subitement enflammé. Emporté par une surexcitation extrême, il oublia lui-même la prudence qu'il recommandait à son lieutenant, il tira violemment son sabre, le pointa dans la direction d'une broussaille placée près de l'entrée du bas-fond, décrivit de gauche à droite, en dessous, avec son arme, un demi cercle rapide et s'écria avec un accent de haine sauvage :

— A toi, Moufock Ould-Magrnia !

Son regard, ses gestes, son attitude, tout en lui attestait une conviction si profonde, que D. ne douta plus. Il serra les flancs de son cheval et s'élança avec sa suite vers les Ouled-Mansour sans desserrer les dents. A peine avaient-ils fait une lieue, qu'un coup de feu se fit entendre dans le vallon qu'ils venaient de parcourir.

— As-tu entendu, mon lieutenant ? s'écria Hamady triomphant.

— Oui, qu'est-ce ?

— Moufock vient de brûler la cervelle à celui qui était en sentinelle dans le buisson où j'ai vu des branches d'arbousier. En visitant ses avant-postes il aura deviné que ce signe a trahi son embuscade, le ravin étant complètement dépourvu d'arbousier, et il a cassé la tête au maladroit.

D. regarda Hamady avec une vive admiration et continua sa route.

En arrivant chez le caïd des Ouled-Mansour, D. acquit la certitude que son rusé brigadier venait de déjouer quelque piége infernal préparé par Moufock : le caïd des Ouled-Mansour ne devait marier son fils que plus tard ; il n'avait pas envoyé son nègre, Salem, à Lalla-Magrnia, et Salem avait disparu depuis deux jours, indice certain que le nègre avait été gagné par Moufock.

D. expédia immédiatement deux cavaliers au commandant supérieur de Magrnia pour lui annoncer ce qui se passait ; il lui demandait en même temps une cinquantaine d'hommes. Le commandant supérieur se hâta de les lui envoyer ; ils arrivèrent dans le ravin vers cinq heures du soir ; D. et Hamady les rejoignirent quelques instants après, et les deux vallons furent fouillés de fond en comble.

Bien que Moufock et sa bande se fussent éclipsés, D. dut reconnaître que tout s'était passé ainsi qu'Hamady l'avait prévu.

Cinq buissons rapportés furent trouvés dans le premier bas-fond ; le cadavre d'un bandit gisait au pied de celui où Hamady avait aperçu des branches d'arbousier ; une balle lui avait traversé la tête d'une oreille à l'autre ; Moufock lui avait sans doute brûlé la cervelle à bout portant, car l'une des oreilles conservait des traces extérieures de poudre.

Le détachement de D. découvrit dans le second vallon neuf buissons mobiles, confectionnés comme les précédents et échelonnés à droite et à gauche du sentier. Les deux premiers étaient disposés à quelques pas du défilé en face l'un de l'autre et séparés seulement par un chemin étroit. En suivant cette voie toute naturelle, D. et Hamady devaient offrir les poitrails de leurs chevaux aux brigands, cachés dans ces retraites. Ceux-ci pouvaient dès-lors choisir leur moment pour faire feu et tuer les chevaux à coup sûr sans blesser les cavaliers.

Pendant que la petite colonne se livrait à ces recherches, Hamady expliquait à D. toutes les dispositions probables de l'embuscade, comme s'il l'eût dressée lui-même.

— Quel brigand ! murmurait D. confondu de tant d'audace et de ruse. — Et tu espères t'emparer de ce scélérat? demanda-t-il encore à Hamady.

— C'est comme si je le tenais, mon lieutenant. Mais, je te le répète, il faut auparavant que Yamina soit dans ma maison.

En passant une seconde fois près des deux buissons dont nous venons de parler, Hamady se précipita tout à coup à terre, courut à l'un d'eux et en retira une corde longue et mince, oubliée sans doute par Moufock.

— Tiens, mon lieutenant, dit-il en la présentant à D., vois si elle est solide. Elle est en poil de chameau.

D. l'examina en grinçant des dents.

— Décampons! s'écria-t-il brusquement en serrant la poignée de son sabre de manière à la tordre.

— A propos! s'écria Hamady, donne-moi cette corde, mon lieutenant.

— Qu'en veux-tu faire? demanda D. en la lui rendant.

— Lier Moufock, qui l'avait apportée à notre intention. Comment trouves-tu cette idée, mon lieutenant?

D. fit un mouvement de doute.

— Bonne! fit-il, mais je crains fort qu'il ne me faille prendre sous mon bonnet d'aller le traquer moi-même dans le Maroc.

D. remonta aux Ouled-Mansour, y campa jusqu'au lendemain, fit arrêter le caïd et s'achemina vers le Sud. Il parcourut toutes les tribus sur le territoire desquelles Moufock avait pu passer pour organiser son embuscade, en arrêta les principaux chefs, rentra à Magrnia et fit jeter les caïds en prison.

— Ce sont des traîtres, dit-il à Hamady. Je saurai bien les faire parler!... et ils sauront ce qu'il en coûte de pactiser avec cet assassin de Moufock.

— Ils n'ouvriront pas la bouche, mon lieutenant. Ils regardent Moufock comme un saint, et, bien que soumis, ils consentiraient plutôt à livrer leurs familles qu'à trahir le fils de Lalla-Magrnia.

Hamady disait vrai. L'autorité française fit une enquête sur cet événement, retint les chefs prisonniers, accabla d'amendes les tribus suspectes. Mais ni menaces, ni promesses, ni prières, ne purent amener la moindre révélation. Personne, dans la contrée, n'avait vu pas plus le bandit que ses hommes.

On connaît maintenant les circonstances qui avaient retenu si longtemps Hamady loin des Beni-Mengouch. Le jour même de sa rentrée à Magrnia, l'infatigable spahis prit congé de son lieutenant et courut aux Adjeroude, sa tribu.

XI

Dans les ravins.

Hamady avait un frère, nommé Ali-bou-ben-Diff. C'était un homme très-redouté et très-considéré dans la contrée, à cause de sa force corporelle et de sa violence. Aîné de la famille, il en était le chef; Hamady, malgré sa position avantageuse, reconnaissait son autorité.

Quand les deux frères se furent embrassés, Hamady raconta à Ali tout ce qui lui était arrivé depuis que nous avons fait sa connaissance, et lui exprima l'impatience et les inquiétudes qui le tourmentaient au sujet de Yamina.

— Tu t'alarmes comme une femme! s'écria Ali. Miloud tient trop à sa tête pour braver notre vengeance..... Yamina sera ta femme!..... veux-tu que j'aille trouver Miloud?

— Non, il vaut mieux lui envoyer le caïd : le caïd aura plus d'influence que toi sur Miloud.

Les deux frères se rendirent chez le caïd, avec lequel ils étaient liés.

— Caïd, lui dit Hamady, j'aime Yamina, la fille de Bel-Hadj-el-Miloud, des Beni-Mengouch, Miloud te considère et te craint. Veux-tu aller lui demander sa fille Yamina en mariage de ma part? Si Yamina devient ma femme, caïd, Dieu ne t'aura jamais donné un ami plus dévoué qu'Hamady.

Le caïd accepta et se rendit aux Beni-Mengouch.

On connaît la réponse que lui fit Miloud.

En général, tout refus de mariage est considéré par les Kabyles comme une insulte qui rejaillit sur la famille du prétendant évincé. Par conséquent, après le refus de Miloud, Ali, blessé dans son affection fraternelle, outragé dans son orgueil de famille, regarda la cause d'Hamady comme la sienne propre.

Hamady et Ali remercièrent chaleureusement le caïd, sans paraître s'affecter beaucoup de la mauvaise nouvelle qu'il leur apportait, et, après son départ, ils tinrent conseil.

Ils jurèrent d'abord sur leurs amulettes que, eux vivants, nul autre qu'Hamady ne posséderait la belle vierge des Beni-Mengouch, puis ils délibérèrent sur la règle de conduite qu'ils devaient adopter pour triompher des obstacles sans nombre qu'ils entrevoyaient.

Enlever Yamina, eût été chose facile, quant à l'exécution, mais les suites en auraient été désastreuses. Le lieutenant D. l'avait impérieusement défendu à Hamady, et Hamady savait qu'il n'y avait pas à jouer avec les ordres de son lieutenant. Hamady écarta donc ce moyen, bon seulement en désespoir de cause. L'enlèvement écarté, les deux frères furent unanimes à reconnaître que le seul parti qu'ils eussent à prendre, était de tuer les prétendants agréés par Miloud, jusqu'à ce que celui-ci, menacé dans sa personne d'une manière occulte et cédant enfin à la peur, fût revenu sur son premier refus, dont ils devinaient parfaitement le motif. Conséquemment, Sidi-Hadj-Mimoun, de Rhamdam, à qui Yamina avait été fiancée, fut condamné à mort séance tenante. Après une discussion assez vive sur le point de savoir auquel des deux revenait la gloire d'exécuter cette sentence, semée de périls, Hamady l'emporta sur son frère.

Mais avant de se jeter dans une entreprise aussi téméraire, il était indispensable qu'Hamady eût une entrevue avec Yamina, pour l'informer de leurs projets secrets et l'engager à une résistance désespérée à l'autorité paternelle, dans le cas où les circonstances le nécessiteraient. D'ailleurs Hamady brûlait d'impatience de revoir la belle Kabyle.

Les deux frères montèrent à cheval et descendirent dans les ravins. Pour éviter toute rencontre importune, ils tournèrent la montagne sur laquelle se trouvaient les caroubiers où Hamady devait se rendre, et la gravirent rapidement, après avoir laissé leurs chevaux dans un douar disposé au bas du versant. Ils arrivèrent au lieu du rendez-vous pendant la nuit qui précéda le jour où Yamina fut fiancée à Mimoun ; ils y étaient donc déjà quand Yamina, mourante, croyant qu'Hamady l'avait oubliée, s'était acheminée sans espoir vers les figuiers, et c'était bien Hamady que Barka avait aperçu au moment où sa mère était venue la chercher.

Les Kabyles du Kiss, ainsi que tous les Arabes, du reste, sont très-jaloux, très-soupçonneux à l'endroit des femmes.

9

Disons que leur jalousie n'est pas sans fondements. Mais là, comme partout, mieux que partout ailleurs, peut-être, les amoureux savent déjouer et surmonter les obstacles qui contrarient leurs intrigues. Il est vrai que les dispositions du pays, coupé de ravins, semé d'anfractuosités, d'épaisses broussailles et de bosquets touffus, les secondent à merveille. Lorsque deux amants ne peuvent s'aborder en public pour adopter un rendez-vous, ils se le désignent quelquefois, cachés sur des éminences, à des distances prodigieuses. Ils s'annoncent leur arrivée sur des points choisis d'avance, par l'échange d'un cri perçant. Quand ce cri a été échangé et reconnu, ils entament leurs conversations amoureuses. Les hommes agissent de même dans leurs projets de vengeance et de pillage, lorsque les circonstances le nécessitent.

Ces conversations se font par des accents qui effleurent à peine, comme des sons vagues, l'oreille des personnes placées entre les interlocuteurs, et qui arrivent parfaitement accentués à l'ouïe tendue de ceux-ci.

Des caroubiers, Hamady, dont l'œil perçant, exercé dès l'enfance, savait distinguer les moindres objets dans un éloignement considérable, avait très-bien reconnu Yamina assise au pied des figuiers, et il avait jeté plusieurs fois dans cette direction le cri aigu du ralliement par lequel il devait annoncer son arrivée; mais, soit à cause de son trouble, soit que ses oreilles et ses yeux n'eussent pas encore acquis la perceptibilité voulue pour une telle distance, Yamina, on le sait, n'avait pu l'entendre, n'avait pu le voir, malgré les efforts de Barka.

Toutefois, Hamady ne se découragea point. Bien au contraire: avec cet esprit de divination qu'on retrouve chez tous les amoureux, il pensa que Yamina était venue sous les figuiers exprès pour attendre son retour et que, ne l'ayant point entendu, elle y reviendrait certainement le lendemain, ou peut-être encore le soir même.

Pleins d'espoir, les deux frères s'assirent au pied d'un arbre et attendirent en combinant le coup d'audace qu'Hamady allait bientôt tenter chez les Beni-Snassen.

Les prévisions d'Hamady touchant le retour de Yamina sur le point culminant où il l'avait aperçue, ne l'avaient point trompé.

Le lendemain, à l'aube du jour, Yamina et Barka coururent aux figuiers. Barka s'assit sur l'herbe; Yamina s'agenouilla derrière lui, les mains appuyées sur les épaules du jeune nègre, à la naissance du cou.

L'espérance et la crainte agitaient par secousses profondes et incessantes le cœur de la fille de Miloud; par moments elle suffoquait.

— Barka, demanda-t-elle d'une voix tremblante, où l'as-tu vu? comment était-il?... si c'est lui, Barka, Yamina te gardera près d'elle... toujours!... toujours!

— Il n'est plus à l'endroit où je l'ai vu hier, répondit Barka. Mais s'il est encore sur la montagne, je le découvrirai... cherchons autour des caroubiers et sur les rochers, aux environs.

Les deux enfants regardèrent avec avidité autour des caroubiers. Mais au bout d'un court instant leurs yeux ne virent plus dans l'espace que ces vapeurs vacillantes qu'une tension trop vive amène généralement devant la vue : Yamina laissa retomber sa tête sur les épaules de Barka et fondit en larmes; Barka se mit aussi à pleurer.

Ils restèrent ainsi, la tête courbée, comme anéantis, pendant quelques minutes.

Tout à coup une commotion profonde ébranla Yamina,

un cri aigu sortit de sa poitrine et ses mains se crispèrent convulsivement sur le cou de Barka.

— As-tu entendu, Barka? murmura-t-elle, haletante.

— Non... Yamina étrangle Barka! fit machinalement le petit nègre.

Yamina s'aperçut que ses ongles avaient déchiré le cou de Barka. Elle retira vivement ses mains, consola le jeune nègre par quelques paroles amicales, mit une de ses mains sur sa bouche en signe de silence et poursuivit :

— Ecoute! écoute bien, Barka!... tu me diras ce que tu entends!

Yamina avait cru entendre un cri lointain, articuler vaguement le nom d'Hamady.

Les deux enfants écoutèrent de nouveau.

Au bout d'une minute d'anxiété inexprimable, ils bondirent l'un et l'autre sur leurs jambes en s'écriant :

— Hamady! Hamady! c'est Hamady!

Yamina était folle.

— Oui, oui! c'est Hamady!... c'est lui!... c'est mon seigneur!... il est là : écoute, regarde! disait-elle, les bras tendus vers les caroubiers, comme si ceux d'Hamady eussent dû s'étendre jusqu'à elle et l'enlever.

— Le voilà! le voilà! il monte sur un rocher! dit Barka en tendant la main vers la montagne.

Yamina suivit du regard la direction indiquée par Barka, et, après un moment de recherche, elle aperçut un point qui se mouvait, passant d'un rocher à un autre.

Une déception aussi vive que subite lui serra le cœur, à cette vue : il lui sembla que ce petit point blanc, qu'elle apercevait, là-haut, sur la montagne, n'était pas Hamady; elle ne comprenait pas qu'Hamady pût paraître aussi petit, vu de n'importe quelle distance. Mais cette impression décevante n'eût pas de durée : le nom d'Hamady revint une troisième fois et raviva les illusions et les espérances de la jeune Kabile. Elle pria Barka de rester silencieux et immobile, et essaya de jeter son nom dans l'espace. Mais son agitation était si vive encore, qu'elle ne put d'abord tirer de sa poitrine que des cris faibles, étouffés, qui durent s'évanouir dans le ravin ; faisant alors sur elle-même un effort suprême, elle retrouva un instant de calme et d'immobilité, et lança son nom avec toute la puissance de son gosier.

Une minute après les noms d'Hamady et de Yamina vibrèrent dans l'air, à quelques secondes d'intervalle, et arrivèrent jusqu'aux oreilles de la jeune Kabyle et de Barka : la correspondance était établie.

On sait à quel degré de perception, de subtilité les sens s'élèvent quand ils sont surexcités par une passion violente. Bien que ses oreilles et ses yeux fussent peu exercés encore à ce genre de relations, Yamina comprit parfaitement Hamady.

Rendez-vous fut pris pour le jour suivant dans les lauriers roses, au fond du ravin, à un quart de lieue de la fontaine, du côté de Kiss.

Le soir Yamina avait recouvré toutes les joies, toutes les ardeurs, toutes les forces qu'elle avait perdues depuis quelque temps. Elle revint au village en bondissant comme une jeune panthère qui s'ébat. Tantôt elle s'élançait sur des pointes de rochers qui surgissaient du sein des broussailles ; tantôt elle se suspendait par les mains à des branches d'arbres élevées, et s'y balançait en se tordant comme une couleuvre et en poussant des cris de joie sauvages.

Barka palpitait de bonheur de voir sa jeune maîtresse revenir joyeuse à la vie. Avant de rentrer dans le village, Yamina lui appuya une de ses mains sur la bouche : Barka mit la sienne sur son cou, verticalement, et simula le mouvement de scier, ce qui voulait dire qu'il se laisserait plutôt couper la tête que de dire un seul mot ; et la famille de Miloud attribua l'évolution subite qui s'était opérée dans l'humeur de Yamina à la grande nouvelle qu'on lui avait annoncée la veille.

Contrairement à ses habitudes, depuis sa rencontre avec Hamady, le lendemain matin Yamina descendit à la fontaine avec les jeunes filles des Beni-Mengouch.

C'était par une de ces journées délicieuses, où l'on serait tenté de croire que l'atmosphère du paradis est descendue sur la terre, où cet adorable soleil d'Afrique n'a rien, quoique chaud, ni de ses ardeurs habituelles, ni de son éclat fatigant, où la nature, vue du haut des montagnes, semble se baigner dans un océan de lumière, d'ombres et de vapeurs douces.

Ces journées édéniennes sont peut-être la cause secrète de cet attachement mystérieux qui retient les Européens en Algérie lorsqu'ils y ont vécu pendant quelque temps, ou qui les y ramène, quand ils l'ont quittée après un séjour de quelques années, lors même qu'ils y auraient perdu leur santé et leur fortune. Quand on a passé une de ces journées dans le ravin des Beni-Mengouch, se nourrissant de laitage, de miel, de raisins, de figues, de bananes et de nèfles, on en revient bien convaincu qu'il est possible de *refaire* le paradis terrestre.

Les jeunes filles des Beni-Mengouch déposèrent leurs cruches sur les bords de la source, et coururent dans le ruisseau avec l'intention d'y rester jusqu'au soir. Yamina devait en décider autrement. La jeune sauvage était dévorée du désir de les voir remonter au village ; or la passion ardente est comme la foi vive : elle fait des miracles ; elle soulèverait des montagnes.

Yamina s'assit sur le haut d'un rocher, non loin des jeunes filles, groupées autour du bassin ; Barka, qui ne la quittait plus, s'accroupit à ses pieds. Yamina prit une attitude ennuyée, maussade, regarda ses compagnes avec des yeux colères, haineux, puis, instinctivement, se mit à bâiller avec une persistance incessante ; Barka reproduisait tous les mouvements de sa maîtresse comme un automate sympathique.

Le bâillement gagna bientôt les jeunes filles, et une heure ne s'était pas écoulée qu'elles s'ennuyaient toutes à mourir. L'une d'elles proposa alors de remonter au village ; Yamina s'élança à l'instant vers la source.

— Allons manger des galettes, des dates, des raisins secs ! s'écria-t-elle d'une voix joyeuse et entraînante.

Ces mots, en rappelant aux jeunes Kabyles les festins de la veille, leur donnèrent des ailes. Elles coururent à la suite de la fiancée, remplirent leurs cruches et prirent le sentier des Beni-Mengouch. A mi-côte, Yamina donna sa cruche à Barka, ralentit insensiblement le pas et laissa prendre les devants à ses compagnes. Quand elles furent arrivées tout près du village, la rusée Kabyle fit semblant de vouloir reprendre sa cruche et la laissa tomber avec un naturel admirable.

En quelques secondes le vase se vida.

Yamina regarda les jeunes filles d'un air désespéré.

— Allez m'attendre à la maison, leur dit-elle. Je retourne à la fontaine avec Barka.

Yamina ramassa sa cruche, saisit Barka par la main et l'entraîna vers la fontaine avec une précipitation de gazelle épouvantée.

Pendant la nuit, Hamady et Aly s'étaient glissés dans un massif situé vers le milieu de la montagne, en face des Beni-Mengouch. En même temps, un homme, venant du côté du Kiss et tenant un cheval en main, s'était rapproché des

Beni-Mengouch en suivant le fond du ravin. C'était Moufock-ould-Magrnia. Il était nu-pieds; les quatre sabots de son cheval étaient enveloppés dans des lambeaux de toisons. Le bandit conduisait si habilement sa monture que le bruit de leurs pas se perdait dans le léger murmure du ruisseau qu'il côtoyait. Quand il fut arrivé près des touffes de lauriers roses dans lesquelles Yamina et Hamady s'étaient donnés rendez-vous, il obliqua à gauche, s'enfonça dans une espèce de dédale encombré d'arbustes, y cacha son cheval, gravit la montagne et alla se placer dans une anfractuosité située à une certaine distance au-dessus du massif que les frères Ben-Diff avaient choisi. De ce point, Moufock dominait les deux versants opposés; son regard pouvait arriver sans obstacle jusqu'au fond du ravin, mais un mamelon, disposé sur sa droite, lui cachait le lieu du rendez-vous. Placés sur la même ligne verticale, Hamady et Ali jouissaient de la même perspective.

Ils avaient donc pu suivre tous les trois les évolutions des jeunes filles.

A la vue de Yamina redescendant vers la fontaine, Hamady s'élança dans la direction des lauriers roses et se glissa à travers les ravins et les buissons comme un chat-tigre courant sur sa proie.

Yamina arriva la première au rendez-vous. Elle dit à Barka de rester caché jusqu'à son retour dans une broussaille qu'elle lui désigna et disparut dans les lauriers. A l'approche d'Hamady, elle revint sur la lisière du massif, et, emportée par un entraînement sauvage, elle sauta du fourré au cou du spahis à une distance incroyable.

Hamady la reçut dans ses bras et l'emporta au fond du massif.

— Hamady! s'écria-t-elle en étreignant le cou du spahis, emporte Yamina!... Emmène-la dans ta tribu!....

Yamina est fiancée au marabout Mimoun, chef des Rhamdam!

Les yeux d'Hamady exprimaient en même temps l'ivresse de l'amant heureux et la férocité du tigre jaloux. Il déposa Yamina sur le gazon et s'agenouilla devant elle.

— Non, non! dit-il, Yamina n'entrera jamais dans la maison du vieux Mimoun! Dieu ne le veut pas, car avant trois jours le chef des Rhamdam n'existera plus!

Hamady s'arma d'un couteau et continua.

— Quiconque voudra te faire partager sa couche, Yamina, avalera ce couteau! Seulement, Yamina, garde-toi de descendre dans le ravin jusqu'à ce que tu sois ma femme!... tu deviendrais l'esclave de Moufock!... Moufock veut t'enlever!

— Emmène-moi dans ta tribu ou cache-moi dans les grottes! interrompit Yamina d'un ton impérieux et résolu. Yamina veut être la femme d'Hamady ou mourir!

Hamady n'eut pas mieux demandé; mais cette détermination aurait infailliblement entraîné leur perte.

— Yamina, dit-il, tu seras ma femme... je n'aurai jamais d'autre femme que toi. Si je mens, que Dieu, qui m'entend, me fasse dévorer les entrailles par les chiens de mes ennemis!... Mais t'enlever aujourd'hui, Dieu nous en garde! il nous faudrait vivre dans les bois comme des bêtes sauvages... Le chef de Nemours me ferait arrêter... Et toi, tu serais rendue à ton père... Et tu deviendrais la femme de Mimoun!

Bien que parfaitement justifié, ce refus frappa Yamina au cœur. Elle s'affaissa sur elle-même, regarda Hamady d'un air sombre et lui dit:

— Nous sommes libres!... Pourquoi ne pas nous enfuir dans les endroits cachés?... Les montagnes sont grandes, les ravins sont nombreux... Nous trouverons des fruits sur les arbres et de l'eau dans les ruisseaux!...

9.

Hamady ne trouva rien à répondre.

— Si les chefs nous poursuivent, reprit la jeune sauvage, nous laisserons nos corps sur la terre et nous irons vivre où vivent les âmes et où les chefs de la terre ne sauraient nous atteindre!...

— Fuir aujourd'hui, fit Hamady suppliant, ce serait renoncer pour toujours au bonheur!

Yamina se releva vivement comme si elle eut voulu s'éloigner.

— Le bonheur consiste à posséder ce que l'on désire! dit-elle avec une sorte d'indignation sauvage. Et celui qui aime sa fiancée, ne songe jamais à s'éloigner de sa fiancée!... Une heure de joie, n'est-elle pas préférable à mille ans d'ennuis?...

Hamady lui prit les mains et s'écria d'un air désespéré:

— Yamina!... Hamady t'aime!... il t'aime plus que la vie!... s'il te résiste, c'est parce qu'il voit les malheurs qui nous attendent!...

Yamina le repoussa par un mouvement de dédain farouche, recula de deux pas et lui dit d'une voix pleine de mépris :

— Que me font toutes ces paroles?... De toi, je ne voulais entendre que ceci : — Nous sommes libres, et le monde est grand : fuyons!... Après un instant de silence elle ajouta :—Quand je me donnai à toi, dans le ravin, je te dis : Yamina est à Hamady!... quand même!... Ma bouche t'a-t-elle dit autre chose?... Pourtant je ne m'appartenais pas!...

Et elle allait s'enfuir, lorsque Hamady la retint par son haich.

— Yamina doute de l'amour d'Hamady? fit-il hors de lui, attends, Yamina!

Il rejeta vivement son burnous derrière ses épaules, s'appuya la pointe de son couteau sur le haut du bras et se fit lentement une incision jusque dans la région du coude en disant :

— Tiens ! vois si Hamady aime Yamina !

Et deux fois il renouvela cette preuve d'amour en répétant les mêmes paroles et en souriant à Yamina !

A la vue de ce supplice, la jeune sauvage revint au spahis ; elle s'agenouilla machinalement devant lui et suivit l'opération avec une avidité inexprimable ; ses yeux brillaient d'une joie suprême.

Le plus généralement, ce sont les femmes qui donnent à leurs amants ces gages d'amours à l'usage des Kabyles ; mais lorsque l'initiative en est prise par l'amant, ils sont regardés par la femme qui en est l'objet comme le plus grand témoignage d'amour qu'un homme puisse donner.

Quand Hamady eut terminé cette étrange attestation de sa flamme, Yamina le remercia par un baiser fébrile, lui prit le couteau des mains, et à son tour, se l'enfonça dans le milieu du bras.

Puis, tenant la pointe du couteau immobile dans la plaie, et regardant Hamady avec un sourire qui n'a de nom, sans doute, dans aucune langue, elle dit :

— Vois, comme Yamina aime Hamady !...

Et elle tendit ses lèvres frémissantes et embrasées au spahis.

Heureusement pour la moralité de cette histoire, et malheureusement pour Hamady, un bruit confus, mêlé de cris et d'imprécations, comme en feraient deux hommes luttant avec furie, retentit en ce moment sur la montagne, au-dessus des deux amants, et Barka accourut autour de leur retraite en criant avec épouvante :

— Yamina! Yamina! Yamina!

Hamady et Yamina allèrent à lui.

— Là-haut! là-haut! s'écria Barka tout tremblant, deux hommes se battent!

Yamina et Barka s'enfuirent vers le village, et Hamady s'élança dans la direction d'où les cris partaient.

Pressentant que son frère courait de graves dangers, il grimpa la côte en courant, et, guidé par le bruit, arriva bientôt sur une butte au bas de laquelle il aperçut deux hommes étendus par terre, enlacés dans les bras l'un de l'autre. Ils étaient immobiles et se pressaient si étroitement, tête contre tête, poitrine contre poitrine, qu'Hamady ne les reconnut pas d'abord.

Moins d'une minute après, l'un d'eux exhala un gémissement profond et laissa tomber ses bras comme un homme qui succombe; en même temps l'autre releva la tête et regarda son adversaire avec une joie de tigre.

Hamady reconnut alors dans ce dernier Moufock, et dans celui qui avait succombé, Ali, son frère. Il se précipita vers le bas de la montagne en rugissant; mais quand il arriva auprès d'Ali, Moufock avait disparu.

Ali semblait sur le point d'expirer. Un râle pénible s'échappait de sa poitrine à longs intervalles; ses yeux se tordaient; il lui sortait du nez et de la bouche un sang écumeux. A ses vêtements déchirés, aux contusions qui couvraient ses bras et ses jambes, on reconnaissait qu'il avait dû rouler du haut du monticule.

Hamady se hâta de l'emporter au bord du ruisseau, et parvint, au bout d'un quart d'heure, à le rappeler à la vie.

Ali n'avait aucune lésion dangereuse; il était seulement en état de suffocation. Si Hamady fût arrivé quelques minutes plus tard, peut-être Moufock l'eût étouffé, mais délivré à temps, il ne tarda pas à se remettre.

— Que s'est-il donc passé? lui demanda Hamady.

— A peine m'avais-tu quitté, que j'entendis un bruit de pas rapides au-dessous de moi. Je sortis du massif et je vis un homme courant sur toi comme un ennemi en fureur. A l'instant je m'élance au devant de lui pour le provoquer et l'arrêter; je reconnais Moufock, et, l'attendant le couteau à la main, je lui crie :

— Moufock, je suis le fils de Ben-Diff, que ton père a assassiné! je veux t'arracher le cœur avec mes doigts et le faire manger par mes chiens!

Moufock s'arrête.

— Je ne m'étais donc pas trompé! a-t-il dit en te désignant. Ce fils de chien, c'est ton frère Hamady?

Il vient sur moi armé d'un poignard, mais se ravisant, il tourne à droite et fuit en s'écriant :

— Hamady d'abord, puis toi!

Je me jette à sa poursuite en prenant les raccourcis et le rejoins sur le haut de la butte. Nous nous précipitons instantanément l'un sur l'autre, sans nous armer. Je le renverse, et la pente nous ayant entraînés, nous roulons, en nous débattant, jusqu'à l'endroit où tu m'as retrouvé.

Ali se tut et courba la tête d'un air accablé et pensif.

— Hamady, reprit-il sans relever la tête, Moufock m'aurait étouffé si tu étais arrivé une minute plus tard... Moufock a un charme... Ce n'est pas avec ses bras qu'il m'a serré : des bras d'hommes ne peuvent pas serrer ainsi!... ne te prend jamais corps à corps avec Moufock, Hamady!

— Comme toi, j'ai cru aux charmes; maintenant je n'y crois plus. Mon lieutenant, qui n'est pas plus bête que nous, dit qu'il n'y a pas de charmes contre les balles, la force et la ruse, et il a raison. Je te le prouverai en prenant Moufock... car je le prendrai! mais auparavant, il faut que Mimoun meure. Moufock ne peut posséder Yamina qu'en l'enlevant : Or, les Beni-Mengouch étant gardés par un détachement de spahis et Yamina ne sortant pas du village, il est peu à craindre, tandis que Mimoun peut me la ravir quand il lui plaira. Allons! frère, relève-toi!

Ali restait immobile, silencieux, le regard morne et fixe.

— Eh quoi ! s'écria Hamady en se croisant les bras sur la poitrine d'un air de vif reproche. Vas-tu trembler devant Moufock, toi, le lion des Adjeroude ?

— Moufock m'a vaincu et il a toujours fui devant toi, murmura Ali découragé. Je ne suis plus digne d'être le chef de la famille... à partir de ce moment tu es mon aîné, Hamady !

— Dieu t'a fait mon chef, tu resteras mon chef ! si j'ai plus l'habitude de la guerre que toi, ton bras est plus fort que le mien. Au reste, Moufock ne t'a pas vaincu : ta tête a frappé contre les pierres en roulant sur la pente ; tu as perdu du sang, la douleur t'a étourdi... Moufock a profité de ta mauvaise chance, et s'il s'est enfui à mon approche, c'est qu'il était déjà épuisé par sa lutte contre toi. Ne l'as-tu pas d'abord terrassé? Non! Moufock ne t'a pas vaincu!... oublie cette affaire, Ali... tu prendras ta revanche... allons, frère, en route ! le temps presse : la cour de Mimoun m'attend !...

Ces exortations, prononcées avec énergie, ranimèrent quelque peu Ali ; il se dressa et suivit Hamady.

La montagne au bas de laquelle les deux frères se trouvaient, et dont ils avaient gravi le versant opposé, la veille, se termine, du côté du Kiss, à une assez faible distance de l'endroit ou s'étaient passées les scènes que nous venons de raconter ; Hamady et Ali prirent ce côté en suivant le ravin et s'acheminèrent vers le douar où ils avaient laissé leurs montures.

Lorsqu'ils eurent tourné la montagne, ils remontèrent au-dessus du ravin, et après une demi heure de marche, ils aperçurent, venant du vallon vers lequel ils se dirigeaient, un cavalier tenant deux chevaux en main et courant d'un pas rapide à travers les pentes opposées.

Arrivé en face des deux frères, le cavalier s'arrêta, les regarda attentivement, puis, avec une ironie méprisante, jeta ce cri :

— Rockas !

Hamady et Ali poussèrent un gémissement sourd, exprimant une douleur immense : ils venaient de reconnaître Moufock et leurs deux chevaux.

Il n'est pas de mystification qui ulcère le cœur d'un arabe comme celle de se voir enlever son cheval.

Saisi, d'abord, à la vue de Moufock entraînant leurs montures, les frères Ben-Diff tombèrent ensuite dans une torpeur profonde : immobiles, silencieux, la bouche béante, l'œil fixé sur le bandit, on les eût dit pétrifiés.

Le héros du Kiss leur reservait un outrage bien autrement cruel !

Le cheval d'Hamady était de toute beauté ; celui d'Ali n'avait aucune valeur. Moufock abandonna les rênes de ce dernier, lui cracha à la tête avec mépris, le frappa de sa botte dans les naseaux, et s'éloigna au pas, avec un dédain tranquille, dans la direction des Beni-Snassen, entraînant celui d'Hamady.

Excité par le coup de pied de Moufock, le cheval d'Ali s'écarta un instant du bandit, mais le rejoignit immédiatement après et disparut avec lui dans les ravins du Kiss.

Hamady et Ali suivirent cette scène avec une consternation muette. Cependant, après le départ de Moufock, ils ne tardèrent pas à se remettre. Le découragement ne pouvait guère prendre racine chez ces natures passionnées, vindicatives et auxquelles l'espoir seul de la vengeance eût fait supporter froidement les plus cruels échecs, les humiliations les plus dures.

— Va! fit Hamady d'une voix calme mais pleine de menace en tendant la main vers le point où Moufock avait disparu. Va! emmène nos chevaux! tu les paieras cher!

— Hamady, dit Ali sur le même ton, Moufock et Mimoun t'appartiennent; je n'ai pas le droit de te les disputer. Mais je te le jure devant Dieu et devant notre père: si tu succombes dans la lutte, je ne prendrai plus aucun repos sur la terre que je n'aie enlevé deux têtes dans la famille de celui qui t'aura abattu!

Ainsi ranimés par la haine et l'espoir de se venger, les deux frères poursuivirent leur chemin vers le douar.

Les dix ou douze familles dont le douar se composait, étaient groupées autour d'un cadavre encore chaud. Hommes, femmes et enfants se lamentaient en se livrant à mille contorsions, et poussaient des cris sur tous les tons.

Le chef du douar s'approcha d'Hamady en tremblant.

— Si tu viens du Kiss, lui dit-il, tu devais être au bout de la montagne quand s'est passé ceci : — Un cavalier est arrivé comme le vent sur Bel-Hassen, à qui vous aviez confié vos chevaux. — Cheval d'Hamady des Adjeroude! lui a-t-il demandé en désignant le tien. — Oui, d'Hamady, qui a le salut! a répondu Bel-Hassen. — Donne! a ajouté le cavalier d'un ton impérieux. — Non! Dieu ne le veut pas! a dit Bel-Hassen. — Dieu le veut! s'est écrié le cavalier. — Et il a poignardé Bel-Hassen et enlevé tes chevaux. Cela n'a pas duré le temps qu'il faut pour saluer trois fois le seigneur! ce cavalier doit être Sidi-Moufock-Ould-Ma-

grina: Sidi-Moufock, seul, peut courir et frapper ainsi!...
Bel-Hassen est mort sur le coup!

Moufock était doué au suprême degré de cette pénétration qui, lorsque les circonstances s'y prêtent, fait les grands guerriers. Ainsi qu'on le verra, il devinait les combinaisons les plus secrètes de ses adversaires.

Épuisé par sa lutte contre Ali, et ne voulant pas affronter les chances d'un second combat, il avait fui à la vue d'Hamady. Mais persuadé que les deux frères étaient venus des Adjeroude avec leurs chevaux, et les avaient confiés à quelque douar voisin, il s'était jeté à leur recherche sur le coureur qu'on lui connaît, et son regard d'aigle n'avait pas tardé à les découvrir.

On sait par le chef du douar la suite de cet épisode.

Quand ce dernier eut fini de parler, Hamady et Ali lui répondirent :

— Dieu l'a voulu!...,. Bel Hassen a été tué, nous le vengerons !

Les deux frères reprirent le chemin des Adjeroudes, où ils arrivèrent à la nuit tombante. Les fatigues et les privations qu'ils venaient d'endurer leur avaient fortement creusé l'estomac. Ils mangèrent un agneau rôti, se couchèrent et dormirent d'un profond sommeil jusqu'au lendemain matin.

Vers midi, après avoir passé la matinée à boire du café et à s'entretenir de l'expédition audacieuse qu'Hamady allait tenter chez les Rhamdam, ils descendirent la montagne par le versant qui conduit aux Beni-Snassen, et se cachèrent dans un fourré rapproché du Kiss.

Hamady était venu avec sa petite tenue de spahis, on verra plus tard pourquoi; il se dévêtit, ne conservant que sa chemise, se croisa les bras sur la poitrine et dit à Ali :

— J'y suis!...

Ali, tenant une corde à nœuds, s'approcha d'Hamady et le regarda fixement en face : les yeux d'Hamady exprimaient la plus ferme résolution.

— Tu es brave, frère! lui dit Ali en l'embrassant.

Puis celui-ci recula d'un pas et frappa le spahis à tour de bras avec sa corde. Le cou, les épaules et les jambes d'Hamady se couvrirent de sang en quelques secondes, et l'impassible spahis resta calme et ferme, bien que la douleur contractât par moment ses lèvres.

Ali n'avait pas mutilé son frère de gaîté de cœur : il ne l'avait frappé qu'en se faisant violence à lui-même ; et encore avait-il dû fermer les yeux pour échapper à la vue de ce spectacle ; aussi le cœur lui manqua-t-il quand il vit le sang surgir sur le corps d'Hamady. Il laissa tomber sa corde, et regardant ce dernier avec une sorte de stupéfaction :

— C'est assez... c'est trop! lui dit-il.

— C'est insuffisant! fit énergiquement le spahis. Pas de faiblesse!... allons, achève!...

Le ton résolu avec lequel ces paroles furent prononcées rendit à Ali quelque peu de courage. Il coupa le bout d'une feuille d'aloès, et avec la pointe il fit des écorchures sur le front, la poitrine et autour des yeux d'Hamady. Il lui attacha ensuite une corde au cou, pendant jusqu'à la ceinture, et enfin lui mit à chaque pied des bouts de corde imitant des entraves rompues.

Alors il s'arrêta, suant à grosses gouttes, et regarda Hamady avec une émotion profonde; puis il lui appliqua son oreille sur le cœur, et écouta pendant une minute dans une immobilité et un silence absolus : il auscultait le cœur d'Hamady, cherchant à reconnaître son agitation intérieure.

Il le trouva calme, sans doute, car il serra violemment son frère dans ses bras et s'écria avec un sentiment d'orgueil farouche :

— Brave!... brave, frère! Brave, fils de Ben-Diff!

Et, ayant regardé encore Hamady en face, il ajouta ;

— Tu es calme..... tu es grand, frère!..... Mimoun est mort!

Hamady déchira sa tenue de spahis en plusieurs endroits, la tacha de sang et de boue et se revêtit.

On eût vraiment dit un supplicié s'échappant des mains du bourreau.

Quand la nuit fut venue, les deux frères passèrent le Kiss, s'embrassèrent d'un air de résolution calme et confiante, et se séparèrent.

Ali se cacha dans une broussaille haute et fourrée, et Hamady prit le sentier de Rhamdam.

XII

Hamady chez les Beni-Snassen.

Pour bien comprendre les scènes que nous allons raconter, quelques lignes sur les deux personnages qui y figurent au premier plan, c'est-à-dire sur Hamady et Mimoun, sont ici nécessaires.

Hamady et Mimoun étaient d'anciennes connaissances. Hamady avait coupé ses premières têtes de chrétiens sous Mimoun ; il les avait coupées avec une férocité trois fois sainte aux yeux de Mimoun, ce qui lui avait valu l'estime et l'affection toute particulière du marabout.

Plus tard, lors de la soumission des M'esirda, Hamady était entré au service des bureaux arabes : cette défection lui avait naturellement attiré le mépris et la haine du vieux chef.

Depuis, Mimoun avait rencontré plusieurs fois Hamady dans les goums conduits par les Français, et il avait pu reconnaître que son ancien élève n'avait rien perdu de sa valeur guerrière, qu'il *taillait* dans le Beni-Snassen comme il avait *taillé* autrefois dans le chrétien.

Là ne s'arrêtaient pas les sujets de haine qu'Hamady avait donnés à Mimoun : on avait vu sur divers points l'intrépide spahis tomber inopinément au milieu d'un groupe paisible de Beni-Snassen, brûler la cervelle à l'un d'eux, coupable de quelque méfait envers les Français, et s'enfuir comme une apparition.

Ces traits d'audace et d'agilité incroyables avaient déterminé tous les chefs de la frontière, depuis Oudjdah jusqu'à l'embouchure du Kiss, à mettre sa tête à prix.

Cependant, tout cruels que sont les Beni-Snassen, leur aversion pour les Français est si profonde, qu'ils pardonnent toujours au transfuge qui revient à eux. Un tel événement donne même souvent lieu à des réjouissances publiques, surtout lorsque le transfuge est, comme Hamady, un homme important.

C'est à la faveur de cette particularité, qu'Hamady espérait sortir victorieux de son entreprise périlleuse.

Il était environ minuit quand il heurta à la porte du marabout Sidi-Hadj-Mimoun.

— Quel est l'étranger que Dieu amène dans la maison de Sidi-Hadj-Mimoun ? demandèrent les serviteurs.

— C'est le cavalier Hamady Alla-Ben-Diff, des Adjeroude, dit celui-ci d'une voix éteinte. Dieu a guidé mon bras : j'ai frappé un chef français... Je fuis maintenant la vengeance des *chiens* et viens demander l'hospitalité au glorieux marabout Mimoun, que Dieu aime et protége !

La porte s'ouvrit.

Hamady fut introduit dans une pièce assez somptueuse,

eu égard au peu de luxe des Kabyles. Elle était éclairée, en ce moment, par deux de ces lanternes à petits vitraux bariolés de couleurs tranchantes que l'on retrouve dans toutes les mosquées. De grands tapis du Maroc recouvraient le plancher, dont le pourtour était garni de coussins. Des dépouilles d'autruches, de cygnes et d'immenses cornes de mouflons pendaient aux murs, façonnés d'arabesques. Ce lieu était à moitié saint. Il était réservé par Mimoun à tous ceux qui venaient réclamer son hospitalité, très-connue des peuplades environnantes, et toujours très-chaleureuse pour les réfractaires de l'autorité française.

En entrant dans ce lieu, Hamady s'affaissa sur le tapis, comme si ses forces l'eussent entièrement abandonné. Mimoun arriva un instant après. Hamady se souleva péniblement sur le coude, courbant la tête; il prit d'une main défaillante le burnous du marabout, le baisa d'un air de vénération profonde et éleva lentement son regard sur le visage du vieux chef des Rhamdam.

Dieu seul sait quelles émotions agitèrent ces deux êtres, doués au même degré du génie de la ruse et de la dissimulation, quand leurs regards se rencontrèrent!

D'après les témoignages d'Hamady, la première étincelle du regard de Mimoun exprima le doute, le soupçon et la joie de la haine triomphante. Mais à la vue de l'état affreux dans lequel le spahis se trouvait, ces lueurs s'évanouirent : Hamady paraissait en effet littéralement mutilé de la tête aux pieds. L'aspect de cette mutilation fit naître dans l'esprit du marabout les suppositions les plus favorables à son hôte.

— Dieu est grand! dit-il d'un ton paternel en examinant de près les blessures d'Hamady. Sa miséricorde égale sa puissance : il ne repousse jamais ceux qui reviennent sincèrement à lui. Les cicatrices de ton corps, Hamady, attestent que tu as servi le Seigneur en frappant l'un des chefs de la race maudite !

Hamady regarda Mimoun d'un air contrit, et, entrecoupant sa voix de gémissements étouffés, lui dit :

— Sidi, tu as le salut sur la terre et ta place est marquée dans le paradis ; si tu me pardonnes, Dieu, qui a toujours l'œil sur toi, me pardonnera, et je pourrai laver dans le sang des chrétiens la tache dont j'ai souillé mon âme en combattant parmi eux.

Mimoun tendit une main amicale à Hamady. Hamady la porta à ses lèvres ; en même temps il baissa la tête dans la crainte que ses yeux ne trahissent la joie que lui causaient les dispositions du marabout à son égard. En regagnant ainsi, dès le début, la confiance de Mimoun, le rusé spahis venait de triompher de la situation la plus critique qu'il eût à redouter.

En ce moment un nègre apporta un plateau orné de plusieurs tasses et d'une théière de laquelle s'échappait une vapeur odoriférante ; il déposa le plateau devant Mimoun et versa du thé dans deux tasses. Mimoun en prit une, l'offrit à son hôte et lui dit :

— Que Dieu te rende tes forces et te garde de tout mal !

Hamady mit une de ses mains sur sa poitrine, leva les yeux au ciel d'un air reconnaissant et but avec avidité. Cette façon de prendre le thé, si contraire aux habitudes kabyles et qui témoignait de la soif ardente du spahis, fit sourire Mimoun. Il en offrit de nouveau à Hamady : Hamady s'empressa d'accepter et en prit plusieurs tasses, coup sur coup.

Mimoun se retira visiblement satisfait.

De grands vases pleins d'eau, des burnous blancs en laine, fortement étoffés, des couvertures, enfin tout ce que son état semblait réclamer, fut apporté à Hamady. Le spahis se débarrassa de ses entraves, de la corde qui lui pendait au cou, se revêtit des vêtements qui venaient d'être mis à sa disposition, se roula dans une couverture et attendit.

Mimoun rentra ; il était suivi d'un nègre.

— Voici le serviteur que je te donne, dit-il en désignant ce dernier à Hamady, il sera ton esclave tant que Dieu te gardera dans ma maison.

L'esclave baisa le burnous de son nouveau maître.

— Tu me combles de bienfaits, Sidi ! murmura Hamady d'un air pénétré. Comment ton serviteur pourra-t-il jamais s'acquitter envers toi ?

— Qui sert Dieu, paye ses dettes ! dit Mimoun en s'asseyant sur un coussin près d'Hamady.

Servir Dieu, signifiait, dans la bouche du digne marabout, tuer des chrétiens.

Sur un signe de Mimoun, l'esclave servit de nouveau du thé. Certain d'être agréable au marabout, fort satisfait aussi de payer de cette façon le tribut de sa gratitude à son hôte, Hamady en prit plusieurs tasses à des intervalles très-rapprochés. Après chaque tasse, il se trouvait mieux : on eût dit qu'il buvait des forces.

Au bout d'une demi-heure, Mimoun voulut se retirer pour laisser prendre au supplicié le repos dont il paraissait avoir un si grand besoin. Hamady le retint, désirant, dit-il, lui raconter les circonstances dramatiques qui l'avaient amené aux Beni-Snassen.

Comme tous les hommes audacieux et rusés, Hamady avait de l'imagination. Il broda une foule de petits détails très-naturels sur un drame imaginaire à peu près conforme à celui que Mimoun avait supposé à sa vue, conforme, surtout, aux pièces de conviction écrites sur son visage et son corps. Et les deux prétendants de la belle vierge des Beni-Mengouch causèrent ainsi pendant près d'une heure sur le pied de l'intimité la plus franche en aparence.

Mimoun avait rendu toute sa confiance à Hamady: il était vaincu.

Hamady interrompait à chaque instant sa narration en humant du thé par légères aspirations. Tout en causant, sa voix se raffermissait, ses yeux s'animaient et son corps se redressait, reprenant l'attitude audacieuse qui lui était familière. Si bien qu'au moment où Mimoun se disposa à se retirer, le spahis semblait avoir recouvré ses forces et la santé. Une certaine expression de surprise passa, fugitive, sur le visage du vieux chef. Hamady comprit son étourderie. Il bondit soudain sur ses jambes, parcourut ses blessures d'un regard farouche et rapide, serra les poings, grinça des dents, proférant des menaces de mort contre les Français, les qualifiant de chiens, fils de chiens; puis, épuisé, pâle comme un mort, il retomba sur le tapis.

Mimoun accourut à lui, et essaya de le relever en l'engageant à ne pas s'emporter ainsi.

A la vue de Mimoun penché sur lui et le serrant de ses mains débiles, Hamady eut comme une sorte de vertige qui faillit le perdre : son imagination lui présenta le vieillard prenant Yamina dans ses bras. La jalousie lui déchira le cœur. Il fut sur le point d'étreindre le vieux marabout et de l'étouffer sur sa poitrine. Mais il eut assez d'empire sur lui-même pour résister à la tentation.

— Merci ! merci, Sidi ! murmura-t-il d'une voix faible en s'asseyant. Dieu t'a comblé de ses faveurs : il a mis autant de générosité dans ton cœur que de vaillance dans ton âme.

Ce dernier compliment flatta beaucoup le vieux chef. Il le méritait, d'ailleurs, car son ardeur guerrière avait égalé autrefois son fanatisme religieux et avait fait de lui un des chefs les plus considérés des Beni-Snassen.

Hamady poursuivit :

— Ma faiblesse vient des privations que j'ai endurées depuis quelques jours, et non des blessures que les Français m'ont faites. — Blessures de Français, ajouta-t-il d'un air dédaigneux, égratignures de femme ! Demain, Sidi, tu me verras aussi solide à cheval qu'au temps où je te suivais au combat !

— Je n'ai pas oublié ta valeur et ton agilité, et si Dieu te rend la santé, tu pourras sous peu les déployer de nouveau aux yeux des Beni-Snassen dans les fêtes que je vais donner aux Rhamdam à l'occasion de mon mariage... Tu choisiras mon plus beau cheval ; il sera le tien.

— Sidi Mimoun a donc fait choix d'une nouvelle vierge ? demanda Hamady d'un air étonné, mais calme, et avec un sourire de félicitation.

— Dieu l'a voulu ! La fille de Bel-Hadj-el-Miloud, des Beni-Mengouch, m'a séduit par le charme extraordinaire de ses yeux.... Les fêtes devaient commencer dans cinq jours, mais pour célébrer ton retour parmi nous, la première *fantazia* aura lieu après-demain, si Dieu t'a rendu la santé.

— Le salut de Dieu est visiblement sur toi, Sidi ! dit chaleureusement le spahis. Ta nouvelle femme te donnera des guerriers dignes de leur père !... Que Dieu le veuille ainsi !

Mimoun remercia Hamady d'un sourire amical et se retira.

Pendant qu'il s'éloignait, Hamady jeta sur lui un regard de tigre. Au même instant Mimoun se retourna pour lui demander s'il désirait encore du thé. Par un revirement plus rapide que la pensée, les yeux d'Hamady exprimèrent un sentiment de reconnaissance si profonde que Mimoun en fut touché.

Hamady accepta en souriant.

Une minute après le départ de Mimoun, le frère de celui-ci entra, suivi de l'esclave du spahis. Il embrassa Hamady et se mit à sa disposition. Hamady le pria de faire emporter la tenue de spahis qu'il venait de quitter; et de la jeter aux chiens pour litière, — ne voulant plus, dit-il, souiller ses mains au contact de vêtements confectionnnés par les chrétiens.

Cet incident fut raconté à Mimoun ; le vieux fanatique trouva l'idée assez originale et s'en égaya beaucoup.

Aussitôt que le jour commença à poindre, des cavaliers partirent dans tous les sens pour aller annoncer aux contingents voisins que les fêtes données par Sidi-Hadj-Mimoun devaient commencer le jour suivant à l'honneur du retour d'Hamady Alla-Ben-Diff, qui avait déserté du bureau arabe de Lalla-Magrnia après avoir poignardé un officier français.

A la grande satisfaction de Mimoun, cette journée de repos suffit à Hamady pour se remettre presque entièrement.

Le lendemain matin, à l'heure où le soleil descendait sur Rhamdam, une horde de Beni-Snassen, musique en tête, l'étendard du croissant déployé, descendit d'un vaste plateau situé au-dessus du village et se dirigea vers la maison de Mimoun. Ils étaient quatre cents environ, la plupart à cheval, armés de fusils, de poignards marocains et autres armes à l'usage de ces peuplades turbulentes et guerrières.

Sidi-Mimoun et Hamady, montés sur de magnifiques chevaux, richement harnachés, allèrent au-devant de la horde.

A la vue d'Hamady, à la vue surtout des cicatrices qui sillonnaient son visage, ses bras et ses jambes, les Beni-Snassen poussèrent en chœur des cris féroces contre la France et contre la chrétienté. Tous voulurent ensuite lui donner le baiser fraternel.

Cette cérémonie, qui dura deux heures au moins, consiste à se toucher mutuellement le bout des doigts et à porter les mains aux lèvres.

La horde, précédée de Mimoun et d'Hamady, remonta sur le plateau. A chaque instant des cavaliers des contingents voisins venaient la grossir. Ils arrivaient par bandes, poussant des cris sauvages et tirant des coups de fusil.

Mimoun, Hamady et les notabilités de la contrée présentes, descendirent de cheval et s'assirent en demi-cercle à l'ombre d'un bouquet de lentisques ; la foule forma autour d'eux un cercle immense.

La fantazia commença.

Les acrobates marocains ouvrirent le spectacle. Le poignard, le couteau et le tromblon, on le sait, jouent un rôle capital dans les évolutions de ces artistes. Excités jusqu'au paroxisme par une musique en harmonie avec leurs instincts barbares, par l'aspect sauvage et grandiose de la mise en scène de ce théâtre naturel, leur jeu de coups simulés tourna bientôt à la réalité : le sang coula ; plusieurs acteurs tombèrent, frappés mortellement, peut-être. Mimoun allait donner l'ordre de terminer ces exercices, lorsque l'un d'eux s'approcha d'Hamady et lui présenta un poignard; Hamady le prit sans hésiter. Le jongleur, la poitrine nue, s'étendit sur le dos aux pieds d'Hamady, lui indiqua du doigt le point où battait son cœur, et, dardant son regard sur celui du spahis :

— Frappe! lui dit-il d'une voix brève.

Hamady hésita quelques secondes, mais comprenant que son hésitation allait le déconsidérer aux yeux de la belliqueuse assemblée, il abaissa son bras sur la poitrine du jongleur avec la rapidité de la foudre. Le poignard s'enfonça dans la terre jusqu'au manche : l'acrobate avait bondi en arrière comme repoussé par une commotion électrique.

Le visage d'Hamady se gonfla de sang, ses yeux lancèrent des éclats sinistres et arrêtèrent à sa naissance un murmure de rires provoqué chez la foule par l'adresse de l'acrobate.

— Reviens!... là! s'écria-t-il en rappelant celui-ci d'une voix étranglée par la colère.

— Non!... Grâce!... Moi, mort! dit le jongleur, suppliant, épouvanté, en montrant les yeux d'Hamady, voulant dire par là qu'il lisait sa mort dans le regard farouche du spahis.

Le bras d'Hamady frémissait, sa main serrait convulsivement le manche du poignard. Ses yeux injectés rencontrèrent en ce moment ceux de Mimoun : la stupeur se peignit soudain sur le visage du marabout. Mais à l'instant même Hamady jeta son poignard loin de lui en riant, et l'un et l'autre reprirent leur sérénité.

L'assemblée éclata en applaudissements, tant à cause de la terreur que le regard d'Hamady avait inspirée au jongleur que pour l'adresse de ce dernier.

La danse des nègres convulsionnaires fit diversion à cette scène, aussi rapide qu'émouvante.

Enfin une salve de coups de fusil annonça que les courses allaient commencer.

Du plateau sur lequel la *fantazia* avait lieu, on aperçoit tout le bassin du Kiss, vaste plaine d'une richesse extraordinaire en céréales et en végétation de toute sorte. Plus loin s'étend la chaîne des M'esîrda. Pour les Beni-Snassen, la France est derrière ces montagnes. Les courses avaient lieu dans cette direction : c'est-à-dire que partant du fond du plateau, les cavaliers aboutissaient au point extrême au bas duquel se déroule le bassin du Kiss.

Rien ne saurait donner une idée de l'enivrement que le bruit du fusil et l'odeur de la poudre produisent sur les Beni-Snassen. Cette exaltation s'élève souvent dans les *fantazias* au même degré que dans la guerre ; dans la fête donnée par Mimoun à l'honneur d'Hamady, elle fut portée à son comble : on eût vraiment dit une horde de maniaques enragés.

Lorsque, après avoir fourni la course, les cavaliers arrivaient à l'extrémité du plateau, ils faisaient une décharge de coups de fusil et poussaient contre les Français des hurlements qui allaient toujours *crescendo* jusqu'à ce que les gosiers éteints de ces démons à face humaine ne rendissent plus que des râles. Leur ivresse furibonde se traduisait alors par des gestes et des contorsions indescriptibles. Le regard fixé sur les M'esîrda comme sur un ennemi vivant qui eût pu les entendre, ils brandissaient leurs fusils dans cette direction, hurlant, crachant, faisant des grimaces horribles.

Depuis qu'il était l'hôte de Mimoun, Hamady ne regardait jamais le vieux marabout sans songer à Yamina. Et cette pensée ramenait toujours dans sa tête l'image de sa belle fiancée se débattant sous les caresses du vieillard. Il se produisait alors dans tout son être un désordre terrible ;

Des étreintes spontanées lui tordaient le cœur, son cerveau se troublait, et il éprouvait comme une sorte de rage qui le portait à déchirer son rival.

Après la scène de l'acrobate, il avait été sur le point de le poignarder ; ce ne fut que par un effort suprême et une détermination exécutée instantanément qu'il put retenir son bras et rejeter son poignard.

Ce triomphe ne fut pas de longue durée : le vertige qui emportait la horde frénétique le gagna. Dominé par un entraînement irrésistible, il saisit sous son burnous un des poignards dont il était armé et s'apprêta à frapper Mimoun.

Hamady était assis à côté de Mimoun ; leurs burnous se confondaient. Le spahis voyait en imagination le cœur du marabout ; il croyait l'entendre battre.

Il n'avait qu'un mouvement à faire, et le chef des Rham-dam était mort.

Pendant quelques secondes la vie de Mimoun tint à une pulsation, à un mouvement, à un coup d'œil, à un rien.

Heureusement, une idée subite et fort sage vint à temps arrêter Hamady. — Si je frappe Mimoun ici, pensa-t-il, je me voue moi-même à une mort certaine, et Yamina deviendra la femme d'un autre !

Cette pensée salutaire lui rendit son sang-froid. Néanmoins, craignant de succomber à la tentation, il s'élança subitement sur son cheval, que son esclave tenait non loin de lui, et se précipita vers la mêlée.

Les cavaliers se disposaient en ce moment à fournir une nouvelle course ; à la vue d'Hamady, accourant à eux, ils suspendirent leur élan.

Au lieu de les rejoindre, l'agile spahis franchit leur ligne de front ventre à terre, droit sur ses étriers, et déchargea, coup sur coup, deux pistolets et un fusil dont il était armé.

Plus fier qu'un coureur olympien passant devant de simples mortels, il s'élança seul sur le champ de course, et, toujours ferme et droit sur ses étriers, il en fit le tour, chargeant et déchargeant ses armes avec une rapidité, une grâce qui lui attirèrent les applaudissements universels de la foule. A son approche, les cavaliers, au nombre de huit cents environ, s'ébranlèrent, et une charge générale, formidable de désordre, de fracas et de poussière eut lieu jusqu'à l'extrémité du plateau.

Arrivé sur ce point, Hamady ajouta ses imprécations à celles de la horde forcenée. Mais ayant entendu au milieu du tumulte des menaces de mort contre les M'esirda à propos de leur soumission aux Français, il se dressa vivement de toute sa hauteur, rejeta son burnous en arrière et réclama l'attention par des cris et des gestes énergiques.

On se pressa autour de lui.

Donnant aussitôt à sa physionomie une expression pleine de mystère, il fit comprendre par des signes rapides et dramatiques à ceux qui l'entouraient, que les M'esirda n'attendaient pour s'insuger que l'appel de l'émir Abd-el-Kader.

L'émir, on se le rappelle, se trouvait chez les Beni-Snassen à cette époque. Il touchait alors au déclin de sa carrière militaire : un an plus tard, ces mêmes Beni-Snassen, pressés par l'empereur du Maroc et par les Français, devaient le refouler au-delà du Kiss et le jeter dans les mains de ces derniers. Toutefois, en ce moment, ils espéraient encore en lui. Ils ne le voulaient point pour chef, car le Beni-Snassen veut, avant tout, son indépendance, mais ils l'acceptaient comme auxiliaire pour purger l'Algérie de la domination des infidèles.

L'Arabe des montagnes attend toujours ce prodige.

La ruse d'Hamady réussit à merveille : elle étouffa à son début une effervescence dont les suites pouvaient lui être funestes, vu sa qualité de M'esirda ; elle attira même sur le hardi spahis le prestige qui s'attache toujours au mystère. On le prit pour l'agent secret de quelque révolte prochaine. Il fut comblé d'ovations, et les vociférations contre les Français recommencèrent de plus belle.

Ces scènes indescriptibles se prolongèrent jusqu'à deux heures du soir.

Hamady, suivi de l'élite des coureurs, revint près de Mimoun. Le spahis et le marabout se serrèrent mutuellement dans leurs bras. Hamady faillit étouffer Mimoun, et Mimoun ne se sentait pas de joie d'avoir retrouvé son bouillant élève. Il le félicita de tout cœur, le fit asseoir à ses côtés et donna l'ordre de servir la *diffa*, ou repas public, ou, mieux encore, curée publique.

Rien, en effet, ne ressemble à une curée comme une diffa. Seulement là ce sont des chiens qui festinent, tandis qu'ici ce sont des hommes ; mais là comme ici, chacun se fait sa part à belles dents et à belles onglées.

Cinquante moutons, égorgés et dépouillés la veille, et rôtis le matin, soixante corbeilles immenses de couscoussou, douze cents œufs furent servis et dévorés dans cette agape musulmane. Enfin, vers cinq heures la foule commença à se disperser ; et à la nuit tombante Rhamdam était rentré dans le calme.

La plupart des chefs voisins et quelques notables de Rhamdam accompagnèrent Mimoun chez lui. Le vieux marabout les introduisit dans une pièce réservée aux conciliabules politiques. Selon l'usage, il leur fit servir du thé et du café. La conversation roula principalement sur l'émir Abd-el-Kader et sur des espérances d'insurrections prochaines. Hamady parlait beaucoup ; on l'écoutait attentivement. Il est vrai qu'il racontait des choses fort agréables à son auditoire. Entre autres assûrances de cette nature, il leur affirma que le gouvernement français, désespérant de soumettre l'Algérie, était sur le point de l'abandonner.

On croit facilement ce que l'on désire : personne ne douta de la parole d'Hamady.

Les invités se retirèrent vers minuit ; Hamady resta seul avec Mimoun. Au bout d'une demi-heure il se disposa à se retirer aussi. Le marabout le retint. Le vieux fanatique se délectait à la conversation du rusé spahis, qui ne se lassait pas de vomir peste et rage contre les chrétiens et leurs mœurs. Ayant amené l'entretien sur le chapitre des femmes, celui-ci décocha contre elles mille lazzis insultants. Il en vint aussi à dire à Mimoun que les dames françaises avaient l'habitude de recevoir les visites des hommes, chez elles, en l'absence de leurs maris.

Le visage de Mimoun exprima le mépris et le dégoût les plus profonds.

— Chiens ! chiens ! murmura-t-il.

Malgré tout le charme que le vieux marabout trouvait dans la conversation d'Hamady, ses paupières finirent par s'appesantir. Hamady se leva comme pour se retirer. Il prit son burnous de parade, le suspendit par le milieu à son bras gauche, se plaça en face de Mimoun, tout en poursuivant ses peintures de mœurs françaises, et, avec un ricanement de profond dédain, il ajouta :

— En France, Sidi, un père n'a pas même le droit de marier sa fille sans que celle-ci n'y consente devant témoins !

Mimoun haussa les épaules avec mépris.

— Ainsi, toi, Mimoun, tu es riche, puissant ; tu es saint ; Dieu te protége ! Eh bien, en dépit de toutes ces faveurs du ciel, qui te donnent le droit de commander aux autres hommes, la plus pauvre Kabyle aurait, selon les mœurs françaises, le droit de le repousser, si elle trouvait la barbe trop blanche, s'il lui répugnait de réchauffer de son corps la vieille carcasse de chien glacée par la vieillesse!

Et Hamady se rua sur le marabout, pétrifié d'épouvante à cette apostrophe, et, en deux tours de main rapides, lui roula autour de la tête le burnous qu'il tenait sur son bras.

Mimoun râlait. Son râle était si faible, que c'est à peine s'il s'échappait du burnous. Hamady pressa le corps du marabout dans des étreintes de fer, se pencha sur son oreille et lui dit à voix basse :

— Mimoun! les Français vendent leurs chiens, mais ne vendent pas leurs filles, tandis que les Arabes vendent leurs filles comme ils vendent leurs chiens!... Les Français sont plus grands que les Arabes!... Mimoun, je suis l'amant de Yamina!

Et il plongea son poignard jusqu'au manche dans le cœur du marabout. Le corps de Mimoun se détendit, inerte.

Comprenant que son rival était mort, Hamady retira le poignard. La lame fumait, ruisselante de sang. Pendant quelques secondes, Hamady la couva des yeux avec une volupté sans nom ; puis il la fit glisser lentement entre ses lèvres contractées sur l'acier ; aussitôt après, sa langue, par un mouvement plus rapide que l'éclair, fit le tour de sa bouche et emporta tout le sang dont elle était imprégnée.

Le sang de Mimoun inondait le tapis autour du corps ; Hamady se servit d'un haïch comme d'une éponge pour l'étancher et empêcher qu'il ne se répandît loin du cadavre. Cela fait, il disposa le corps de sa victime dans l'attitude d'un homme qui dort, le couvrit d'un large burnous, s'approcha du seuil de la chambre, appela le frère de

Mimoun et revint s'étendre à côté du cadavre dans la position nonchalante d'un homme qui sommeille en paix.

Le frère de Mimoun accourut à moitié endormi.

Hamady lui fit un signe qui voulait dire :

— Marche et parle doucement : le glorieux Mimoun dort !

Le frère du marabout comprit et se conforma aux recommandations muettes d'Hamady.

— Je dois me rendre cette nuit même dans la tribu des Beni-Sahak, lui dit le spahis à voix basse, d'un air calme et mystérieux. Mon nègre me guidera... fais seller deux chevaux... les plus rapides : je veux être de retour avant le réveil de Sidi-Mimoun.

Le frère de Mimoun s'inclina et sortit sur la pointe des pieds. Un quart d'heure après, il revint, avec les mêmes précautions, annoncer à Hamady que les chevaux étaient prêts. Ils sortirent ensemble.

Hamady et son nègre montèrent à cheval. Le frère de Mimoun tendit la main à Hamady et lui souhaita un bon voyage. Le spahis le remercia par un vif serrement de main.

En sortant de Rhamdam, Hamady s'arma d'un pistolet et prit un sentier qui conduisait vers la mer. Après une demi-heure de marche, il obliqua à droite et descendit dans un ravin aboutissant au Kiss. Son nègre se trouvait à sa gauche ; un village s'élevait de ce côté sur une hauteur ; Hamady en demanda le nom au nègre ; le nègre tourna machinalement la tête de ce côté ; au même instant Hamady lui tira à la tempe un coup de pistolet : le nègre tomba et roula dans le ravin, et son cheval, effrayé par la détonation, s'enfuit au hasard devant lui ; mais quelques instants après, il revint près d'Hamady. Le spahis le prit par la bride et se dirigea vers la retraite où son frère l'attendait. Il lui annonça son approche par un coup de sifflet qu'Ali reconnut parfaitement. Celui-ci courut au-devant d'Hamady.

— Mimoun? demanda-t-il.

— Mort! répondit Hamady.

Ali monta sur le cheval du nègre sans desserrer les dents : les émotions de la haine et de l'orgueil satisfaits l'étouffaient.

Les deux frères arrivèrent aux Adjeroude à la pointe du jour. Ils dessellèrent leurs chevaux et les examinèrent avec la plus minutieuse attention. Ils les trouvèrent magnifiques et sans tares, ce qui leur fit beaucoup de plaisir. Ils allèrent ensuite prendre le café dans leur maison et tout en le humant du bout des lèvres, selon la méthode arabe, ils tinrent de nouveau conseil.

Il fut convenu qu'Hamady retournerait à Lalla-Magrnia pour solliciter une nouvelle permission; que, de retour aux Adjeroude, on demanderait une seconde fois, en mariage, la belle vierge des Beni-Mengouch ; que ce serait Ali qui ferait la demande, et qu'il déclarerait à Miloud qu'ils étaient bien décidés, eux, les Ben-Diff, à employer les grands moyens en cas de refus.

On s'imagine quels pouvaient être ces grands moyens, dans un pays où l'on coupe les têtes d'autrui comme on volerait, en France, une poire dans l'enclos de son voisin!

Hamady repartit donc pour Magrnia. Il fit au lieutenant D. l'historique de son séjour à Rhamdam. Bien que ce coup hardi dût indubitablement entraîner des représailles sur la frontière, D. n'eut pas le courage de blâmer son intrépide brigadier. L'admiration que lui causèrent l'audace, la ruse, le sang-froid d'Hamady, fit taire sa sévérité. Toutefois il ordonna au spahis de garder le silence sur cet événement.

Tant de fatigues, tant de privations, tant d'émotions violentes, avaient épuisé les forces d'Hamady. Pris d'un accès de fièvre le jour même de son arrivée à Magrnia, il fut transporté à l'hôpital militaire, où nous allons le perdre de vue pendant quelques jours.

Mais que l'on ne s'inquiète pas sur son sort : ce ne sont pas quelques accès de fièvre, causés par l'épuisement, qui pouvaient venir à bout de ce tempérament de fer.

D'ailleurs, lui qui aimait comme un sauvage, pouvait-il mourir quand Yamina et Moufock vivaient ?

XIII

Le mariage.

Bien que les Kabyles du Kiss n'aient ni chemins de fer ni télégraphes, les nouvelles franchissent leurs vallées et leurs montagnes avec une rapidité qui tient du prodige. Ainsi, en moins de vingt-quatre heures, le drame de Rhamdam se répandit dans tous les M'esirda ; seulement le héros de ce coup de maître resta d'abord inconnu.

Cet événement foudroya Miloud. Son désespoir ne venait pas précisément de l'intérêt qu'il portait à son gendre défunt : il venait surtout de l'intérêt qu'il se portait à lui-même, et qui se trouvait si brutalement compromis par la perte des cent têtes de bétail et des mille douros qu'entraînait pour lui la mort de Mimoun.

Mais ce fut bien une autre affaire, le lendemain, quand il apprit que Mimoun avait été tué par Hamady !

Excepté Yamina et Ali, nul ne connaissait la cause qui avait poussé le spahis à tenter un pareil trait d'audace. Miloud la devina de prime-abord. Les présages sinistres que le caïd des Adjeroude lui avait fait entrevoir sur les suites de son refus, lorsqu'il était venu lui demander sa fille en mariage de la part d'Hamady, lui revinrent à l'esprit.

Comme la plupart des hommes cupides, Miloud était très-lâche. Une peur d'enfant le saisit : il sentait déjà comme des lames de couteau se glisser dans ses reins. Sous l'empire de cette peur, il décida mentalement qu'il livrerait, sans objection aucune, sa fille aux Ben-Diff, s'ils la demandaient de nouveau en mariage. — Au reste, s'écria-t-il en se frappant le front avec désespoir, qu'ai-je à attendre maintenant de cet enfant ? la ruine ! la désolation !... Sa tête se détraque !... demain, peut-être, elle sera entièrement folle !... qu'ils viennent donc la chercher, ces Ben-Diff, cause de ma ruine !

Pourtant, sans revenir complètement sur cette détermination, abandon de toutes ses espérances, il entrevit bientôt la possibilité d'échapper à la vengeance des Ben-Diff tout en mariant sa fille à beaux douros comptants. Il prit son chapelet, se recommanda à Dieu avec cet air hypocrite que savent prendre les faux dévots, lorsqu'ils combinent une mauvaise action, et se tint ce raisonnement :

— Quand Nakache sut que ma fille était fiancée à Mimoun, il m'offrit cinq cents douros de mon enfant. Il n'avait pas l'intention de me les donner : la chose est certaine ; mais il est bien certain aussi qu'il désire posséder Yamina. Mettons qu'il soit disposé à lâcher deux cents douros ; je puis bien, tout ladre qu'il est, le pousser jusqu'à deux cent cinquante et peut-être trois cents !... Et si je marie Yamina à Nakache avant que les Ben-Diff ne se soient présentés de nouveau, ils n'ont pas plus de raison de m'en vouloir aujourd'hui qu'après leur première demande, faite trop tard. Dès lors l'orage se détourne encore de ma tête pour se porter sur celle du caïd... et j'ai deux ou trois cents douros de plus au silo!... Que Yamina devienne tout à fait folle, alors que Moufock ou Hamady l'enlèvent : ça ne me regarde plus.

Sur ce, Miloud alla trouver Nakache, et, le visage triste, la voix chagrine, il entama la conversation sur le drame de Rhamdam.

Nakache en connaissait tous les détails aussi bien que Miloud ; il déplora amèrement la mort de Mimoun.

— Dieu l'a voulu ! fit-il en levant les yeux au ciel d'un air résigné : il faut se soumettre aux décrets du Très-Haut !

Miloud adhéra par un mouvement de tête.

Il y eut un moment de silence.

Miloud et Nakache se recueillaient comme deux tartuffes qui s'apprêtent à lutter d'hypocrisie. Mais ce qu'il y avait de curieux dans cette situation, c'est qu'ils lisaient à livre ouvert dans le cœur l'un de l'autre : Nakache savait que Miloud venait lui offrir sa fille, et qu'il allait chercher à lui soutirer le plus de douros possible ; Miloud, de son côté, savait que Nakache devinait sa pensée, et que tout en étant décidé à acquérir Yamina, il allait se tenir ferme à l'endroit des douros ; malgré cela, et quoique bien persuadés de n'y point réussir, ils se disposaient à se tromper mutuellement.

— Miloud, reprit Nakache, sais-tu pourquoi le brigadier Hamady a poignardé Mimoun ?

— Non, dit Miloud légèrement décontenancé par cette ouverture.

— Eh bien ! je vais te l'apprendre ; Hamady a poignardé Mimoun parce qu'il aime Yamina, et que Yamina était fiancée à Mimoun.

— Je l'avais pensé ! s'écria vivement Miloud. En es-tu bien sûr ?

— Comme de l'existence de Dieu ! et ce dont je suis non moins certain, c'est qu'Hamady essayera d'en faire autant à quiconque voudra posséder ta fille.

Par cette attaque, Nakache croyait avoir mis Miloud dans la nécessité de faire le premier des avances : il avait compté sans son hôte.

— Dieu est grand ! riposta tranquillement Miloud. J'avais refusé ma fille à Hamady, mais s'il en est ainsi que tu le dis, je la lui donnerai... Hamady est l'ami du sultan (1) de Magrnia ; il est puissant... Que sait-on ? peut-être me fera-t-il nommer caïd !

Il y eut un temps d'arrêt, Nakache était visiblement désappointé : Miloud avait repris le dessus.

Au bout de quelques secondes, les deux chefs de famille se regardèrent simultanément. Ils souriaient d'un air qui voulait dire : — Il est inutile que nous cherchions à nous tromper, nous perdrions notre temps.

Nakache reprit encore la parole.

— Miloud, dit-il, Dieu ne veut pas que nos paroles démentent notre pensée.

— Dieu défend le mensonge.

— Soyons francs ! J'aime ta fille ; tu en veux à mes douros ?

(1) *Le chef du bureau arabe.*

Miloud répondit par un sourire qui ne disait ni oui ni non.

Nakache s'approcha d'un bahut, caché derrière un tapis, le frappa violemment du pied et s'écria :

— J'ai là deux cents douros : ils sont à toi !

Un léger son argentin sortit du bahut sous le coup de pied de Nakache. Miloud tressaillit ; il eut comme un éblouissement : il lui sembla voir les douros au travers du bahut ; les comptant par anticipation, son pouce glissait sur la seconde phalange de son index avec une rapidité de cent mouvements à la minute, mais il ne tarda pas à se remettre.

— Trois cents douros ! fit-il d'un air de dédain.

— Je n'ai pas dit trois cents : j'ai dit deux cents !... tu ne comptes pas les bijoux que je dois donner à la fiancée ?... Je serai grand...

— Dieu veut que chaque chose soit payée son prix, interrompit Miloud avec amertume. La beauté que Dieu a donnée à ma fille ne vaut donc que trois cents...

— Deux cents ! cria Nakache en frappant du pied.

— C'est juste : trois cents... c'est-à-dire deux cents... ma fille ne vaut donc que trois... que deux cents douros ?

— Elle vaut tous les trésors du Maroc ! mais que Dieu me confonde, s'il me permet aujourd'hui de te donner un sou de plus !

— Aujourd'hui !... Et qui donc te parle de tout compter d'une seule fois ?... Dieu ne veut pas nous séparer, je pense ?... tu me feras une obligation, voilà tout !

— Allons, tu en auras deux cent cinquante !... je ne les ai pas, mais je vendrai un troupeau... quel homme tenace, seigneur tout-puissant !... — J'aimerais vraiment mieux traiter avec le diable, ajouta Nakache en riant, qu'avec toi, Miloud !

11.

— Caïd, poursuivit Miloud attendri, le cheval noir que tu me prêtes, lorsque je vais à Tlemcen acheter quelque fantaisie à Yamina, a l'allure très-douce... je me fais vieux... Ce cheval me conviendrait beaucoup !

— Il t'appartient ! s'écria Nakache impatienté. Es-tu content, enfin ?

Miloud serra les mains du caïd avec effusion ; il fut sur le point de l'embrasser.

Le mariage fut arrêté séance tenante. Mais comme le cadi, qui, aux fonctions de juge, joignait celles de notaire, et qui devait passer l'acte, ne se trouvait pas aux Beni-Mengouch, la conclusion définitive du marché fut renvoyée au troisième jour suivant.

Cette dernière particularité raviva subitement les inquiétudes de Miloud. Le pauvre homme eût voulu voir, le jour même, entrer sa fille dans la maison de Nakache et les douros de celui-ci dans la sienne.

Cette impatience sordide tenait à deux causes : d'abord à la joie qu'il se promettait alors qu'il pourrait compter, remuer et secouer tout à son aise les douros de Nakache, et ensuite à certaines craintes que lui inspirait l'état moral de Yamina.

Depuis quelque temps, en effet, il s'était opéré dans la physionomie de la jeune Kabyle, dans ses allures, dans sa manière d'être, une révolution extraordinaire dont il n'est pas sans intérêt de suivre les diverses phases, et qui était bien de nature à alarmer un père de famille tel que Miloud.

Lors de sa première rencontre avec Hamady, Yamina s'était donnée au spahis avec toutes les ardeurs d'une jeune sauvage exclusivement dominée par les sens. Mais, peu de temps après, un sentiment d'un autre ordre, plus élevé, s'était éveillé dans son âme et avait excité dans son imagination mille pensées vagues, fugitives, qui avaient calmé en elle la fougue des sens. Indifférente, jusque-là, devant la communauté révoltante au sein de laquelle la vie de famille s'accomplit chez les Arabes, elle en avait ressenti tout à coup le plus profond dégoût : l'amour avait fait éclore la pudeur dans son âme.

A partir de ce moment, la fille de Miloud rechercha la solitude avec avidité. Nous l'avons vue passer toutes ses journées sous les figuiers, jusqu'au retour d'Hamady ; le lendemain de la scène des lauriers roses, elle renonça à cette promenade, dès lors sans but, où elle se trouvait trop exposée aux regards de la tribu, et choisit les retraites les plus isolées; Barka ne la quittait jamais. En vain ses parents cherchaient à la retenir parmi eux : elle savait toujours leur échapper et gagner quelque cachette inconnue où elle restait jusqu'à la nuit.

Pendant ces heures de solitude, la pensée se produisait dans son cerveau comme une sorte de floraison spontanée et passagère.

Ainsi que tous les membres de ces peuplades incultes, comme beaucoup de gens cultivés, d'ailleurs, Yamina n'avait vécu jusqu'ici que de cette vie où l'homme mange, boit, dort et agit machinalement sans se préoccuper autrement des phénomènes de la vie, des œuvres de la création, que la brebis qui broute son herbe ou l'âne son chardon. Mais cette éclosion spontanée de la pensée lui révéla tout un monde nouveau (1).

(1) Ces détails curieux, sur les impressions secrètes de la jeune Kabyle, furent révélés par Yamina elle-même dans les entretiens qu'elle eut quelque temps après, avec une dame française, à qui, ainsi qu'on le verra, elle fut confiée pendant deux jours,

Excepté les fleurs dont elle se parait, rien dans la nature n'avait jamais attiré son attention, et maintenant tout l'étonnait, tout captivait son esprit : les étoiles, leur disposition, les formes des arbres, des fruits et des fleurs. Elle se demandait ce que pouvaient signifier toutes ces manifestations de la nature, quel en pouvait être le créateur, le moteur universel. Dépourvue de tout point d'appui pour asseoir la moindre suite dans son raisonnement, ces pensées lui arrivaient et lui échappaient avec la même rapidité; toute tentative de conception les faisait même évanouir subitement. Dans ces cas, lorsqu'une idée l'intéressait beaucoup, elle s'aidait de Barka pour la retenir dans son cerveau ; elle avait surtout recours au jugement et à la mémoire du jeune nègre sur deux sujets qui la préoccupaient plus que tout autre : Dieu et la mort.

D'après les propres aveux de Yamina, voici, en substance, la traduction, sinon fidèle, au moins approximative de leurs entretiens sur ces intéressantes questions :

— Barka, disait Yamina, les hommes travaillent la terre, mais ils ne créent ni les arbres, ni les plantes, ni les fleurs, ni les oiseaux.

Barka affirmait toujours les propositions de sa maîtresse.
— C'est vrai, disait-il.
— Les hommes n'ont pas créé la terre, non plus.
— Non.
— Il est donc dans l'univers un être invisible qui a tout créé.
— C'est Dieu, le Tout-Puissant : les marabouts le disent.
— Oui, Barka, il y a un Dieu tout-puissant. Je n'avais jamais pensé à lui, et maintenant il me semble que je le vois là-haut, dans le ciel.
— Moi aussi,

— Puisqu'il est tout-puissant, il lui est aussi facile de faire le bien que le mal.

— Certainement.

— Or, comme il n'y a que les méchants qui aiment à faire le mal, il doit lui être plus agréable de faire le bien que le mal.

— C'est très-juste.

— Dieu ne peut donc pas faire le mal ; et si le mal arrive sur la terre, c'est sans doute parce que les hommes ne savent pas vivre comme il l'entend, tout en les laissant maîtres de leur volonté.

— Yamina devine la vérité.

— Cependant Dieu ne ferait-il pas le mal, ne serait-il pas méchant s'il nous privait de ce qu'il nous donne et nous fait aimer ?

— Il serait comme le diable.

— Par conséquent, Dieu doit nous laisser tout ce qu'il nous donne, tout ce qu'il nous fait aimer, et, ce que nous aimons sur la terre, nous devons pouvoir l'aimer ailleurs : Après la mort, nous devons vivre encore, voir la lumière, les fleurs, les fruits... retrouver notre fiancé !... Pourquoi Dieu, qui est bon, qui peut tout, nous ferait-il connaître et aimer ces choses pendant quelques instants seulement pour nous les ravir ensuite ?

— Yamina dit la vérité. Barka restera toujours avec Yamina.

Comme il n'y avait aux Beni-Mengouch ni sophistes, ni métaphysiciens, ni théologiens publics, rien ne venait ébranler la foi de la jeune Kabyle, et les déductions qu'elle tirait de ces raisonnements naïfs se gravaient dans son esprit avec toute la force d'un fait dont elle eût été témoin. C'est ainsi que l'existence de Dieu et l'immortalité de l'âme, mots qui avaient bien souvent frappé ses oreilles et dont la signification n'avait jamais solicité sa pensée, devinrent des certitudes pour elle.

Il s'éveilla encore dans son esprit une autre idée, idée fort extraordinaire chez une jeune sauvage qui n'était jamais sortie des Beni-Mengouch, où la question des droits de l'homme n'a pas même été encore abordée : Elle pensa que le créateur avait dû donner à tous les êtres des forces et des aptitudes proportionnelles et conformes aux conditions de leur existence, afin que chacun pût produire proportionnellement à ses besoins, et qu'étant ainsi indépendants les uns des autres, tout en restant associés pour le bonheur général, chaque être pût librement disposer de sa personne.

Cette idée lui vint en observant la sollicitude que la nature avait eue pour les poussins et autres petits animaux.

— En grandissant, se disait-elle, les petits poussins apprennent à chercher leur propre nourriture, et quand ils savent la trouver, leurs mères leur accordent une entière liberté, au lieu de les réduire en esclavage, comme le font les pères de famille des Beni-Mengouch envers leurs filles. Pourquoi Dieu aurait-il été moins bon pour les jeunes filles que pour les petits poussins?

Il s'en suivit que le droit qu'avaient les pères de vendre leurs filles, lui parut contraire aux vœux de Dieu, monstrueux.

Cependant le souvenir d'Hamady venait souvent interrompre le cours de ces idées : toute autre pensée s'enfuyait alors de l'esprit de Yamina.

Yamina n'avait vu le superbe spahis que dans les circonstances les plus émouvantes pour elle, et lorsqu'il était armé de toutes les séductions qui peuvent tourner la tête à une jeune Kabyle. Aussi le voyait-elle dans les mirages de son imagination comme un être gigantesque, supérieur à tous les autres hommes. Le drame de Rhamdam, que chacun, aux Beni-Mengouch, commentait à sa façon, en y ajoutant une foule d'épisodes terribles, vint encore, en dernier lieu, grandir ses illusions. Il lui sembla qu'Hamady avait dû franchir les montagnes en quelques minutes, comme un géant, et frapper Mimoun en présence de tous les Rhamdam épouvantés. Sous l'empire de cette exaltation, elle jura dans le secret de son âme de n'appartenir qu'à Hamady et de se précipiter du haut des rochers si son père voulait la contraindre de nouveau à épouser tout autre Kabyle. L'idée de la mort ne l'effrayait pas, d'ailleurs, il lui semblait mille fois préférable de mourir que de vivre loin d'Hamady. Ainsi qu'il arrive souvent chez les êtres exclusivement dominés par une passion contrariée, chez les amants persécutés, surtout, l'idée de la mort ramenait toujours dans son âme des élans d'espérance qui la transportaient.

Ces préoccupations, ces inquiétudes, ces travaux de l'esprit, ces efforts intellectuels de la jeune sauvage, se traduisaient dans ses yeux et sur sa figure par un éclat, une animation, un rayonnement qui étonnaient toute la tribu.

Dans le royaume des aveugles les borgnes sont des visionnaires. Les Beni-Mengouch ne comprenant rien aux préoccupations, au maintien digne de Yamina, aux préceptes philosophiques qui lui échappaient parfois, crurent qu'elle avait perdu la raison : chacun s'accorda à dire que son esprit s'en était allé dans les nuages.

Comme tous les gens de la tribu, Miloud, on le sait, croyait sa fille à moitié folle ; toutefois il se gardait bien de l'avouer. Il prétendait au contraire que Yamina était animée de l'esprit de Dieu, et que la sagesse de son enfant ferait un jour la gloire des Beni-Mengouch.

Jusqu'à la mort de Mimoun, l'état moral de sa fille ne

l'avait, il est vrai, guère inquiété, celle-ci étant sur le point d'entrer dans la maison du chef des Rhamdam, auquel cas il se trouvait dégagé de toute responsabilité à l'égard de Yamina. Mais, ainsi que nous l'avons dit, après son dernier entretien avec Nakache, il fut pris d'une inquiétude intolérable.

L'insuccès rend craintif. Déjà frappé de la catastrophe de Rhamdam, Miloud, en quittant le caïd, entrevit toutes sortes de malheurs : il craignait que la folie de sa fille ne fit explosion avant le mariage; il redoutait quelque mauvais coup de tête précipité de la part des Ben-Diff, une nouvelle apparition de Moufock aux Beni-Mengouch, et cent autres incidents qui auraient eu pour résultat d'éloigner Nakache, et, par conséquent, les douros qui devaient passer des mains du caïd dans les siennes le jour du contrat.

Enfin, ce jour si impatiemment attendu, arriva.

Tous les pères arabes vendent leurs filles : le fait est constant. Seulement, comme la loi de Mohamet n'autorise pas ce genre d'avilissement de la femme, le prix du marché figure rarement dans l'acte même de mariage. On prend un biais : Le gendre, par exemple, se reconnaît, dans un acte particulier, débiteur du beau-père de la somme convenue.

C'est ainsi que les choses allaient se passer pour le mariage de Yamina.

Le cadi, arrivé de la veille aux Beni-Mengouch, fut réveillé avant le jour par Miloud. Miloud lui serra les mains, l'embrassa à plusieurs reprises, jurant qu'il se ferait couper en quatre pour lui, après quoi il lui demanda :

— Cadi, serais-tu bien aise de gagner dix douros en un coup de plume?

Le cadi regarda Miloud d'un air moitié sévère, moitié souriant et répondit :

— Si c'est pour le service de la justice, oui ; sinon, non.

— C'est pour le service de la justice.

— Alors, je suis tout à toi ; tu peux t'expliquer.

— Ce soir, tu le sais, je marie ma fille au caïd Nakache. Après le contrat de mariage, nous devons passer un autre acte par lequel Nakache doit se reconnaître mon débiteur d'une certaine somme... tu écriras cinquante douros de plus que le chiffre convenu... il y en aura dix pour toi.

Le cadi se recula avec indignation.

— Mais, malheureux, s'écria-t-il, ce que tu me proposes-là est contraire à la justice !... C'est un crime, que tu me proposes !...

— Laisse-moi m'expliquer entièrement, cadi, et tu reconnaîtras que je ne demande rien de contraire à la justice... à la juste justice : — Nakache, tu ne l'ignores point, est un vieux sordide... Il ne veut jamais payer les choses ce qu'elles valent ; c'est ainsi qu'il persiste à vouloir restreindre le prix de ma fille à cinquante douros au-dessous de la valeur réelle que Dieu a donnée à mon enfant. Conséquemment, en portant sur l'acte d'obligation cinquante douros de plus qu'il ne sera convenu, il la payera juste ce qu'elle vaut, et justice aura été faite !

Le cadi s'inclina d'un air convaincu :

— Oh ! s'il en est ainsi, dit-il, c'est bien différent !... je reconnais que tu ne réclames que la justice : justice te sera rendue... je ferai ce que tu désires... Compte-moi les dix douros.

— Après le contrat, fit Miloud avec un sourire inquiet et suppliant.

— Non point ! Dieu veut que les affaires de justice soient

payées par avance : c'est une loi sacrée que personne ne doit ignorer !

Miloud avait demandé ce délai sans espoir de l'obtenir : il avait obéi à ce mouvement particulier à l'avare qui le pousse à ne lâcher son argent qu'en désespoir de cause. Sachant que les cadis sont inexorables sur l'exécution de cette loi sacrée que l'homme de justice venait d'invoquer, il avait pris sur lui les dix douros, et il les compta au cadi, non sans de vifs serrements de cœur, bien entendu.

— A quand le contrat? demanda le cadi en enfermant dans un bahut la somme comptée par Miloud.

— Nous te ferons appeler, répondit Miloud en lui pressant les mains d'un air significatif, comme pour lui rappeler leurs conventions.

Le cadi comprit.

— Sois sans inquiétude, dit-il gravement. Quand un homme de justice a parlé, il a parlé !

Miloud se retira. Il n'était pas entièrement rassuré.

Une demi-heure après, Nakache entra chez le cadi.

Comme Miloud, il serra l'homme de justice dans ses bras, lui jurant qu'il était son meilleur ami, puis il lui dit :

— Cadi, je veux te faire gagner dix douros en moins de temps qu'il n'en faut pour prononcer cent fois le nom du Seigneur.

— Si c'est pour le service de la justice, je suis tout à toi ! Sinon, non !

— Un caïd oserait-il proposer quelque chose de contraire à la justice? objecta Nakache avec une certaine indignation tempérée par un sourire amical.

— Alors, je suis à tes ordres : parle.

— Je prends pour femme la fille de Miloud... Nous allons passer le contrat... tu écriras dans un acte d'obligation que je dois en même temps souscrire à Miloud cinquante douros de moins que le prix convenu.

Le cadi fit un mouvement d'horreur et s'écria :

— Comment, malheureux ! tu oses, toi, caïd, me proposer un pareil crime ?

— Doucement !... doucement !... Écoute-moi, et tu verras que je ne te propose rien que de très-conforme à la justice ! — Miloud, tu le sais, est l'homme le plus rapace qui se soit jamais vu sous le soleil ; dans tous les marchés qu'il fait, il veut toujours plus qu'il ne lui revient... Ainsi il exige cinquante douros de plus que sa fille ne vaut réellement... Donc, en mettant dans l'acte d'obligation cinquante douros de moins que le chiffre convenu, il restera juste la somme qu'en bonne justice il est en droit de demander !... — Est-ce juste ou injuste, ce que je te propose ? ajouta-t-il d'un air triomphant.

— Oh ! s'il en est comme tu le dis, c'est bien différent ! Oui, je le reconnais : tu ne réclames que la justice... justice te sera rendue... tu peux me compter les dix douros.

Nakache sourit. Il était trop coutumier du fait en matière de corruption pour s'être présenté au cadi sans espèces sonnantes et pour demander le moindre délai quant au payement. Il compta la somme avec la meilleure grâce du monde et dit en se retirant :

— C'est bien entendu : cinquante douros de moins ?

— C'est entendu !... ce qui est dit, est dit !... tu peux être sans inquiétude.

Vers neuf heures, Miloud et Nakache, réunis chez ce dernier et assistés de deux témoins, firent appeler le cadi, qui arriva en toute hâte, son roseau derrière l'oreille, un encrier et du papier à la main. Au moment où il entra, Miloud et Nakache discutaient avec une animation qui touchait à la colère : Miloud prétendait que Nakache avait promis trois cents douros, et Nakache prétendait n'en avoir promis que deux cents.

L'arrivée de l'homme de justice les calma.

On s'assit en rond sur une natte.

Le cadi prit la parole.

— Maintenant, dit-il en s'apprêtant à écrire, expliquez-vous clairement, avec calme et entendez-vous d'une manière définitive.

Le cadi demandait là une chose qu'il n'espérait et surtout qu'il ne désirait nullement obtenir.

En effet, la discussion se ranima avec une violence extrême et une mauvaise foi insigne. Il était impossible de s'entendre. Le cadi profita de ce désordre pour rédiger son acte avec autant de mauvaise foi que les parties contractantes en mettaient dans leurs discussions.

Quand il eut terminé, il le relut avec des contractions de colère et d'impatience apparentes, mais en réalité avec un profond sentiment de satisfaction et d'orgueil.

Il est de fait que cette pièce était une vraie merveille de chicane.

Elle était pleine de contradictions, couvertes de ratures, de surcharges, de grattages et d'approbations ; les trois sommes, sur lesquelles roulait le débat, y figuraient, enchevêtrées dans des phrases comme celle-ci : — « et Nakache a déclaré devoir à Miloud la somme de deux cents douros, laquelle somme de trois cents douros, etc. »

Après avoir relu sa minute, le cadi montra à Miloud et à Nakache les gribouillages dont elle était parsemée, et il en rejeta toute la faute sur eux, leur reprochant avec colère de manquer de franchise, de vouloir fausser la justice, etc., etc.

— Heureusement, dit-il en terminant, que Dieu m'a éclairé et que j'ai tout régularisé !

Il était stipulé dans l'acte que Miloud serait tenu de rembourser la somme entière dans le cas où, pour une cause quelconque, il solliciterait de son chef le divorce entre Yamina et Nakache.

Dans la prévision d'un divorce, le gendre exige toujours cet acte authentique, quand bien même il paierait intégralement le prix de la fiancée. Et c'est pour ce motif qu'on avait fait figurer ici la somme intégrale de deux cent cinquante douros, bien que Nakache en compta deux cents séance tenante, à compte dont Miloud donna reçu.

On se sépara. Tout le monde était content, excepté les témoins, qui avaient vu force douros, mais qui n'en avaient pas touché un seul. Et le plus content de tous, assurément, c'était le cadi.

Voici en effet comment il appréciait l'affaire. L'acte devait inévitablement donner matière à procès. A l'époque du solde de l'obligation, des conflits éclateraient de nouveau, et il serait question de porter l'affaire devant le chef du bureau arabe. Alors, lui, cadi, qui avait rédigé l'acte en sa qualité de notaire il intervenait de nouveau comme juge. Il faisait à Miloud et à Nakache, lequel avait beaucoup de méfaits à se reprocher, un tableau sinistre sur les conséquences que pouvait avoir cette chicane débattue devant le chef français. Miloud et Nakache, effrayés, le suppliaient d'arranger l'affaire, et il y consentait après les avoir vertement réprimandés. Le kodja, homme de confiance du chef du bureau arabe, était appelé, et il arrangeait les choses à l'amiable et équitablement : c'est-à-dire que le chiffre de deux cent-cinquante douros était le seul reconnu véritable. Et tout était terminé moyennant cent francs d'honoraires, comptés moitié par Nakache, moitié par Miloud au kodjà, qui les partageait avec le cadi.

C'était, on le voit, une magnifique affaire pour le cadi :

c'était une affaire doublement belle pour lui, car non-seulement il y trouvait de larges bénéfices, mais il avait encore la satisfaction d'avoir fait rendre la *juste justice*, puisque le prix réel était maintenu.

Le contrat, pour en revenir à notre histoire, se passa dans le plus grand secret, Nakache et Miloud n'avaient dit mot à personne de l'événement, en sorte que nul, aux Beni-Mengouch, ne s'en doutait.

Bien que la moindre protestation contre les dispositions d'un père soit, chez les Kabyles, un fait très-rare, exhorbitant, de la part d'une jeune fiancée, Miloud avait cru devoir taire les siennes, non-seulement à Yamina, mais encore à la mère de la jeune fille : la pauvre femme ne les connut que le soir, au moment où Miloud lui enjoignit de conduire leur enfant dans la maison du caïd.

— Yamina est mariée au caïd Nakache, lui dit-il d'un ton qui n'admettait pas de réplique, tu vas la conduire chez son maître, et tu ne lui annonceras son mariage que dans la maison du caïd.

Un parti comme Nakache était certainement de nature à flatter l'orgueil de la femme de Miloud ; mais, secrètement avertie par son instinct maternel du malheur qui menaçait son enfant, elle n'obéit qu'à contre-cœur.

Les deux femmes de Nakache, instruites quelques heures avant de ce qui se passait, reçurent Yamina et sa mère avec beaucoup d'affabilité et les introduisirent dans la pièce qui leur était réservée. Les quatre femmes s'assirent sur le tapis, puis, après quelques instants de silence, la femme de Miloud embrassa sa fille, et lui dit d'un air de contentement forcé :

— Ma fille Yamina est la femme du caïd Nakache !

A cet aveu, Yamina jeta un cri de détresse et se précipita dans les vêtements de sa mère. La pauvre femme, fidèle aux instructions de Miloud, la repoussa et sortit les larmes aux yeux.

Yamina resta immobile, silencieuse, regardant d'un œil hagard les deux femmes du caïd.

La révélation de son sort avait été si subite, si imprévue, et la commotion qu'elle en avait ressentie avait été si profonde, que l'infortunée flottait entre le doute et la réalité de sa situation.

L'arrivée de Nakache brisa violemment cette sorte de léthargie.

A la vue du caïd, Yamina poussa un cri d'horreur et d'effroi, d'un bond, s'élança derrière les deux femmes et jeta sur Nakache un regard de jeune tigre pris au piége et déterminé à se défendre jusqu'à la mort.

Nakache avait passé la cinquantaine. Sa physionomie n'était rien moins qu'attrayante. Gros, court, ventru, le visage bouffi, la tête dans les épaules, on aurait plutôt dit un Bédouin qu'un Kabyle. Ces disgrâces physiques, très-rares chez les Kabyles, natures violentes et nerveuses, vivant au grand air des montagnes, ne se produisent guère chez eux que dans la vieillesse et sont généralement des signes d'un égoïsme bestial et impitoyable.

Nakache était un modèle de ces types repoussants.

En voyant l'effroi et les dispositions hostiles de sa jeune femme, il sourit de cet air de joie cruelle avec lequel le chat suit les vaines tentatives de fuite de la souris qu'il tient sous sa griffe. Ce premier moment de volupté passé, il voulut s'emparer de sa victime; mais, à son approche, Yamina bondit en arrière en jetant des cris comme si elle eût été poursuivie par un serpent. Nakache courut de nouveau à elle en riant; Yamina lui échappa encore, et revint se réfugier entre les deux femmes. Egayé par cette scène, Nakache s'amusa ainsi à poursuivre l'infortunée pendant un certain temps.

L'obèse caïd finit cependant par se fatiguer : impatienté de cette résistance trop prolongée, il se précipita brusquement sur Yamina, la saisit dans ses bras et voulut l'emporter dans un compartiment séparé de la pièce par une grande tenture; mais tout aussitôt il lâcha sa victime en poussant un cri affreux.

Yamina l'avait mordu au bras avec la furie du désespoir.

Irritée jusqu'au délire par cette scène, qui révoltait tout ce qu'elle avait de pudeur et de dignité, la jeune Kabyle releva le haïk qui couvrait le bras sur lequel était marqué le témoignage d'amour qu'elle avait donné à Hamady sous les lauriers, et montrant à Nakache sa blessure à peine cicatrisée :

— Hamady est mon seigneur! s'écria-t-elle d'un air d'audace et de défi. Yamina n'aura jamais d'autre seigneur qu'Hamady!

Nakache comprit parfaitement toute la signification de la marque que sa nouvelle femme portait au bras.

Cette révélation le pétrifia.

Il resta un moment immobile de fureur et d'indignation; puis, se ruant sur Yamina, il la saisit aux cheveux, la terrassa, lui mit un genou sur la poitrine et s'arma d'un couteau. Heureusement ses deux femmes se précipitèrent sur lui et l'arrêtèrent à point; elles l'étreignirent dans leurs bras, l'entraînèrent à quelque distance de Yamina, et lui firent comprendre à force de cris qu'en coupant la tête à chefs français ne tolérant pas ce genre de correction conjugale.

Nakache se rappela, qu'en effet, l'autorité française punissait de mort les chefs de famille, quelque riches et importants qu'ils fussent, qui se permettaient d'assassiner leurs femmes. Cette pensée le calma, ou, du moins, modifia ses projets de vengeance. Son couteau s'échappa de ses mains. Après un instant de réflexion, il appela un nègre qui le servait en qualité d'esclave ; il lui ordonna d'emporter Yamina et de l'attacher sous le hangar de la cour.

Un quart d'heure après, l'ordre de Nakache était ponctuellement exécuté.

XIV

Le Nègre.

Le sentiment que Yamina avait inspiré à Barka n'avait rien de terrestre : ce n'était ni de l'amitié, ni de l'amour, ni de l'affection, ces mots pris dans leurs acceptions propres; c'était de l'adoration comme en ressentent les sauvages pour leurs fétiches, pour leurs idoles. Ce culte l'avait doué d'une pénétration extraordinaire pour tout ce qui intéressait sa jeune maîtresse. Aucune des préoccupations de Miloud ne lui échappait. Du jour où la nouvelle de la mort de Mimoun se répandit aux Beni-Mengouch, il devina que Miloud se disposait de nouveau à sacrifier Yamina en la vendant à quelque vieux chef de famille de la tribu. Ne voyant pas la possibilité de parer au coup qui menaçait sa jeune maîtresse, il n'osait la prévenir dans la crainte de lui occasionner inutilement des chagrins prématurés. Il resta ainsi dans une expectative anxieuse jusqu'au moment où la mère de Yamina, ayant laissé sa fille dans la maison de Nakache, rentra seule au logis. Plus de doute : Yamina était au pouvoir d'un maître !

Le pauvre petit nègre se sentit défaillir. S'étant remis, il s'adressa à la mère de Yamina :

— Il est nuit : pourquoi Yamina n'est-elle pas dans la maison ? demanda-t-il tout tremblant.

Miloud, surpris de la physionomie étrange du paria, le frappa de son burnous en riant, mais avec une telle violence, qu'il l'envoya rouler au fond de la pièce.

Barka se releva et sortit. Du dehors, à travers les rideaux suspendus à l'entrée de la chambre, il jeta sur Miloud un de ces regards sinistres qu'on ne retrouve que dans des yeux de nègres : ses deux grosses lèvres, noires et luisantes, frémissaient comme celles d'un jeune tigre qui ressent sa première soif de sang à la vue d'une proie; il brûlait du désir de s'élancer sur Miloud et de lui déchirer le visage à belles dents. Il se contenta de le menacer du poing et s'éloigna, pensant que sa jeune maîtresse l'appelait peut-être à son secours.

Barka savait que plusieurs chefs de famille recherchaient Yamina en mariage, mais il ignorait auquel d'entre eux elle venait d'échoir. Il ne tarda pas à le deviner. — Maître de moi, se dit-il, nous vendrait tous, famille et serviteurs, pour quelques douros : il a dû donner Yamina à celui qui lui en a le plus offert. On dit que le caïd, qui pille tout le monde, en a des bahuts pleins : Yamina doit être dans la maison du caïd. — Mais avant de porter exclusivement ses recherches sur la maison de Nakache, Barka, dans la crainte de se tromper, jugea à propos de tenter une exploration générale. Il grimpa jusqu'à la cime d'un grand arbre placé au milieu du village et dominant toutes les maisons. Son instinct lui disait que Yamina protesterait jusqu'à la mort contre la manière barbare dont on disposait d'elle, et il espérait entendre de ce point élevé les plaintes de la jeune Kabyle. Ainsi perché, il écouta attentivement, prêtant l'oreille à toutes les directions.

Des bandes innombrables de chacals remplissaient l'air de leurs glapissements plaintifs; les chiens de la tribu joignaient leurs aboiements à ce vacarme : tout autre bruit devait donc échapper à l'oreille du jeune nègre, quelque subtile que fût son ouïe. Mais vers le milieu de la nuit ce concert sauvage commença à s'affaiblir; bientôt il cessa complètement par intervalles. Barka redoubla d'attention. Enfin un léger bruit de soupirs effleura ses oreilles, et ce bruissement semblait venir de la maison de Nakache. Un instant après, les mêmes accents, dans lesquels il crut reconnaître cette fois l'intonnation de voix de sa jeune maîtresse, revinrent plus distincts, mieux définis.

— Je ne m'étais pas trompé, murmura-t-il en descendant de l'arbre : Yamina est dans la maison du caïd. Elle s'est révoltée contre son maître, et son maître l'a maltraitée.

Le village des Beni-Mengouch, avons-nous dit, est enfoui dans un massif de grands arbres dont les branches s'étendent en tous sens au-dessus des maisons, très-peu élevées.

Barka se dirigea vers la demeure du caïd, rampant de branche en branche, de terrasse en terrasse, avec une lenteur et une prudence extrêmes, et déployant des prodiges d'adresse et de ruse pour échapper à la surveillance des chiens, gardiens aussi subtils que bruyants, et dont toutes

12.

les maisons arabes sont peuplées. Après deux heures d'efforts inouïs, il arriva sur un arbre dont les branches s'allongeaient au-dessus de la maison de Nakache, et il aperçut sa jeune maîtresse. Elle était accroupie sur un tas de paille; une corde, roulée autour de son corps, la retenait captive sous le hangar. Barka se laissa glisser sur la terrasse de la maison et s'approcha, en se traînant à plat ventre, du rebord qui avoisinait Yamina. Au même instant les chiens du caïd l'éventèrent et se précipitèrent au-dessous de lui en aboyant avec fureur. La jeune Kabyle éleva les yeux sur le point menacé par les chiens, et reconnut, aux lueurs de la lune, la tête noire de Barka. Un léger cri de joie et de surprise, subit, involontaire, s'échappa de sa poitrine; elle se redressa et tendit ses bras suppliants vers le nègre. Barka, justement alarmé, murmura tout bas :

— Demain! demain!

Puis il disparut dans les arbres comme un fantôme.

Le lendemain matin Nakache alla trouver Miloud. Il était pâle et défait comme un homme qui n'a point dormi ou qui a fait de mauvais rêves. Barka, qui se doutait de cette visite, s'était étendu près du seuil de la pièce où se trouvait Miloud; il paraissait dormir du plus profond sommeil quand Nakache passa près de lui.

— Que Dieu te donne de vaillants guerriers! dit Miloud en lui tendant la main.

— La paix a fui de ma maison pour ne plus y rentrer, répondit Nakache confus.

Miloud regarda Nakache d'un air de surprise plein de sollicitude.

— Dieu est grand! fit-il en manière de consolation anticipée au sujet de l'événement fâcheux que Nakache allait sans doute lui apprendre. Dieu est plein de miséricorde!

souvent il envoie le remède en même temps que le mal !

— Mon mal est sans remède !

— Sans remède ?

— Oui, sans remède !

— Il n'y a pas de mal sans remède !...

— Il y en a !...

— Tu m'effrayes, Nakache, dit vivement Miloud, parle ! Comment Dieu a-t-il troublé le repos de ta maison ?

Et le caïd raconta à son beau-père la scène désespérante qui s'était passée la veille entre lui et Yamina.

Miloud ne le laissa pas achever. Subitement pris d'un transport de colère, il se dressa et se promena de long en large comme un insensé, tour à tour baisant la terre, invoquant le ciel et proférant mille malédictions contre sa fille.

—Dieu m'a maudit ! s'écria-t-il en serrant les mains du caïd dans les siennes. Il a mis cette fille dans ma maison pour ma honte et ma douleur ! Elle est indigne de toi, Nakache !..... Chasse-la !..... je consens d'avance au divorce !... bien que je ne le demande pas !

Miloud s'assit et cacha son visage dans ses mains avec tous les signes du plus violent désespoir. Mais le vieux tartuffe ne se voilait la face que pour cacher un sourire d'ironie qui violentait ses lèvres et qu'il se sentait impuissant à comprimer.

Nakache ne fut pas dupe de ces fausses démonstrations. Dans tous les gestes et toutes les paroles de Miloud éclatait, pour lui, l'ironie insultante que ce dernier croyait tenir cachée au fond de son cœur. Cependant, comme il n'avait rien à gagner à une rupture avec Miloud, il feignit de prendre pour argent comptant les doléances de celui-ci. La façon avec laquelle Miloud lui avait conseillé le divorce contribua principalement à lui faire adopter cette règle de conduite. Pour de fort bonnes raisons, Nakache ne pouvait goûter ce conseil. D'abord, considération capitale, en l'état, le divorce n'entraînait point la restitution des douros comptés par Nakache et encaissés par Miloud deux jours avant. En second lieu, sur les rives du Kiss, comme partout, des malheurs dans le genre de celui qui frappait Nakache, attirent plutôt la risée que la commisération sur celui qui en est victime, et le vieux caïd ne se souciait pas de greffer cette disgrâce sur la première, ce dont on ne saurait le blâmer. Enfin, considération fort puissante aussi, la beauté de la jeune Kabyle avait tout à coup éveillé en lui, dans la scène excitante de la veille, ces désirs sensuels qui s'emparent quelquefois de la vieillesse et qui la dominent de la manière la plus exclusive.

— Miloud, dit-il d'un air résigné, après un moment de réflexion, il faut savoir accepter la volonté de Dieu! Après tout, qui nous dit que le mal est aussi grand qu'on pourrait le croire? Tu le sais, la jeunesse est folle : une amourette contrariée lui fait souvent dire ce qui n'est pas... Quant à divorcer, ce serait une folie qui compromettrait ton honneur comme le mien... sans remédier...

Ici, la voix manqua au vieux caïd.

— Qu'il en soit ainsi que tu le désires! dit Miloud d'un air *bonace*, mais encore attristé.

Nakache apprit à son beau-père la punition qu'il avait infligée à la coupable sous l'empire du premier emportement; mais il lui déclara qu'il était décidé à tout oublier, à la seule condition que Yamina reviendrait volontairement à ses devoirs. Miloud abonda de tout cœur dans les dispositions conciliantes du caïd, et il fut convenu que la mère de Yamina irait catéchiser la jeune Kabyle dans ce sens.

Cet entretien fut suivi d'un long moment de silence. Miloud était impatient de congédier Nakache, parce qu'il voyait le caïd disposé à entamer une nouvelle question, sur laquelle il n'espérait nullement s'entendre avec lui.

Nakache reprit en effet la parole.

— Maintenant, dit-il en changeant de ton et comme s'il eût oublié ses mésaventures conjugales, parlons d'autre chose.

— Je t'écoute, répondit Miloud visiblement contrarié.

— Tu m'écoutes!... tu sais bien ce que je veux te dire? Tu t'es engagé, moyennant cinquante douros que tu as touchés, à procurer quatre maraudeurs aux Rhamdam, pour l'expédition qu'ils doivent faire sur les Adjeroude, afin de tirer vengeance de la mort de Mimoun, leur chef, assassiné par Hamady. Or, le frère de Mimoun, tu le sais, est encore ici : il attend tes quatre hommes, car la *razzia* doit avoir lieu après-demain.

Miloud mit ses deux mains sur la poitrine, leva les yeux au ciel comme un homme qui prend Dieu à témoin de la sincérité de ce qu'il va dire.

— Tout ce que Dieu m'a inspiré, articula-t-il énergiquement, je l'ai mis en usage ; tout ce que tu m'as conseillé de dire et de faire, je l'ai dit et je l'ai fait. Je leur ai promis à chacun cinq douros comptant, leur assurant que la famille de Mimoun leur en donnerait le double; je leur ai dit que le butin serait partagé par parts égales entre les engagés ; que les oreilles des femmes appartiendraient, avec leurs ornements, à qui les couperait. Rien ! impossible de faire entendre raison à ces brigands!.... Ils ont peur, les lâches! ils ne savent se battre que derrière les buissons!

— Comment ! j'en ai engagé huit, moi ; les autres tribus des M'esirda en ont fourni trente, et tu n'as pas même pu en engager un seul, toi !

— Tu es caïd, et moi je ne suis rien !..... Je n'ai plus d'influence depuis notre soumission.

— Alors il faut restituer les cinquante douros au frère de Mimoun.

Miloud baissa les yeux et ne répondit pas.

— Si tu ne rends pas les douros, insista Nakache, le frère de Mimoun te fera assassiner...

Miloud poussa un gémissement sourd, s'approcha lentement d'un bahut, en retira, plus lentement encore, un petit sac plein de douros et le présenta de la main droite au caïd.

— Tiens, les voilà, murmura-t-il d'une voix étranglée.

Nakache allongea le bras pour prendre le sac ; mais, au moment où ses doigts le touchaient, la main gauche de Miloud l'enleva avec la rapidité de l'éclair.

Miloud se précipita vers le bahut et y rejeta violemment le sac, en criant :

— Qu'on me pende ! qu'on me poignarde ! qu'on m'assassine !... ces douros sont là, ils y resteront ! Ce qui est acquis est acquis !... Dieu le veut !

Nakache n'insista plus. Il était trop dangereux pour lui d'exaspérer Miloud dans cette circonstance. En trempant, ainsi que nous venons de le voir, dans le complot des Rhamdam contre les Adjeroude, tribu soumise, il jouait sa tête. Une révélation directe ou indirecte de Miloud pouvait le perdre. Or, il savait que Miloud, irrité dans son affection pour les douros, était capable de tout. Il ne l'avait même fait entrer dans le complot que pour l'associer aux dangers qu'eût entraînés une révélation. Il en était quitte, du reste, pour restituer les cinquante douros, somme bien minime à côté de celle qu'il avait reçue pour son compte personnel. Il resta donc dans les dispositions conciliantes qu'il avait prises tout à l'heure à l'égard de Miloud.

— Quel homme ! fit-il en éclatant de rire. Tu t'enlèves comme du lait bouillant !... Puisque cela te crève le cœur, de rendre ces douros, garde-les ! j'arrangerai l'affaire..... Je les rembourserai moi-même à Mimoun. Mais que Dieu nous garde des oreilles de nos ennemis !

Miloud serra la tête de Nakache dans ses mains avec une effusion inexprimable, l'embrassa sur le haut de l'épaule et l'accompagna jusqu'au dehors de la maison en le tenant par la main.

— Yamina est un enfant ! Elle reviendra à toi et te donnera des guerriers, dit-il en le quittant.

Miloud, tout joyeux, alla trouver la mère de Yamina ; il la mit au fait de ce qui s'était passé entre leur fille et le caïd, et des conditions bénignes auxquelles celui-ci consentait à pardonner à la coupable.

— Si tu ramènes Yamina à ses devoirs, lui dit-il, tu auras un bracelet en argent du poids de quatre douros. Je te le jure devant Dieu, qui me voit !

Barka n'avait pas perdu un seul mot de l'entretien de Miloud et de Nakache. Il s'approcha de la mère de Yamina au moment où elle se disposait à sortir pour se rendre chez le caïd.

— Maîtresse, lui dit-il d'un air de supplication irrésistible. J'ai faim ! bien faim !

La femme de Miloud lui donna une galette entière. Barka la brisa en une infinité de petits morceaux et les cacha sous ses vêtements. La mère de Yamina sortit ; Barka la suivit, et, sous des airs d'indifférence parfaite, s'introduisit avec elle dans la maison de Nakache. En sa qualité de paria, d'esclave, sa présence n'avait ici ni plus ni moins de signification que celle d'un chien de Miloud; personne ne la remarqua, si ce n'est Yamina, accroupie au fond du hangar.

La femme de Miloud et les deux femmes de Nakache accoururent auprès de la jeune Kabyle et s'agenouillèrent autour d'elle. La femme de Miloud étreignit Yamina sur son sein et l'embrassa en pleurant. Yamina resta froide, silencieuse, impassible. Cette insensibilité serra le cœur de la pauvre mère, troubla sa raison, la rendit comme folle.

— Yamina! Yamina! répéta-t-elle cent fois d'une voix égarée et suppliante.

Yamina conserva son impassibilité.

La femme de Miloud redoubla de prières et de caresses pendant quelques minutes, sollicitant un simple regard de sa fille.

Les yeux de Yamina s'arrêtèrent enfin sur ceux de sa mère; son regard était plein de reproches : il semblait dire :

— Tu es ma mère, toi, et c'est toi qui m'as donnée au monstre! Pourquoi donc pleures-tu?

Le désespoir de la pauvre mère n'eut plus de bornes. On eût vraiment dit une insensée : elle poussait des cris lamentables et tordait de ses mains crispées sa chevelure éparpillée sur son visage, en inclinant et relevant vivement la tête devant sa fille.

En même temps les deux femmes de Nakache pressaient la jeune Kabyle avec une animation extrême.

— Nakache est riche! s'écriaient-elles, Nakache est bon! Nakache est glorieux! Nakache comble ses femmes de présents : haïchs légers, bijoux, raisins secs, galettes sucrées de France (biscuits) ! Yamina sera la plus heureuse femme des Beni-Mengouch !

Vains efforts : pendant deux heures, Yamina ne répondit à toutes ces sollicitations que par une force d'inertie inébranlable.

— Yamina veut mourir ! se contentait-elle de répondre par intervalles, d'une voix froide et énergique.

Enfin, de guerre lasse, les trois femmes se retirèrent, bien convaincues que Yamina avait réellement perdu la raison.

Barka avait suivi cette scène de loin, jouant avec les chiens de la maison comme si de rien n'était. Il avait commencé par leur donner un morceau de galette à chacun. Comme tous les chiens d'Arabes, ceux de Nakache étaient affamés. Affriandés par le premier morceau, ils avaient fait mille câlineries à Barka pour en avoir un second : Barka le leur avait donné ; puis un troisième, puis un quatrième, et leur avait ainsi distribué toute la galette par portions égales. Les jeux avaient ensuite commencé : fort contents, mais non rassasiés, espérant encore quelqu'aubaine, les chiens se prêtaient à toutes les fantaisies de Barka. Barka leur tirait la queue, les oreilles, leur mettait la main dans la gueule, les renversait, les battait : pas la moindre protestation de la part des chiens ; au contraire, ils revenaient sans cesse à la charge, grattant avec leurs pattes le burnous de Barka, comme pour lui dire : — Voyons, n'y a-t-il plus rien là-dessous ? — Barka, qui comprenait, se penchait à leur oreille et leur disait tout bas :

— *Chouïa ! chouïa ! chouïa !*

Ce qui voulait dire : — Patience ! patience ! Cette nuit on vous régalera encore.

Aussitôt qu'il fut nuit, Yamina, qui avait lu sa délivrance dans les yeux du jeune nègre, fut prise de tressaillements d'impatience. Bien que le moment de l'évasion ne fût pas encore venu, elle se mit à fouiller l'intérieur des arbres et à écouter les bruits de l'air. Elle attendit ainsi, dans la plus vive anxiété, pendant quatre ou cinq heures. Enfin vers le milieu de la nuit, un bruissement de feuillage tout particulier frappa son oreille, et quelques instants après elle aperçut une forme humaine rampant le long des branches avec une lenteur qui eût fait croire à l'absence de tout mouvement. Son instinct, sinon ses yeux, reconnut Barka. Un léger cri s'échappa de sa poitrine. Barka, car c'était lui, fit entendre immédiatement un sifflement sourd qui commandait le silence. Yamina resta immobile, la respiration suspendue, en proie à des transes mortelles. Barka s'avançait toujours avec la même prudence, la même lenteur. Il arriva ainsi à l'extrémité d'une branche longue et flexible qui s'inclinait vers la cour. En ce moment, les chiens se précipitèrent au-dessous de lui en aboyant. Yamina crut que tout était perdu; mais Barka ne se déconcerta point. Il se suspendit à l'extrémité de la branche, de façon à rapprocher, autant que possible, ses pieds du nez des chiens, et leur jeta des débris de galette.

Un chien a beau naître chien de boucher, chien de charretier, voire même chien d'Arabe, il reste toujours un peu chien au fond, c'est-à-dire qu'il ne perd jamais entièrement le sentiment de la reconnaissance.

Ayant reconnu le généreux ami qui les avait régalés la veille, ceux de Nakache cessèrent incontinent leurs manifestations hostiles, et, tout en croquant les morceaux de galettes que Barka leur jetait, ils se mirent à regarder le jeune nègre et à remuer la queue avec cet air de franche amitié, d'entente cordiale, qui n'appartient guère qu'à la race canine.

Certain alors de se voir accueilli en ami, Barka lâcha la branche et tomba sur ses pieds nus avec une souplesse de singe. Les chiens se jetèrent sur lui et le comblèrent de caresses. Barka leur distribua encore quelques débris de galettes, et accourut auprès de Yamina en tenant le doigt sur la bouche en signe de silence. Il coupa rapidement la corde avec laquelle Yamina était attachée. Et tous deux sortirent sans bruit par la porte de la basse-cour, fermée en dedans par un simple verrou en bois.

XV

Moufock-ould-Magrnia.

En face de Lalla-Magrnia, au sein des premières montagnes du Maroc, à deux lieues environ de la frontière, on trouve un vallon très-resserré qu'on dirait fait tout exprès pour servir de repaire à des brigands. Il est caché dans un cercle de rocs gigantesques, troué seulement du côté de l'Algérie et d'Oudjdah par deux gorges étroites, fourrées, en apparence inaccessibles ; un amas désordonné d'arbrisseaux sauvages, de broussailles immenses, moitié vertes, moitié sèches, le tout parsemé de rochers, en recouvre le pourtour. Au milieu du bas-fond s'élève une petite éminence en forme de dôme, au bas de laquelle, du côté du nord, coule un ruisseau large et profond. La voie qui conduit de cette retraite sauvage à la plaine de Lalla-Magrnia est un dédale effroyable, que nul être humain ne saurait parcourir une première fois sans frissonner. C'est dans ce lieu, appelé Aïn-Rorrabba, connu seulement des populations environnantes, qui n'en prononcent le nom qu'avec un respect mêlé de terreur, c'est dans ce lieu que Moufock-ould-Magrnia réunissait sa bande redoutable, lorsqu'il avait conçu et arrêté une expédition, et c'est là que tous les bandits devaient se rejoindre à l'issue de ces campagnes de meurtre et de pillage.

Le lendemain du jour où il enleva les chevaux des frères Ben-Diff, le célèbre bandit arrivait sur un des points les plus élevés qui environnaient son empire d'Aïn-Rorrabba. C'était vers midi ; Gérôme, que le lecteur connaît déjà, et trois indigènes à la mine patibulaire, portant chacun un fagot de branches sèches, le suivaient à distance.

Le jeune marabout s'assit au pied d'un rocher, prit un chapelet en grains d'ambre suspendu à son cou, et, tout en priant, se mit à contempler la plaine de Lalla-Magrnia, qui se déroulait sous ses yeux. Ses compagnons se débarrassèrent de leurs fardeaux et s'étendirent sur les pierres, en plein soleil, par une chaleur de quarante degrés au moins.

En s'asseyant, Gérôme murmura :

— Qui m'eût dit, quand je servais la messe à M. le curé de Castres sur l'Agoût, que je deviendrais ce que je suis devenu! — La vie est une drôle de chose!..... j'étais né pour faire un bon bourgeois... ou un excellent rôtisseur... ou peut-être un philosophe, puisqu'on m'appelait Gérôme le philosophe au bataillon, et le sort m'a fait saltimbanque, soldat au 1ᵉʳ de ligne, *zéphir* au premier bataillon; puis déserteur, puis bandit et enfin interprète d'un chef de brigands arabes, autrement dit califat d'un marabout. Voilà de jolies professions !..... Enfin Dieu le veut !...

Et il s'endormit en souriant avec amertume. Déjà ses trois camarades dormaient profondément comme des bienheureux.

Pendant quelque temps la physionomie de Moufock exprima tour à tour l'abattement et l'espérance, la tristesse et la joie : le jeune chef flottait entre l'espoir de reconquérir l'héritage dont les Français l'avaient dépossédé, et la crainte de l'avoir perdu pour toujours. Le souvenir de Yamina venait aussi par moments agiter son cœur : tantôt il croyait que la jeune Kabyle aimait Hamady; tantôt, rassuré par la croyance d'avoir été fiancé à la jeune fille dans le paradis, il se persuadait que les deux rencontres du spahis et de la fille de Miloud dans le ravin des Beni-Mengouch n'étaient dues qu'au hasard.

Enfin, des préoccupations d'une autre nature s'emparèrent peu à peu de son esprit, et finirent par l'absorber entièrement.

Depuis quelques jours Moufock préparait un plan de campagne sans exemple dans les annales du pillage organisé.

Le théâtre de cette expédition devait s'étendre jusqu'au-delà de Tlemcen, c'est-à-dire embrasser un rayon de plus de vingt-cinq lieues ; les bureaux arabes de Tlemcen, de Némours et de Lalla-Magrnia avaient eu vent de cette excursion incroyable ; le trajet que la bande de Moufock devait parcourir était donc couvert d'embuscades.

Or, voici en quoi consistait le projet de Moufock : sa bande devait s'abattre, la même nuit, à la même heure, sur les cinq villages qui entourent Tlemcen, sur Tlemcen même, sur Nemours, Nédromah et Lalla-Magrnia ; enlever des chevaux, des mulets, des troupeaux de bœufs et de moutons, désignés d'avance à divers groupes de bandits, et faire franchir à tout ce bétail, d'ordinaire assez indocile, ou tout au moins bruyant, des passages soigneusement gardés, des ravins et des abîmes pour ainsi dire sans issue.

Comment vaincre de telles difficultés ? Si l'on écarte l'intervention du prodige, il faut bien reconnaître au jeune chef, tout bandit qu'il fût, une rare intelligence.

En effet, pour surmonter les obstacles, pour conjurer les dangers infinis qu'offrait l'exécution d'une pareille entreprise, Moufock devait avoir, gravée dans sa tête, la carte précise, détaillée dans ses moindres circuits et recoins, de la contrée que ses hommes allaient ravager simultanément, en quelques heures, en silence, comme une bande de fantômes ; il lui fallait deviner les dispositions secrètes que les bureaux arabes avaient dû prendre ; il devait connaître le degré d'agilité, d'audace et de ruse de ses hommes, et prévoir les incidents sans nombre qui devaient ou pouvaient se produire dans le cours de l'expédition, et dont un seul pouvait tout compromettre.

Le travail prodigieux qui se faisait dans son cerveau, en reliant toutes les ramifications de ce projet, se traduisait extérieurement par une expression de physionomie et une attitude des plus étranges. Les muscles et les traits tendus, l'œil mobile et ardent, comme s'il eût eu sous les yeux un plan ardu et compliqué, le visage enflammé et rayonnant d'un sourire d'orgueil mêlé de dédain, on eût dit une statue animée du feu sacré du génie.

Il resta dans cette position jusqu'à la nuit. Ses compagnons, éveillés depuis longtemps, le contemplaient en silence.

S'étant enfin aperçu que le jour allait disparaître, Moufock se releva et se promena sur la crête de la montagne, lentement, comme un homme qui poursuit un rêve. Tout à coup il poussa un léger cri de surprise et s'arrêta, immobile, la bouche entr'ouverte, la respiration suspendue.

Yamina était là, devant lui, sur le sommet d'un pic. Le corps penché en avant, un doigt sur la bouche, le visage souriant et encadré de sa longue chevelure noire parsemée de petites fleurs sauvages, la ravissante Kabyle semblait l'appeler d'un air mystérieux.

Bien des fois déjà, aux dernières lueurs du crépuscule, l'image de Yamina avait apparu à l'imagination délirante du jeune homme ; et, malgré les déceptions poignantes que cette vision lui causait, le bandit ne se lassait pas de la poursuivre.

Moufock leva les yeux au ciel, serra ses mains sur sa poitrine avec une expression de reproche et de désespoir, et s'écria :

— Ma mère ! ma mère ! pourquoi tourmentes-tu ton fils ?

Puis il abaissa son regard sur l'apparition, s'avança vers le pic, à pas lents, sans bruit, et d'une voix basse, tremblante, il poursuivit :

— Cependant c'est bien ma fiancée !... oui, c'est elle ! son œil brille, son sein s'agite, ses doigts remuent !... Yamina ! Yamina ! attends, attends-moi !..... Moufock sera ton esclave !

Mais déjà l'apparition avait changé de piédestal : elle s'agitait sur une autre éminence, dans l'éloignement, conservant le moule parfait de Yamina. Pris de délire, Moufock s'élança alors vers l'image de la belle Kabyle en bondissant comme un lion. Mais à son approche l'apparition s'éloigna de nouveau, s'agita encore pendant quelques secondes sur la cime d'un rocher et s'évanouit complètement.

Dans la solitude du désert, les passions acquièrent souvent un degré d'intensité inconnu dans la vie active des sociétés civilisées. Ici, mille préoccupations, mille incidents, — heur ou malheur, — joies ou tracasseries, — combattent leur empire ; ces dérivatifs, ces contre-poids n'existent pas dans la vie solitaire et contemplative du désert, et les passions surexcitées y prennent d'ordinaire tous les caractères de la folie. Cette particularité explique ces actes de violence insensée, ces insurrections absurdes, n'offrant aucune chance de succès, si ccommuns chez les Arabes ; et c'est là, sans doute, qu'il faut chercher l'explication des égarements du jeune Magrnia lorsque l'image de la gracieuse Kabyle s'offrait à lui.

Pendant quelque temps, Moufock chercha du regard la décevante apparition. N'apercevant de toutes parts que l'uniformité de la nuit, il comprit qu'il venait encore d'être le jouet d'un mirage de son imagination, et il tomba dans un abattement profond.

Au bout d'un quart d'heure ses compagnons s'approchèrent de lui.

— Dieu est grand ! dit l'un d'eux avec une vive appréhension, l'heure que Sidi-Moufock nous a désignée est passée.

Moufock se dressa comme réveillé en sursaut.

— Allume ! dit-il d'une voix brève.

Les quatre bandits retournèrent rapidement à leur poste, entassèrent le bois qu'ils avaient apporté et y mirent le feu. Quelques minutes après une lumière brilla sur les montagnes de Garrouban, presqu'aussitôt un autre feu apparut plus loin, et en moins d'une heure le signal, courant de crête en crête, arriva à Lalla-Céty, marabout situé sur les hauteurs de la montagne à laquelle Tlemcen est adossé. Puis les feux s'éteignirent sur toute la ligne. Mais vers deux heures du matin, le signal éclaira de nouveau Lalla-Céty, et, suivant les points qu'il avait déjà parcourus, revint jusqu'à Moufock.

— Dieu nous protége ! s'écria le jeune marabout en l'apercevant, Adj-el-Askri est prévenu !

Adj-el-Askri était attaché sous un faux nom au bureau arabe de Tlemcen. Moufock ne le rappelait que dans des circonstances extraordinaires et lorsqu'il convoquait le ban et l'arrière-ban de sa troupe.

Le lendemain, dès le point du jour, les affidés de Moufock commencèrent d'arriver dans le vallon d'Aïn-Rorrabba. Le jeune chef était assis au sommet du petit monticule qui s'élevait au centre de son empire. Il était enveloppé d'un ample burnous en laine fine d'une blancheur éclatante ; son visage de chérubin restait seul à découvert sous le capuchon de ce vêtement aristocratique, qui lui donnait l'air d'une jeune religieuse. Les brigands s'approchaient de lui, un à un, avec une sorte de vénération religieuse, baisaient son burnous et s'asseyaient à ses côtés. Moufock recevait leurs renseignements, puis leur donnait ses instructions : on eût dit un ange confessant des démons.

Sur un signe de Moufock, le nouveau venu se retirait et allait se joindre aux premiers arrivés, groupés au fond du repaire. Le soir quatorze hommes avaient répondu à l'appel. Ils avaient amené plusieurs recrues. Ces derniers devaient être présentés à Moufock, qui avait seul le droit de les admettre ou de les repousser ; ils se tenaient à l'écart des enrôlés, causant entre eux et regardant avec une vive crainte le juge terrible devant lequel ils allaient paraître. Parmi eux, se trouvaient aussi trois *coupeurs de routes* qui s'étaient introduits de leur propre initiative dans le repaire, la veille ou l'avant-veille; ils étaient pourvus de certificats sur lesquels ils comptaient pour justifier de leurs aptitudes, de leurs bonnes dispositions, et se faire agréer par Moufock. Le premier avait amené deux mules, le second vingt moutons et le troisième avait apporté la tête d'un soldat français qu'il avait assassiné aux portes de Nemours.

Le reste de la bande, Adj-el-Askri excepté, arriva pendant la nuit et la matinée du lendemain. Ils étaient au nombre de quarante, dont vingt-huit enrôlés et douze recrues. Étendus sur l'herbe, non loin de Moufock, ils attendaient dans le plus profond recueillement que leur chef les interpellât.

Moufock était assis à la place où nous l'avons vu la veille; il égrenait son chapelet d'un air distrait et sombre; des mouvements d'impatience lui échappaient à chaque instant. Le regard tendu sur l'entrée de la gorge qui conduit à Lalla-Magrnia, il attendait dans une inquiétude fébrile l'arrivée d'Adj-el-Askri, dont l'absence eût rendu son expédition impossible. A bout de patience, il se disposait à envoyer quelques hommes sur les hauteurs de la montagne pour explorer la route de Lalla-Magrnia, quand un bruit se fit entendre dans cette direction. Moufock ne put retenir un cri de joie; sa troupe y répondit par un hourra effroyable et se précipita vers l'entrée du vallon. Au même instant un cavalier en déboucha ventre à terre et poursuivit sa course jusqu'à Moufock.

C'était Adj-el-Askri.

Il sauta rapidement à terre et s'élança dans les bras de

Moufock, qui le reçut comme un frère. Lorsqu'ils se furent témoigné la joie qu'ils éprouvaient d'avoir pu se rejoindre, Adj-el-Askri courut vers les bandits. Ceux-ci se ruèrent en masse à sa rencontre et se pressèrent autour de lui; c'était à qui l'embrasserait le premier; les plus forts et les plus agiles eurent cet honneur, mais, en homme qui n'admet pas de priviléges, Adj-el-Askri les serra tous l'un après l'autre sur son cœur avec une égale effusion et revint s'asseoir à côté de Moufock. Après avoir exposé au jeune chef les dispositions qu'il avait prises aux environs de Tlemcen pour assurer le succès de l'expédition sur ce point, il expliqua ainsi les causes de son retard :

— Aussitôt que j'eus aperçu le feu de Lalla-Céty, je me glissai hors des murs de Tlemcen, et me cachai sur le bord de la route du Mansourah, priant Dieu de m'envoyer un chrétien. Dieu, qui nous protége, écouta ma prière : vers minuit un Espagnol passa près de moi; je me jetai sur lui et l'assommai en deux coups de bâton. Hier matin on rapporta son cadavre à Tlemcen; une demi-heure après on m'envoyait avec six autres cavaliers du bureau arabe à la recherche de l'assassin. Le soir nous étions tous de retour; personne, bien entendu, n'avait le moindre renseignement à fournir. Ce matin on nous a mis de nouveau en campagne. En sortant de Tlemcen j'ai dit au chef qui nous commandait que je répondais sur ma tête de ramener le coupable s'il voulait m'accorder une absence de vingt-quatre heures. — Pars, m'a-t-il dit. Et ne manque pas à ta parole, si tu tiens à ta tête! — J'ai fait semblant de me diriger vers les montagnes de *Terni*, mais arrivé en face du Mansourah, j'ai coupé droit sur Aïn-Rorraba à travers les raccourcis. Je ne suis resté que sept heures en route; il est vrai que j'ai relayé chez les caïds Emsalem et Ben-Daha, qui nous servent, parce qu'ils y trouvent leur profit et qu'ils te craignent.

Moufock gratifia Adj-el-Askri d'un sourire.

— Les Français sont courageux, poursuivit Adj-el-Askri, mais il n'ont pas notre ruse. Ainsi que je te l'ai dit, je dois être de retour parmi eux demain matin et leur ramener le coupable... ils l'auront... voici comment : la tribu des Beni-Ournid, située près de Tlemcen, n'est qu'une famille d'espions, servant en même temps Dieu et le diable pour un douro ; elle est regardée par le bureau arabe comme un nid de pillards et d'assassins. En passant dans cette tribu, j'arrête le premier venu et je le donne aux chefs français comme le meurtrier de l'Espagnol... j'ai une histoire toute prête... avant que l'affaire soit éclairée, nous aurons fait notre *razzia*, et je reste près de toi, sidi, car je veux déserter. Ma position auprès des Français n'est plus tenable : je suis suspecté, on me surveille ; le chef du bureau arabe me regarde souvent de travers, surtout quand nous sommes en route... une fois ou l'autre il me ferait fusiller.

— Tu es mon frère, Adj-el-Askri, s'écria vivement Moufock. Chaque jour des fidèles viennent me demander de les conduire contre les chrétiens : nous rassemblerons une troupe nombreuse. Avec la protection de Dieu et l'aide de l'émir Abd-el-Kader, qui m'a fait offrir le burnous du commandement, nous détruirons en un jour béni les *chiens* que le démon a amenés sur nos terres.

Moufock réfléchit un instant.

— Adj-el-Askri, reprit-il avec une émotion particulière, l'amour que la vierge des Beni-Mengouch m'a inspiré me consume. Parfois ma raison m'abandonne, ma tête s'égare... Il faut que ces tourments étranges aient un terme : ils détournent mon esprit et mon bras du service de Dieu ! A l'issue de notre expédition nous irons aux Beni-Mengouch.

j'offrirai à Miloud les mille douros que je me suis engagé devant Dieu à lui donner. S'il résiste, nous détruisons la tribu; j'enlève ma fiancée, je la conduis dans ma famille, et, délivré de toute inquiétude, je vous conduis à l'émir, avec lequel nous vaincrons les Français.

— Moufock est le fils de Lalla-Magrnia la sainte ! interrompit Adj-el-Askri. Dieu a mis en toi tous les signes du commandement ! tu es mon ami et mon chef : je te suivrai partout !

Moufock serra la main à son lieutenant, regarda le ciel et reprit :

— L'heure de la prière approche : rassemble les fidèles. Ils ont amené de nouveaux hommes ; nous en ferons des guerriers; mais nous ne les admettrons qu'à notre retour.

Moufock se mit à prier. Adj-el-Askri fit signe aux bandits de s'approcher, et ceux-ci se précipitèrent en tumulte autour des deux chefs.

— La prière ! s'écria Adj-el-Askri.

La troupe se rangea rapidement sur une seule ligne, à quelques pas de Moufock et le visage tourné vers le levant. Adj-el-Askri se plaça au milieu, donna sa main droite, croisant les bras sur sa poitrine, à son voisin de gauche et sa gauche à celui de droite ; tous les bandits en firent de même et se trouvèrent ainsi liés en une chaîne serrée.

A voir cette rangée de têtes patibulaires, aussi variées dans leurs formes que dans leurs teintes, on eût bien plutôt dit une légion de Belzébuth qu'une réunion d'enfants d'Adam.

Sauf Adj-el-Askri, jeune blondin de 24 ans, aux yeux bleus, à la taille haute, élancée, sur le visage duquel apparaissaient par moments quelques lueurs fugitives de douceur qui en tempéraient la cruauté, excepté Adj-el-Askri, disons-nous, et Gérôme, dont le visage était toujours empreint d'une certaine insouciance mêlée d'ironie et de tristesse, tous ces visages portaient le cachet de la scélératesse et de la férocité les plus endurcies, ou du fanatisme le plus farouche.

L'ordre et l'immobilité s'étant rétablis sur toute la ligne, les quarante bandits attendirent dans un profond recueillement qu'Adj-el-Askri donnât le signal de la prière.

Tout à coup celui-ci, d'une voix sèche, brève, énergique, articula :

— Dieu est grand !

Un frisson instantané passa comme une commotion électrique sur la rangée de bandits.

— Dieu est grand ! répétèrent-ils d'une commune voix, déjà empreinte des premiers symptômes de l'exaltation.

Au même instant un coup de sifflet retentit dans le dédale qui mène à Oudjdah. Moufock bondit sur ses jambes; la chaîne humaine se rompit dans tous ses anneaux et chacun s'arma de poignards; mais sur l'ordre de Moufock, nul ne bougea de place. Presque aussitôt un nègre parut à l'entrée de la gorge : c'était l'esclave de Moufock. A sa vue celui-ci se rassit en souriant. Le nègre accourut à lui, s'agenouilla à ses pieds, baisa son burnous et lui dit quelques mots à l'oreille.

La joie et l'orgueil éclatèrent sur le visage de Moufock; il se releva vivement.

— Dieu nous regarde ! s'écria-t-il d'un air inspiré. Et, précédé de son esclave, il se dirigea d'un pas rapide vers le passage par lequel ce dernier était arrivé. Il s'arrêta au bas du versant; le nègre se glissa dans la gorge et reparut un instant après accompagné d'un cavalier dont le visage, les vêtements et la tournure annonçaient à première vue un homme de distinction ; deux superbes chevaux, tenus chacun par un Arabe à la mine guerrière, le suivaient.

Le nouveau personnage et Moufock allèrent l'un vers l'autre avec un égal empressement.

— Au nom du Seigneur tout-puissant ! sans qui rien ne se fait dans l'univers ! dit l'étranger, l'émir Abd-el-Kader, mon illustre frère, m'envoie te faire hommage de ces deux chevaux ; il te prie de les accepter comme un témoignage de son admiration pour le brillant fait d'armes dans lequel tu as dispersé avec tes fidèles les cent cavaliers Beni-Attig qui allaient offrir sept vierges de leur tribu aux Beni-Mékriés pour les engager à la révolte contre lui.

Moufock remercia chaleureusement le frère d'Abd-el-Kader.

Celui-ci poursuivit :

— L'émir, qui aime les vaillants serviteurs de Dieu, te garde un commandement dans son armée ; c'est la seconde fois qu'il te le fait savoir par ma bouche.

— L'émir est grand par le cœur et par le bras ; l'Esprit de Dieu éclate sur son visage, répondit Moufock. A la nouvelle lune, Moufock-ould-Magrnia sera dans les rangs du guerrier favori du prophète. Mais le temps qui nous sépare de ce jour prochain ne m'appartient pas : le service de Dieu me retient ailleurs.

— Je n'interroge pas le fils de Lalla-Magrnia : il ne doit compte de ses actions à personne. Que Dieu te conserve le salut, Moufock ! je vais porter tes paroles d'amitié à mon frère. Le jour de ton arrivée parmi nous sera un jour de grande fête pour notre famille et pour les guerriers qui l'accompagnent. Au revoir donc, Moufock, si Dieu nous réserve cette marque de sa bonté.

— Que le salut demeure sur toi ! répondit Moufock. — Nous allons prier le Seigneur, ajouta-t-il. Si tu voulais joindre tes prières aux nôtres, Sidi, nous remercierions le ciel de cette faveur.

Soit discrétion, soit motifs réels, le frère d'Abd-el-Kader refusa et s'éloigna avec les deux Arabes qui avaient amené les chevaux. Moufock l'accompagna jusqu'à l'entrée du labyrinthe, et revint auprès de sa troupe dans l'attitude du triomphateur : les démarches de l'émir l'avaient gonflé d'orgueil. Il s'assit, les jambes croisées, reprit son chapelet et continua sa prière. Ses hommes se rangèrent dans le même ordre que tout à l'heure et se recueillirent de nouveau.

— Dieu est grand ! recommença Adj-el-Askri en inclinant la tête.

Et la troupe, imitant Adj-el-Askri, répéta :

— Dieu est grand !

Et alors ce cri se renouvela, toujours de plus en plus rapproché, de plus en plus énergique, saccadé, ardent, furibond ; et au bout d'une demi-heure, cette communion sauvage offrit un des spectacles les plus étranges que le soleil ait peut-être jamais éclairés.

Les quarante scélérats qui invoquaient ainsi le ciel, étaient si étroitement liés les uns aux autres, le mouvement d'inclinaison qu'ils faisaient avec le haut du corps était si uniforme, leurs gosiers rugissaient avec un tel ensemble, qu'on aurait vraiment dit un seul être à quarante têtes, monstre fantastique, varié par les formes, mais soumis à une même impulsion.

La sueur pleuvait de tous les visages, emportant une écume blanche, épaisse, qui se formait au coin de toutes les lèvres à chaque nouveau cri. Dans l'arc de cercle qu'ils décrivaient de la tête, leurs dents blanches apparaissaient et disparaissaient tour à tour ; dans le mouvement de haut en bas leurs yeux se fermaient subitement, dans celui de bas en haut ils s'ouvraient, lançant des éclairs et se gonflant jusqu'à fleur de tête.

Mais ce qui rendait cette scène plus saisissante encore, ce qui en faisait un tableau d'une originalité sans exemple, c'étaient l'attitude et la physionomie de Moufock.

Pendant que sa bande se tordait, écumait, rugissait, le jeune prêtre musulman, ainsi que le saint de la tentation, restait immobile, le visage ravi, tourné vers le ciel, paraissant entièrement étranger à la scène infernale qui se passait autour de lui. Ses mains blanches et délicates égrenaient, par un mouvement machinal et régulier, son chapelet en grains d'ambre. La tête penchée en arrière, légèrement inclinée sur le côté droit, le regard noyé dans les cieux, il semblait suivre une vision délicieuse. Ses lèvres frémissaient doucement, comme agitées par des prières mentales ; un sourire angélique rayonnait sur sa belle figure, dont les teintes moites et rosées faisaient ressortir le noir d'une légère moustache, qui eût été à peine visible sur un visage bronzé ; en un mot, tous les ravissements de l'extase éclataient dans sa physionomie et dans sa pause.

L'agitation convulsive des bandits s'affaiblit enfin ; leurs cris se changèrent peu à peu en râle sourds ; un affaissement général gagna toute la bande. Et bientôt elle gisait à terre, haletante, épuisée, anéantie ; Gérome seul restait debout.

— *Sandis !* murmura-t-il tout bas, voilà ce qui s'appelle prier, ou je ne m'y connais pas !... je donnerais volontiers mes trois femmes pour que monsieur le curé de Castres vît un peu comme on fait ses dévotions ici !...

Et il se laissa tomber comme ses compagnons en simulant le même anéantissement.

Le silence profond qui succéda à cette étrange prière, tira subitement Moufock de ses rêveries religieuses. L'ascétique bandit se dressa soudain, quitta son burnous et, les bras croisés sur sa poitrine, se planta droit devant sa bande.

Tous les réprouvés se levèrent en un clin d'œil, comme instantanément ranimés par une vertu surnaturelle. Adj-El-Askri leur fit signe de s'asseoir, et ils obéirent avec une promptitude et une régularité militaires.

Vêtu d'un simple haïch, les pieds chaussés de babouches communes, les jambes nues jusqu'aux genoux, Moufock ne portait pour tout signe de commandement qu'un cimeterre très-court, retenu sur le haut de la hanche par un cordon de soie. Il promena silencieusement sur sa troupe son regard d'aigle, et l'arrêta pendant quelques secondes sur les yeux de chacun d'eux, cherchant à fouiller au fond de leurs consciences.

L'œil fixé sur leur chef, les bandits semblaient attendre sa parole avec le même recueillement et une avidité égale; leurs visages exprimaient au même degré l'admiration, le respect et la sympathie. Pourtant après l'examen auquel Moufock les soumit, il lui resta des doutes sur la fidélité de deux de ses affidés.

Ces deux hommes, appelés, l'un Mamar, l'autre Caddour, avaient commis tous les crimes possibles sur les bords du Kiss.

Moufock dissimula l'émotion que venait de lui causer cet incident secret, et, d'une voix claire, lente, il commença en ces termes :

— Les hommes qui servent le Tout-Puissant par leurs paroles et par leurs actes, qui le glorifient des lèvres et du cœur, sont tous frères en Dieu ! — Ceux qui ne le servent ni par leurs actes ni par leurs paroles sont des réprouvés et des enfants du démon ! — Et ceux qui affectent de le servir des lèvres, mais qui le trahissent par leurs actions, sont mille fois plus infâmes que les réprouvés ! — Chacun de vous sait ce qui se passe dans son âme en ce moment : chacun de vous sait donc s'il est le frère de Moufock-Ould-Magrnia, le fidèle serviteur de Dieu !

Après une pause, il poursuivit en s'animant :

— Qu'est-ce que vous étiez, quand vous êtes venus à moi, vous tous qui m'écoutez si attentivement ? — Vous étiez comme le chacal égaré au milieu de la tribu et que les hommes, les femmes, les enfants et les chiens poursuivent ! — Vous étiez comme les bêtes sauvages, qui cherchent leur nourriture pendant la nuit et qui se cachent au sein de la terre, quand la lumière du soleil éclaire les hommes ! — Vous étiez plus misérables que le prophète Job, couvert de vermine et abandonné de tous sur un fumier ! — Et maintenant, tout le monde vous craint et vous considère, et il n'est aucun de vous qui n'ait une tente, un cheval, des armes, des burnous et une femme au moins ! — Et qui vous a donné tous ces biens, si ce n'est Dieu et le fils de Lalla-Magrnia ? — Et savez-vous au prix de quels sacrifices je vous ai enrichis ?... Ecoutez ! — Un jour, il y a trois ans, Lalla-Magrnia, ma mère, me conduisit sur le chemin d'une belle vierge dont les yeux font rêver aux doux mystères du paradis. La nuit suivante, pendant mon sommeil, ma mère m'apparut et me dit : — Moufock, mon fils, la vierge qui a fait tressaillir ton cœur s'appelle Yamina ; elle sera ta femme ; Dieu le veut ! — Le père de ma fiancée est un vieil avare ; il aime plus l'argent que les guerriers n'aiment la gloire. Aussi pauvre que vous alors, et ne voulant pas que la volonté du ciel fût une cause de désespoir pour le père de ma fiancée, je jurai de ne lui réclamer ma femme que le jour où je pourrais lui offrir mille douros. — Ces mille douros, dont le bonheur de ma vie dépend, je les ai eus dix fois, et dix fois je vous les ai partagés !

Moufock s'arrêta ; une vive inquiétude, causée par le souvenir de Yamina, se lisait sur son visage.

— Je me serais épargné bien des tourments que vous ne sauriez comprendre, reprit-il avec amertume, si j'avais donné au père de ma fiancée les mille premiers douros que j'ai possédés ! Cependant je ne regrette pas ce que j'ai fait pour vous, et je vous déclare que je voudrais avoir tous les trésors du Maroc, afin de vous les distribuer à vous et à tous les vrais serviteurs de Dieu ! — Si je mens, que le Tout-Puissant l'écrive sur mon front, et que Moufock-ould-Magrnia soit à jamais voué au mépris des croyants !

Le jeune marabout baisa la terre, et sa troupe, frémissante d'enthousiasme, exécuta le même mouvement.

S'étant relevé, Moufock poursuivit avec une véhémence nouvelle :

— Non ! je ne me repens pas du sacrifice que je vous ai fait et ne cherche point à mendier votre reconnaissance ! Je vous ai dit ces choses secrètes, parce que j'ai une question à vous faire et qu'il était nécessaire que vous les connussiez pour que votre réponse pût être juste et sage !

Moufock s'arrêta de nouveau ; sa figure paraissait calme, mais ses yeux étincelaient. L'attention des bandits redoubla : le regard tendu sur le visage du marabout, ils ne respiraient plus.

Tout à coup Moufock s'écria d'une voix vibrante :

— Quelle punition mériterait celui d'entre vous qui aurait vendu la tête de Moufock-ould-Magrnia ?... Parlez !

Une commotion effroyable secoua les bandits à cette question. Ils se regardèrent les uns les autres comme des tigres cherchant un ennemi commun, puis, en proie à une anxiété inexprimable, ils ramenèrent leurs regards sur Moufock sans proférer une parole.

Il y eut un moment de silence profond : l'œil perçant de

Moufock passait lentement d'un visage à l'autre, et les yeux des bandits lui demandaient avec une indignation farouche de désigner les coupables. Mamar et Cadour ne paraissaient pas moins indignés que le reste de la bande. Mais Moufock remarqua sur leurs visages une pâleur et une contraction, à peine sensibles, qui le confirmèrent dans ses doutes à leur égard. Un sourire rapide et féroce plissa le coin de ses lèvres.

— Vous ne répondez pas? reprit-il. Vous agissez sagement! que pourriez-vous répondre ? Dieu seul, dans l'univers, connaît la peine que mériterait une telle action !

Moufock changea subitement de ton, et, d'un air d'ironie mordante, cruelle, il continua en phrases hachées :

— Après l'homme vient le chien! — Après le chien vient le juif (1) ! Il est beaucoup de nations sur la terre qui appartiennent au démon et la race juive est la vermine de ces nations! — Les chrétiens sont les ennemis de Dieu ; ils ravagent les pays des croyants; quand ils se saisissent de nous, ils nous font mourir sans jugement, et néanmoins vous haïssez encore plus les juifs que les chrétiens... Et vous agissez en cela avec justice! — Dieu a condamné la race juive à l'abjection universelle et éternelle!... Car il n'a point voulu qu'elle fît croître la moisson ni qu'elle sût porter les armes! aussi n'a-t-elle jamais produit un

---

(1) Moufock jugeait de la race juive par le juif indigène de l'Algérie, pour lequel l'arabe a toujours professé le plus profond mépris et qu'il a toujours considéré comme un être inférieur. Imbu de ce préjugé, il n'eût jamais voulu croire que cette branche de la famille humaine compte son *contingent dans toutes les sommités de l'intelligence.*

grain d'orge, et un singe de Méquinez (1) armé d'une feuille de palmier, la ferait fuir d'un bout de la terre à l'autre!

Cette plaisanterie dérida l'auditoire. Mais Moufock remarqua encore dans les sourires de Mamar et de Caddour une nuance particulière; quelque chose d'inquiet, de forcé. Plus de doute : ces deux hommes le trahissaient.

— Le juif est donc bien vil! poursuivit-il. Il est si vil, qu'il n'est aucun de vous, servant Dieu, qui ne préférât être enterré avec un chien qu'avec un juif! — Et cependant, parmi les musulmans, parmi vous! il est des êtres mille fois plus méprisables que le plus méprisable des juifs! — Vous savez de qui je veux parler... je veux parler de ceux qui trahissent leurs frères!...

Ici la voix et les gestes de Moufock devinrent menaçants.

— Ces êtres-là, c'est le démon qui les vomit dans le sein des femmes maudites! — Ces fils du diable vendent aussi bien leurs pères, leurs frères, leurs femmes et leurs enfants que leurs ennemis avoués! — L'un d'eux n'a-t-il pas vendu Jésus de Nazareth, que Dieu avait envoyé sur la terre pour convertir les hommes par la douceur!

Moufock leva les mains et les yeux vers le ciel et ajouta sur le ton de l'invocation :

— Jésus de Nazareth est grand entre les envoyés!... il est l'envoyé qui annonça la venue du prophète en disant : — il en viendra un plus grand que moi qui remettra tout à sa place!

Moufock et sa bande se précipitèrent le visage contre terre.

Le fougueux marabout se releva et poursuivit :

— Si Dieu envoie le glaive sur la terre, c'est parce que les hommes méprisent les humbles et les doux !... Et c'est

---

(1) *Petit singe du Maroc.*

pourquoi la violence est sainte comme la douceur! — Qu'ont-ils fait de Jésus, dont les lèvres ne prononcèrent jamais que des paroles d'amour, auquel tous les anges du ciel avaient donné un rayon de leur esprit? Ils l'ont crucifié comme un malfaiteur! — et qui le livra aux ennemis de Dieu, aux enfants du démon? Un des siens, un de ceux qu'il avait choisis entre les hommes pour leur faire partager sa gloire! Cet homme, qui priait, mangeait et buvait avec lui, qui entendait toutes ses paroles, le vendit pour quelques pièces de monnaie! — Et il en est ici, parmi vous, qui ont agi comme ce fils du diable!... Ils doivent nous livrer pendant que nous irons reprendre les biens que Dieu nous avait donnés et que les chrétiens nous ont enlevés!...

Moufock tira son cimeterre, et foudroyant Mamar de son regard, il s'écria :

— Mamar, combien as-tu vendu tes frères au lieutenant D.?

Mamar, livide, tremblant, rampa jusqu'aux pieds de Moufock; il voulut répondre, mais son gosier s'y refusa.

— Mamar, combien as-tu vendu la tête de Moufock? demanda encore le marabout.

Même silence.

— Relève-toi!

Mamar obéit, et au moment où sa tête s'élevait à la hauteur du bras de Moufock, le terrible marabout la lui abattit comme s'il eût coupé la tige d'un pavot.

Toute la furie que Moufock avait jusqu'ici contenue au fond de son cœur éclata sur son visage à la vue du sang. Et les bandits ayant voulu se précipiter sur le traître pour poignarder son cadavre, il les arrêta d'un geste en leur criant :

— Restez!

Puis faisant quelques pas vers eux, il ajouta d'une voix tonnante en leur montrant la tête de Mamar :

— Et que nul de vous ne bouge plus qu'il ne faut pour respirer, ou je lui fais sauter la tête comme à cet enfant du diable !

Les bandits restèrent immobiles, cloués à leur place par cette menace.

Moufock, les jambes inondées de sang, se recula, mit un pied sur la tête grimaçante de Mamar et darda silencieusement son regard sur Caddour. Immobile, le visage enflammé, les muscles tendus, le sabre bas, on eût dit l'ange de l'extermination.

Caddour, fasciné, poussé par une force invincible, se traîna sur ses genoux et ses mains jusqu'à Moufock.

— Caddour, éclata de nouveau le jeune chef, combien as-tu vendu la tête de Moufock et celles de ses frères ?

— Dix douros ! murmura Caddour d'une voix étranglée.

— Tu mens ! répliqua Moufock, tu les a vendues quinze douros !

Et d'un revers de bras il lui abattit la tête comme à Mamar.

Moufock connaissait son monde : il savait qu'un Arabe de l'espèce de Mamar et de Caddour, qui a des comptes à rendre, fût-il à toute extrémité, reste toujours au-dessous de la vérité. En estimant que Caddour avait avoué cinq douros de moins qu'il n'avait reçu, il était tombé juste.

Les cadavres des deux traîtres furent dépouillés à l'instant. On trouva quinze pièces de cinq francs cousues çà et là dans les vêtements de Caddour et douze dans ceux de Mamar.

— Adj-el-Askri, dit Moufock en désignant les recrues, distribue l'argent des traîtres à ces hommes. Ils iront à

Oudjdâh, prier dans la grande mosquée en attendant qu'on les convoque.

Adj-el-Askri obéit, fit quelques recommandations à ces derniers et ajouta :

— Allez ! et dites ce que vous avez vu, car vous venez d'assister au jugement de Dieu !

Quand ils furent partis, les bandits se remirent en place, et Moufock reprit :

— Les Français se gouvernent par des commandements écrits. D'après ces commandements, nul n'a le droit de prendre le bien d'autrui ; tout homme même peut frapper et tuer celui qui vient l'attaquer dans sa demeure. Mais les Français n'observent pas ces commandements envers les autres nations. Ils sont venus chez nous et ils nous ont pris nos biens, tué nos frères, dispersé nos familles. J'avais des terres, des tentes, des troupeaux, mon père était chef, et ils m'ont tout ravi, et j'ai dû vivre d'aumônes pendant longtemps. Plus tard, Dieu m'a inspiré par la bouche de mon oncle, le saint marabout dont vous révérez la mémoire ; je me suis armé pour reprendre mes biens, et j'ai combattu avec tous les moyens que Dieu m'a laissés. Alors qu'ont dit et qu'ont fait ceux qui m'ont chassé de ma maison ; qui ont détruit ma famille ; qui m'ont dépossédé de tout ? Allez les entendre à Tlemcen, à Nemours, à Lalla-Magrnia ! Ils disent : — Moufock est un voleur, un bandit, un scélérat, un assassin !... Et ils ont mis ma tête à prix !...

Moufock s'arrêta suffoqué par la colère.

— Dieu est grand ! reprit-il avec un ton de résignation religieuse. Ses décrets sont impénétrables !... souvent il éprouve ses fidèles !... Mais toujours l'homme doit se soumettre, car toute sagesse et toute justice viennent de Dieu !

Un de ces élans spontanés d'espérance vague, indéfinissable, auxquels les natures exaltées sont sujettes, fit bondir en ce moment le cœur du jeune marabout. Moufock appuya vivement ses mains sur sa poitrine, s'agenouilla, leva les yeux au ciel, et, comme s'il eût aperçu des signes de triomphe et de délivrance, il s'écria avec l'accent de l'inspiration :

— Seigneur tout-puissant! qui éclaires l'univers, qui soutiens le monde, le soleil et les étoiles sous tes pieds, j'ai entendu ton appel!

— Frères! continua-t-il après quelques secondes de méditation et en se relevant, frères! Dieu a prononcé l'arrêt de ses ennemis... bientôt ils seront en fuite et nous les poursuivrons jusque sur les bords de la mer dans des nuages de poudre, et en piétinant leurs cadavres!... Cette guerre d'embûches et de ruses, au milieu de la nuit, — guerre de renards! — me lasse et me dégoûte!.. et c'est la dernière fois que nous allons surprendre ainsi les chiens!

— A notre retour vous aurez tous des chevaux et des armes resplendissantes, et vous combattrez les enfants du démon à la lumière du soleil! — Le jour baisse, ajouta-t-il d'un ton plus calme. Nous allons nous séparer; mais je dois auparavant vous faire une dernière recommandation: que chacun de vous agisse comme je le lui ai commandé, fidèlement et avec confiance, et Dieu le protégera!... je vous déclare que celui qui faiblira aura perdu le salut, car s'il échappe aux coups des Français, il n'échappera pas à mon bras! — Ces paroles ne s'adressent pas à Adj-el-Askri, Askri n'a nul besoin de l'enseignement des hommes : Dieu l'inspire directement! — Voyez-vous cette tête? fit-il en montrant celle de Mamar. Quel est celui d'entre vous qui saurait la porter dans Lalla-Magrnia et la déposer devant la maison même du lieutenant D.? personne assurément!

Eh bien ! ce prodige, Adj-el-Askri le fera cette nuit, et demain matin, D., ce fils de satan que Dieu doit frapper par ma main, reconnaîtra la tête de son espion ! — Que le salut soit sur vous tous ! dit-il en terminant.

Il reprit son burnous et serra Adj-el-Askri dans ses bras.

Les bandits, en proie à une émotion fiévreuse, avides de l'approcher, mais retenus par la crainte et le respect, l'entourèrent à une certaine distance. Moufock les aborda amicalement, leur serra la main à tous en disant à chacun :

— Celui qui sert Dieu a le salut !

Il se fit amener son célèbre coureur et s'éloigna du côté d'Oudjdah, suivi des chevaux dont Abd-el-Kader lui avait fait présent. Après son départ, Adj-el-Askri cacha la tête de Mamar dans son burnous, monta à cheval et prit le chemin de Magrnia.

Les bandits ne devaient quitter le repaire que pendant la nuit.

Le lendemain matin un chaouch apporta au lieutenant D. une tête humaine, trouvée à quelques pas du bureau arabe. Ainsi que Moufock l'avait prévu, D. reconnut la tête de son espion.

XVI

Une expédition nocturne.

Si vingt mille personnes ne pouvaient attester l'épisode incroyable, disons mieux, le miracle que nous allons raconter, nous l'aurions passé sous silence dans la crainte de nous voir accuser d'invention ; mais comme il est connu de tout Tlemcen et qu'il se rattache très-intimement à cette histoire, nous renonçons à l'idée de le supprimer.

Hennaya est un des cinq villages qui forment l'arrondissement rural de Tlemcen ; il est entouré d'un mur d'enceinte de six pieds de haut, dans lequel sont pratiquées trois portes, solides, parfaitement entretenues, que les colons ferment le soir et ouvrent le matin : pendant la nuit, Hennaya est gardé comme une forteresse.

Transportons-nous à ce village trois jours après les scènes que nous venons de raconter.

Il était dix heures du soir. Plus de cinquante chiens, la plupart enfermés dans les basses-cours, le reste errant dans les rues, aboyaient avec un acharnement infatigable. Une patrouille de colons veillait près des portes ; de temps à autre deux hommes faisaient le tour intérieur du mur ; maisons et étables étaient fermées à clef. Les colons n'oublient jamais cette dernière précaution, sachant par expérience qu'on ne saurait trop se prémunir contre les maraudeurs ; et malgré tous les soins qu'ils prennent, ils ne s'abandonnent guère au sommeil sans quelqu'inquiétude, car ils ne sont jamais bien certains de retrouver à leur réveil ces bons bestiaux qu'ils écoutent ruminer en s'endormant, et dont la perte entraînerait fatalement leur ruine.

Pauvres colons, que d'ennemis ils ont à combattre pendant leur courte et héroïque existence ! combien de plaies les dévorent, sans compter la calomnie, les fièvres, les insectes et les usuriers ! Et dire que ces zouaves de la colonisation n'ont pas même droit à la quinine gratuite !... à moins de se déclarer indigents !

Revenons à notre histoire.

Hennaya était donc parfaitement gardé. La sécurité paraissait si complète, qu'un *Roumi* eût certainement crié à la folie, s'il eût vu des colons conserver les moindres craintes sur des tentatives de vol des maraudeurs du dehors. Vers minuit les colons eux-mêmes durent perdre toute inquiétude, car les aboiements des chiens, formidables jusque-là, cessèrent entièrement et tout d'un coup. Puisque ces vigilants gardiens, qui flairaient un maraudeur ou une bête fauve à une lieue à la ronde, et le dénonçaient toujours par un vacarme assourdissant, se taisaient, on pouvait dormir en toute tranquillité. Ainsi le pensaient les colons; mais ils devaient apprendre, à partir du lendemain, que cette particularité est au contraire un indice des plus alarmants.

Ils dormaient donc en paix, les pauvres diables; et il faut croire qu'ils dormaient profondément, car en ce moment même les serrures et les portes s'ouvraient à deux pas de leurs oreilles, les bestiaux sortaient des étables, traversaient le village et franchissaient le mur d'enceinte!

Un peu avant le jour, des cris lamentables réveillèrent la population : un homme courait en chemise à travers les rues, criant : — Ma vache!... on m'a volé ma vache!

Les colons de garde accoururent à lui et essayèrent de le rassurer en lui certifiant que les portes n'avaient point été ouvertes, et que sa vache n'avait évidemment pas pu sortir du village.

Au même instant d'autres lamentations éclatèrent sur divers points, et un quart d'heure après, Hennaya présenta un de ces spectacles navrants qui se produisent toujours à la suite d'une grande catastrophe, telle qu'un incendie ou une inondation. Des hommes, des femmes, des enfants, à demi-nus, couraient çà et là, d'un air égaré, visitant avec rapidité les recoins de l'enceinte. De toutes parts, on entendait ces cris : — Mes bœufs! mon cheval! ma mule! mes vaches! je suis perdu! nous sommes ruinés! l'huissier va nous saisir! et cent autres plaintes déchirantes.

Les hommes de garde criaient :

— Les portes n'ont pas bougé : voilà les clefs! il n'a pu entrer ni sortir un chat!... les bêtes sont dedans! cherchons-les; il faudra bien qu'on les retrouve, si ce n'est pas le diable qui les a enlevées!

Toutes les écuries, toutes les remises, tous les rez-de-chaussée furent fouillés : on ne trouva pas la moindre trace du bétail perdu! On visita les portes de la muraille : elles étaient parfaitement verrouillés et cadenassées! On fit le tour du mur d'enceinte, on l'examina pierre par pierre : il était entièrement intact, pas un trou pouvant donner passage à un agneau, n'existait!

Reconnaissant que des Arabes seuls avaient pu opérer de tels prodiges d'adresse, les malheureuses victimes de ces vols coururent déclarer leurs pertes au bureau arabe de Tlemcen : quatre vaches, trois bœufs, trois mulets et deux chevaux leur avaient été enlevés.

Mais comment des sauvages, qui ignoraient ce que c'est qu'une serrure, ou s'en doutaient à peine, avaient-ils su ouvrir tant de portes auprès desquelles sommeillaient des familles entières?

Comment avaient-ils pu, sans bruit et en si peu de temps, hisser ces bestiaux le long d'un mur de six pieds de haut?

Surtout, par quel maléfice avaient-ils fait rentrer les chiens dans le plus grand silence au moment même où ils accomplissaient leur pillage?

Cent versions répondent à ces questions; mais ce ne sont que des suppositions et aucune ne satisfait pleinement l'esprit. Les moyens, les procédés que ces adroits pillards mirent en usage sont encore aujourd'hui un mystère.

Pendant cette nuit néfaste, des scènes semblables se produisirent dans tous les villages qui entourent Tlemcen; dans Tlemcen même un bijoutier fut dévalisé ; à Bréa deux vaches furent enlevées dans une écurie où le propriétaire et son chien dormaient; des troupeaux disparurent aussi aux environs de Nemours et de Lalla-Magrnia. Enfin, près de Nédromah, les bandits enlevèrent une caravane après avoir poignardé cinq Marocains qui la conduisaient.

Dès que les premières plaintes lui parvinrent, le bureau arabe de Tlemcen lança dans toutes les directions des cavaliers, parmi lesquels Adj-el-Askri se trouvait.

Vers dix heures, Adj-el-Askri revint annoncer qu'il avait découvert une vache isolée sur le territoire des Ghossel, tribu située à une lieue d'Hennaya, du côté opposé au Maroc.

La bête avait été abandonnée là par les soins de l'adroit voleur.

La ruse réussit parfaitement.

Les recherches se portèrent principalement sur ce point, tandis que les bandits, cachés loin de là dans des grottes secrètes, étapes assignées d'avance par Moufock aux divers groupes de la bande, attendaient la nuit pour continuer leur marche vers Aïn-Rorrabba.

Le soir, les cavaliers envoyés en reconnaissance rentrèrent tous, excepté Adj-el-Askri, qui avait rejoint Moufock ; ils n'apportaient aucun renseignement : ni les tribus environnantes, ni les postes disposés sur des élévations ou au fond des ravins, ni les hommes des embuscades, personne n'avait rien vu ni rien entendu.

Entre dix et onze heures du soir les brigands sortirent de leurs retraites, et à deux heures du matin, ils avaient tous franchi la ligne de Magrnia : ils étaient maintenant chez eux.

A mesure qu'ils arrivaient sur la frontière, les chefs de groupe se détachaient de leurs hommes, se rendaient dans un lieu où se trouvaient des fusils et des chevaux gardés par des enfants. Ils s'armaient d'un fusil, montaient à cheval et revenaient sur leurs pas rejoindre Moufock, qui, accompagné d'Adj-el-Askri et de *Gérome* les attendait sur un point convenu d'avance.

Quand ils furent au complet, le jeune marabout s'écria :

— Dieu est avec nous ! car sans le secours de Dieu, les hommes ne sauraient accomplir ce que nous avons fait !... Notre triomphe est la honte du lieutenant D., vrai jongleur, indigne d'être chef !... Nous allons à Magrnia lui apprendre combien je le méprise et le brave !... En avant !

La troupe partit au galop et ne tarda pas à arriver sous les murs de la redoute. Elle en fit le tour en tirant des coups de fusil et en poussant de grands cris, puis s'abrita derrière un talus et garda le plus profond silence.

Le commandant supérieur et le lieutenant D. accoururent sur le haut du mur, certains que la bande de Moufock pouvait seule causer cette alerte, qui s'était déjà produite plusieurs fois.

Sur l'ordre de D., la sentinelle cria :

— Qui vive !

— Pardon, excuse, camarade, répondit le zéphir, on aurait deux mots à vous dire, si cela ne vous dérangeait pas trop.

— Parle, mécréant ! dit la sentinelle.

— C'est bon !... Mais il ne faut pas vous fâcher, ni faire feu, ni mettre les clefs à la serrure : autrement, bonjour ! nous détallons et vous ne saurez pas ce que Sidi-Moufock, ici présent, me charge de vous dire en bon français.

Après un moment d'attente, le déserteur poursuivit dans son langage de zéphir, que nous reproduisons tel qu'il nous a été donné :

— Pour lors, puisque vous le permettez, je vous dirai que je vous parle au nom de Sidi-Moufock, un lapin à poil ! soit dit entre nous, et même plein de politesse, à preuve qu'il s'excuse de vous avoir éveillés de si grand matin, ce qui n'est pas dans ses habitudes, vu que pendant la nuit dernière, par son ordre, nous sommes entrés dans plus de vingt maisons sans éveiller âme qui vive. Donc, pour en revenir à la question, Sidi-Moufock vous fait savoir que si des gens se plaignent qu'on leur a *soufflé* quelques bêtes, ils n'auront qu'à venir les chercher à Oudjdah, où nous allons les vendre, espèces sonnantes, et même que si le lieutenant D. ainsi que son chien de brigadier, appelé Hamady, veulent se faire couper la tête un peu proprement, ils n'ont qu'à se présenter, et même que s'ils ne se présentent pas, Sidi-Moufock saura bien les trouver... entre nous soit dit... Dieu le veut !

Le zéphir s'arrêta et pria Moufock de lui permettre de continuer l'entretien, l'assurant qu'il voulait narguer les Français. Moufock y consentit. Le zéphir savait que nul d'entre les bandits, pas même Adj-el-Askri, ne comprenait un mot de français ; il pouvait donc dire n'importe quoi sans crainte de se compromettre.

— Eh ! camarade ? reprit-il, Sidi-Moufock me permet de tailler une petite bavette ; vous me feriez joliment plaisir, si vous vouliez me laisser *jabotter* un tout petit peu de français !... Si vous saviez comme ma langue se régale en parlant cette belle et bonne langue française !... figurez-vous que voilà plus de deux ans que je n'ai pas dit un *viédase* !

Le commandant supérieur se souciait peu d'écouter le déserteur et voulait faire feu sur les bandits ; D., au contraire, y tenait beaucoup, soit que ce langage burlesque l'égayât, soit qu'il espérât y prendre quelques renseignements utiles à ses projets contre Moufock ; il pria le commandant de permettre que ce dernier continuât ; le commandant céda, et nous prions le lecteur de nous accorder la même bienveillance.

— Parle! cria la sentinelle.

— *Pour lors*, donc, puisque vous m'écoutez, ce dont je vous remercie, je vous dirai que je suis Gérôme (pas le saint!) dit le *poulailler*, né à Castres sur l'Agout, sans père ni mère, que je n'ai jamais connus, vu que je suis né bâtard enfant trouvé. Savez-vous pourquoi je suis affilié à une bande de cette espèce? vous ne le devineriez jamais!... C'est parce que j'ai trop aimé les poulets rôtis... Ça vous a l'air d'une *blague*? C'est pourtant comme ça!... Ce sont les poulets qui sont la cause de tous mes malheurs... car s'il n'y avait pas eu de poulets, on n'en aurait jamais fait rôtir et je n'en aurais jamais volé, et je serais peut-être caporal au bataillon, vu que je n'ai jamais volé que pour ça... En deux mots voici mon histoire, connue de tout le premier bataillon de *zéphirs*. Etant enfant de chœur, je vole un poulet rôti au curé qui me faisait élever : le curé me met à la porte. A Angoulême, étant *paillasse* dans la compagnie de la mère Picard, qui en aurait revendu à la mère Saqui pour la corde, je veux faire *sauter* de la recette une pièce de cent sous pour manger un poulet rôti avec mes camarades : on me prend la main dans le sac et on me chasse. Je m'engage au deuxième de ligne; logé chez un bourgeois, je lui vole un poulet rôti, broche et tout : on me fait passer au conseil, et j'en ai pour un an de prison, après quoi je suis envoyé à *Tiaret* au premier bataillon de *zéphirs*. A Tiaret c'est encore la même chanson! En passant devant la tente de mon capitaine avec le camarade Lombard, je vois un poulet à la broche... Pas possible d'échapper à son sort!... La vue de ce poulet me tourne la tête : je propose à Lombard de le jouer à l'écarté, en *cinq sec* : Lombard accepte; je perds et j'enlève la source de tous mes malheurs! Au moment où nous la mangions, le capitaine me fait empoigner et m'inflige quatre heures de *crapaudine* (1). Quatre heures de *crapaudine*, pour un poulet!... *Pour lors* je trouvai que mon capitaine avait outrepassé le cercle de la justice et de la civilité, et toutes les fois que je le voyais j'étais obligé de me tenir à quatre pour ne pas l'embrocher... Enfin, n'y tenant plus, quoi! un soir, qu'il revenait de la chasse, je lui tirai un coup de fusil!... — je l'avais manqué, mais c'était tout comme : il n'y avait plus à rentrer au bataillon...

Le zéphir s'arrêta, un bruit de voix se faisait entendre sur le mur de la redoute : le commandant recommandait à la sentinelle de chercher la position exacte du discoureur, que la nuit et les arbres empêchaient de voir, et de tâcher de viser juste ; D. suppliait le commandant d'attendre que le *zéphir* eût fini de parler. Le commandant céda encore.

— Continue! cria de nouveau la sentinelle.

— Bon!... reprit le déserteur. Il n'y avait plus à rentrer au bataillon, dis-je ; je passai à l'ennemi sans demander mon reste, et ils m'en ont fait voir de rudes, dans les premiers temps! *mais motus!*... Maintenant je suis enfoncé dans le *musulmantisme* jusqu'au cou, et j'y reste. Je n'ai pas à choisir, d'ailleurs. Mais si vous croyez que je mène une vie amusante, vous vous trompez! D'abord on ne boit que de l'eau!... de l'eau! de l'eau! toujours de l'eau! rien que de l'eau! voilà deux ans que mon pauvre gosier n'a pas senti passer un verre de *riquiqui*!... Ah! que c'est triste, allez! Pourtant, il y a ça de bon, qu'on n'est pas tracassé par les caporaux, les sergents, les adjudants et les capitaines rapporteurs au conseil de guerre...

(1) Genre de punition en usage dans ce corps à cette époque, mais abandonné aujourd'hui. Le supplicié était attaché à un poteau, le visage tourné au soleil.

Ces oiseaux-là ne sont pas connus. Quand quelqu'un a fait quelque chose de travers, on se rassemble ; on dit : il a fait ci, il a fait ça : crac ! on vous le raccourcit et il n'en est plus question !... A propos, si vous allez à Tlemcen, dites à M. Bizot, un bon enfant qui m'avait arrangé ma montre pour rien, dans le temps, que c'est moi qui l'ai dévalisé et que j'en suis bien fâché pour lui... ma parole d'honneur !... Mais que voulez-vous ? il faut bien que chacun fasse son métier. Au reste, il n'y a pas de sot métier, comme disait M. le curé de Castres ; il n'y a que de sottes gens !... C'est égal, j'aimerais beaucoup mieux être chantre à la cathédrale de Castres, comme je le serais probablement si je n'avais pas tant aimé les poulets rôtis, que de faire le métier que je fais !... Enfin, bref, pour en finir, je vous dirai que je ne sais pas pourquoi je suis en ce monde... ce qui est certain, c'est que ce n'est pas moi qui ai demandé à y venir... On dit qu'on a son libre arbitre pour se tenir dans le bien... si je l'avais eu, moi, j'aurais mangé beaucoup moins de poulets rôtis et je n'aurais pas fait de mal à une mouche !... je n'étais pas foncièrement mauvais, au commencement !... je n'ai jamais eu ni père, ni mère, ni parents, ni amis, et pourtant j'ai toujours envié le sort de ceux qui ont tout cela ! J'ai vécu toute ma vie comme un vaurien ; disons le mot : comme un scélérat, et pourtant, une nuit, à Rorrabba, ayant rêvé que j'étais un bon bourgeois de Castres et que j'avais une femme et un enfant, je pleurai comme un veau en m'éveillant, de voir que je n'avais fait qu'un rêve !

Ici la voix faillit manquer au déserteur, mais comprenant combien il était dangereux de laisser percer le moindre sentiment de tristesse et de regret, il reprit son ton d'ironie cynique.

— Qu'est-ce que cela veut dire, que je me sois vu toute

ma vie condamné à faire tout le contraire de ce que j'aurais désiré ? Vous n'en savez rien, probablement ? ni moi non plus ! alors, il faut dire comme Sidi-Moufock : Dieu le veut ! après cela, il n'y a plus à ergoter !... suffit ! je vous tire ma révérence !

Moufock lui ayant dit quelques mots à l'oreille, il ajouta :

— Dites donc, camarade, savez-vous si D. a reconnu la tête de son espion, l'autre jour ? Dites-lui de nous envoyer beaucoup de ces apôtres : nous vous promettons de leur faire passer le goût du couscoussou d'une manière distinguée !

Un coup de feu partit à l'instant de la redoute, et Gérôme tomba frappé d'une balle. Moufock et sa bande ripostèrent par une fusillade générale et s'éloignèrent à toute bride sans s'occuper du bâtard de Castres, qui, deux jours après, mourut de sa blessure à l'hôpital de Magrnia en faisant cette étrange prière :

— Seigneur ! dit-il, les yeux hagards, soulevé sur le coude, Seigneur ! je me rappelle avoir entendu dire par M. le curé de Castres, qui vous appelait la lumière de Bethléem, — que vous êtes venu sur la terre pour sauver ceux qui étaient tombés dans la perdition !... Moi, je me suis perdu !... Mais, vous, Seigneur, qui voyez tout, vous savez que je me suis perdu sans le vouloir... par la force des choses !..... Sauvez-moi !..... sauvez Gérôme..... le bâtard !...

La voix lui manqua, et il retomba sur son lit ; mais presque aussitôt il se releva par un effort convulsif et ajouta :

— Pardon... excuse... Seigneur !... je suis un lâche !... Je me conduisais envers les autres comme le monde s'est toujours conduit à mon égard : je vous priais pour moi sans songer aux camarades... pardon de la lâcheté!... — Seigneur, il y a sur la terre des millions d'hommes qui se sont perdus de la même façon que moi !... Si vous pardonnez à Gérôme, Seigneur, pardonnez à tous !..... sinon, non !... que je reste damné !

Et après cet élan de charité sublime, il expira en souriant.

XVII

Le chef du bureau arabe.

Le lendemain tous les bestiaux enlevés par la bande de Moufock étaient sur le marché d'Oudjdah.

D. avait fait partir ses espions pour cette ville un quart d'heure après le passage des bandits sous les murs de Magrnia, et ils y étaient arrivés presque en même temps que ces derniers. La nuit suivante, vers deux heures du matin, ils étaient de retour. Les renseignements qu'ils rapportaient coïncidaient parfaitement, quant au nombre et au signalement particulier des bêtes, avec les plaintes des colons: tout le bétail volé avait donc traversé le cercle de Magrnia.

Quelle humiliation pour le lieutenant D., auquel la sûreté du cercle était confiée!

Le général lui écrivit une lettre très-sévère. Il lui disait que ce défaut de vigilance, inexcusable déjà chez un officier médiocre, était presque une honte pour lui, noté jusqu'ici comme un officier hors ligne.

On comprend l'exaspération de D. Il jurait; il criait à la trahison; il voulait sabrer tous les spahis indigènes et écraser les tribus d'amendes. Il fit appeler Hamady, entièrement rétabli, grâce à quelques potions de vin de Bordeaux au quinquina, que le docteur, sur la demande de D., lui avait ordonnées en le renvoyant de l'hôpital.

— Après ce qui vient de se passer, lui dit-il d'un ton ironique, tu feras bien de vendre ton sabre, ton cheval et ton burnous rouge, et d'aller garder les vaches!..... Moufock te méprise!

— Si tu le veux, mon lieutenant, demain Moufock sera en ton pouvoir. Il faut que j'en finisse avec lui... Et le temps presse! Si je ne le prends pas sous peu de jours, Yamina me sera enlevée!

Le front d'Hamady se couvrit de sueur à cette idée. Une joie sourde, mal contenue, remuait le cœur de D.

— Voyons, dit-il, déroule-moi ton plan.

— Mon plan te conviendra, mon lieutenant; c'est un coup comme tu les aimes.

— Parle! dépêche-toi, s'écria D. impatient.

— D'après les déclarations des espions, il est certain qu'Adj-el-Askri et la moitié de la bande sont à Oudjdah, où ils vendent leur butin; Moufock et le reste de sa troupe sont donc à Rorrabba. Or, c'est à Rorrabba qu'il nous faut aller surprendre Moufock !

Hamady consulta D. du regard

— Continue ! fit D. en frappant du pied.

— Tu prends dix spahis, et cette nuit même nous nous glissons dans le ravin qui y conduit. A moitié chemin on trouve un coupe-gorge, appelé Aïn-Kébyra, admirablement disposé pour une embuscade. Déguisé en maraudeur, je me charge, à l'aide de quelques bestiaux, d'attirer les brigands dans ce traquenard. Caché là, dans une grotte, avec tes hommes, tu pourras les attendre et les sabrer au passage, pendant que je m'occuperai moi-même de Moufock, qui restera probablement seul à Rorrabba.

Ce projet était plein de périls et d'émotions : à ce titre il devait sourire à D.

— C'est une affaire entendue, dit-il, déjà frémissant d'impatience. Connais-tu bien le pays ?

— Je l'ai parcouru cent fois avec Moufock, avant que son père eût assassiné mon père !

— C'est bon ; tiens-toi prêt.

D. et Hamady se séparèrent.

Le reste de la journée fut consacré aux préparatifs que nécessitait ce coup aventureux.

Vers dix heures du soir, quand tout Magrnia dormait, le lieutenant D. et Hamady, suivis de quatre spahis français et huit indigènes, sortaient furtivement de la redoute. Ils emmenaient deux bœufs chétifs, une mule efflanquée, un cheval borgne et un âne. L'âne était très-alerte ; on eût dit qu'il avait conscience du rôle important qu'il allait jouer dans le drame qui se préparait.

Hamady était méconnaissable. Il avait héroïquement sacrifié ses moustaches. La peau de son visage ressemblait à du vieux parchemin rôti au soleil. Son œil gauche disparaissait sous une guenille, sorte de bandeau qui laissait entrevoir quelques taches jaunâtres et violettes imitant un épanchement interne de sang. Deux petits cailloux lui gonflaient les joues ; comme tout maraudeur depuis longtemps rompu au métier, il était très-voûté ; son burnous, sale, troué, rapiécé, râpé jusqu'à la corde, lui couvrait les trois quarts du visage et s'arrêtait au-dessus des genoux. Il était magnifique, — dans son genre.

Sur les deux heures du matin, ils arrivèrent dans le coupe-gorge dont Hamady avait parlé. C'était un bas-fond étroit, en forme d'entonnoir, comme il s'en trouve généralement dans les défilés d'une certaine étendue. D. s'y plaça en embuscade avec ses douze spahis. Hamady se glissa, en rampant, jusqu'à l'entrée du repaire de Moufock ; il y arriva au point du jour. Moufock, assis à sa place habituelle, faisait sa prière du matin ; onze bandits prenaient le café loin de lui, sur l'entrée d'une grande tente.

Hamady revint chercher ses bêtes.

Comme ruse et subtilité, le trajet qu'il venait de faire est peut-être le plus grand tour de force qu'il soit donné à un sauvage, à tout homme, d'accomplir.

— Mon lieutenant, dit-il à D., Moufock n'a que onze hommes avec lui ; avant deux heures ils seront sous la main.

Puis il chassa vivement son bétail vers le repaire. A trois cents pas environ d'Aïn-Rorrabba, il laissa l'un des bœufs sur le sentier ; il abandonna le cheval un peu plus loin et cacha son âne dans une sinuosité profonde du dédale. Cela fait, il se mit à boiter, et entra dans le vallon en vociférant et en frappant à tour de bras l'autre bœuf et la mule.

En un clin d'œil les bandits furent près de lui.

— Là!... là!... à Kébyra!... un troupeau que j'ai enlevé aux Français! s'écria-t-il haletant et en se démenant comme un démon.

L'âpre cupidité des brigands se trouva subitement excitée ; ils se précipitèrent comme des loups affamés vers la proie qui leur était signalée. Moufock, habitué à ce genre d'incidents, n'y prêta aucune attention et continua sa prière.

Voyant que tout marchait selon ses prévisions et ses désirs, Hamady se jeta dans le défilé à la suite des bandits. Il leur laissa prendre les devants, et lorsque leurs cris se furent évanouis dans le lointain, il revint rapidement à son âne et le poussa dans le repaire. Mais il se trouva inopinément arrêté ici par un contre-temps, qui, bien que futile en lui-même, faillit tout compromettre.

Une passerelle en planches était jetée sur le ruisseau vis-à-vis de l'entrée du défilé. Les ânes sont les mêmes partout : ils ont pour les passerelles, on le sait, une horreur insurmontable. L'âne d'Hamady n'était pas plus exempt que ses semblables de cette appréhension, vraiment inexplicable chez des bêtes qui côtoient des abîmes effroyables sans sourciller. Arrivé près de la passerelle, il s'arrêta court et ne voulut plus bouger. Une de ces luttes comiques, qui se produisent journellement dans tous les pays où il y a des ânes et des passerelles, s'engagea alors entre Hamady et l'âne : Hamady tour à tour caressait, menaçait, amadouait et assommait l'âne à coups de bâton ; l'âne restait impassible. Perdant enfin patience, Hamady frappa tant et si fort que l'âne tomba. Exaspéré au dernier point par cet incident ridicule, le spahis se précipita sur l'âne, l'enleva de terre et, toujours boitant, l'emporta sur l'autre bord.

Moufock, qui avait suivi cette scène en souriant, fut fort

surpris de trouver une telle force chez un homme estropié : une ombre de soupçon s'éveilla dans son esprit.

Dès qu'il fut sur l'autre bord, l'âne se mit à gambader comme un poulain. Hamady le piqua dans le derrière de façon à le diriger du côté de Moufock ; l'âne, la queue entre les jambes, braillant et ruant, prit en effet cette direction : Hamady le suivit de près et se rapprocha rapidement de Moufock. Il n'en était plus qu'à dix pas ; il arma un pistolet caché sous son burnous et allait faire feu sur le jeune marabout, lorsque celui-ci, par une de ces inspirations qui n'appartiennent qu'à certaines natures exceptionnelles, reconnut Hamady sans voir son visage et devina le complot que le spahis avait tramé contre lui. Il bondit instantanément sur ses jambes, et s'élança avec une telle impétuosité sur Hamady, que ce dernier, comprenant qu'il n'aurait pas le temps de viser, lâcha son arme et le reçut dans ses bras.

On se figure aisément la lutte qui s'engagea entre de pareils joûteurs, pris corps à corps.

La première tentative que fit chacun d'eux fut de mordre son adversaire à la gorge ; cette intention simultanée les fit échouer : ils ne purent se prendre que sur le côté du cou, au défaut de l'épaule. Mais jamais deux dogues en fureur ne se saisirent plus solidement.

Ils restèrent ainsi pendant quelques minutes, n'échangeant pour toute menace que de sourds rugissements; après quoi, certains de ne pouvoir se déchirer la gorge, ils essayèrent de s'étouffer. Ils firent des efforts si violents que leurs muscles en craquaient. Étourdis, à demi suffoqués, ils tombèrent et, toujours enlacés, roulèrent le versant jusqu'à dix pas du ruisseau, très-profond en cet endroit, formant comme une sorte de gouffre.

Ici, la pente devenait moins rapide. Arrêtés sur ce terrain presque plat, ils reprirent avec une nouvelle furie, se tordant l'un sur l'autre, la lutte toute de contractions qu'ils avaient engagée au sommet du monticule.

Moufock et Hamady étaient doués d'une force corporelle à peu près égale; ils s'étaient saisis de telle manière qu'aucun d'eux n'avait l'avantage sur l'autre. D'un autre côté, chacun était soutenu par une espérance également fondée : Moufock comptait sur le retour d'Adj-el-Askri et Hamady sur celui du lieutenant D.: ils luttaient donc avec une égale confiance dans l'issue du combat. Cependant ils firent une telle dépense de forces, qu'au bout d'un moment ils durent, entièrement épuisés, lâcher prise des dents : leurs têtes tombèrent inertes sur le sol; toutefois, ils tinrent bon des bras et des jambes. Après un instant d'inaction commune aux deux adversaires, Moufock fit un mouvement si puissant dans le sens du ruisseau, qu'il enleva Hamady et lui fit faire trois tours de ce côté. Hamady se raidit de nouveau. Moufock renouvela ses efforts et réussit encore à l'enlever.

Son regard s'était ranimé; une joie diabolique éclatait sur son visage.

A la vue de cet air de triomphe, que rien ne semblait justifier, Hamady, surpris et effrayé, jeta un regard rapide autour de lui, et devina que Moufock voulait l'entraîner dans le ruisseau. Convaincu qu'en agissant ainsi Moufock venait de concevoir quelque ruse à la faveur de laquelle il espérait le vaincre, l'amant de Yamina rappela toutes ses forces à son secours et ne songea plus qu'à résister aux impulsions que Moufock lui imprimait vers le gouffre.

C'en était fait : de seconde en seconde l'invincible bandit prenait le dessus. Malgré la résistance désespérée du spahis, il lui fit faire un nouveau tour, puis un second, puis un troisième : ils n'étaient plus qu'à deux pas de la rive. Alors, au lieu de pousser Hamady, Moufock usa de la supériorité qu'il venait de prendre pour le retenir immobile sous lui.

— Vois ce gouffre, traître, fils de traître! lui dit-il de l'air d'un juge impitoyable. C'est la porte par laquelle tu vas rentrer dans l'enfer!.... Lalla-Magrnia, ma mère, est là dans les joncs..... Elle me sourit..... Elle défend au gouffre de s'ouvrir pour moi ! — Celui qui sert le démon, ajouta-t-il avec mépris, croyait vaincre le fidèle serviteur de Dieu!

Après une pause, il poursuivit :

— Un jour, toi, fils du diable! tu dis ceci au fils de Lalla-Magrnia : — J'irai te surprendre à Rorrabba ; je t'emporterai à Magrnia et te ferai jeter dans une prison. Chaque jour j'irai te visiter avec Yamina, ma femme : son bras entourera ma ceinture et le mien enveloppera sa taille!...

Moufock s'interrompit par un éclat de rire sardonique.

— Dans deux jours, reprit-il, Yamina sera en mon pouvoir. Je l'amènerai ici et lui montrerai ton cadavre pourri au soleil sur une peau de chien. Si elle sourit ou reste indifférente à la vue de ton visage, elle sera ma femme; mais si elle devient triste, j'en ferai mon esclave !

Hamady s'agita convulsivement ; Moufock le contint dans des étreintes de fer.

— N'essaye pas de m'échapper, s'écria-t-il : tous les démons de l'enfer ne t'arracheraient pas de mes bras !.. Ton lieutenant, je le sais, est là-bas, dans le ravin... En ce moment, il massacre lâchement mes fidèles !...

Moufock, ivre de fureur, mordit Hamady au visage, et le secouant comme un tigre qui cherche à déchirer sa proie, il rugit d'une voix sourde ;

— Il massacre mes fidèles !... Et tu espères qu'il arrivera à temps pour le sauver !... Tu ne le reverras plus que dans l'enfer !...

Et il fit faire un nouveau tour à Hamady vers le ruisseau ; encore un mouvement semblable, ils tombaient dans le gouffre.

— Tu n'as plus qu'un instant à vivre! reprit Moufock, mais, avant de rejoindre les démons, tu sauras le sort que je réserve à ta famille !... Voici ce qui arrivera : les Adjeroude seront brûlés ; mes chiens dévoreront les entrailles de ton frère ; ta mère et tes sœurs deviendront mes esclaves. Elles porteront les selles de mes chevaux à la suite de ma *smala* et ne coucheront jamais sous la tente ! Lorsqu'elles succomberont sous la fatigue, mes nègres les frapperont avec des lanières jusqu'à ce que leurs corps soient couverts de plaies, et elles seront alors exposées nues au soleil !

Ces menaces rendirent un dernier reste de vigueur à Hamady ; il fit un effort suprême et essaya de mordre Moufock à la gorge. Moufock le dompta encore, le regarda un instant dans les yeux avec une expression de joie et de cruautés indicibles, et, d'une voix éclatante, il s'écria :

— Tu luttes contre le ciel !... Traître à ton Dieu !... traître à ton pays !... fils du diable !... va rejoindre ton père !...

Et tous deux roulèrent dans le ruisseau. Mais, par un effet machinal, plus puissant que leur volonté, ils ouvrirent simultanément les bras en tombant dans le gouffre et reparurent à la surface séparés l'un de l'autre. Dominés par l'instinct de la conservation, ils se débattirent énergiquement, s'accrochant aux herbages de la rive, et parvinrent à gagner le terrain presque en même temps.

En ce moment D. et ses cavaliers entrèrent dans le vallon au galop de charge. A leur vue, Hamady poussa un cri de joie. Moufock, assis sur l'herbe, se dressa vivement ; se voyant cerné par D., il leva les yeux au ciel d'un air plein de désespoir et de reproche. Mais ce premier mouvement passé, son visage se calma.. Il s'agenouilla, prit son chapelet et se mit à prier avec un recueillement et une résignation admirables.

Racontons maintenant la scène tragique qui venait de se passer à Aïn-Kebyra.

Alléchés par le bœuf et le cheval qu'Hamady avait disposés sur le chemin, les brigands poursuivirent leur course jusqu'à Kébyra, convaincus d'y trouver le troupeau signalé par Hamady. Ils donnèrent en plein dans l'embuscade. Quand D. en eut compté onze, il leur fondit dessus et les sabra en peu d'instants ; deux ou trois seulement purent se cacher dans les replis du labyrinthe. Il ordonna immédiatement à sa troupe de charger à fond de train sur Rorrabba et s'élança le premier. Il dut bientôt s'arrêter : les quatre spahis français, seuls, l'avaient suivi ; les indigènes restaient en arrière, galoppant en désordre sur place et laissant échapper des murmures de protestation. Connaissant tous les dangers de la situation, bien moins intrépides et aventureux que leur chef, ils hésitaient à le suivre, persuadés de courir à une mort certaine en lui obéissant.

La position était fort critique, en effet, mille circonstances avaient pu dénoncer aux populations environnantes la présence du petit détachement, et il pouvait se trouver enveloppé d'un instant à l'autre ; d'ailleurs le seul nom de Rorrabba terrifiait les indigènes.

D. revint comme la foudre vers les mutins.

— Lâches ! s'écria-t-il en les visant tour à tour, vous voulez abandonner Hamady ?... Je vous jure que je ferai sauter la tête au premier qui tournera bride !... Du reste, rappelez-vous que vos familles sont à Magrnia et me répondent de vous!

Il n'avait pas fini de parler, que l'un des mutins piqua du côté de Magrnia. D. se précipita sur lui, l'atteignit et l'abattit d'un coup de pistolet.

Cet acte d'énergie, extrême il est vrai, mais nécessité par les circonstances, ramena les indigènes au devoir militaire. Entraînés par l'attitude audacieuse et déterminée de D. et par le ton impérieux de son commandement, ils s'élancèrent bravement à sa suite vers Rorrabba.

En entrant dans le repaire, D. reconnut Hamady, qui accourait au-devant de lui.

— Le voilà! fit le spahis en désignant Moufock.

Le jeune marabout fut immédiatement entouré.

Quand D. vit, là, devant lui, à ses pieds, entièrement en son pouvoir, ce terrible et implacable adversaire qui le tenait en haleine depuis trois ans, dont le fusil était toujours tourné vers lui et le poignard suspendu sur sa tête, une joie incisive, fébrile, cruelle, éclata sur son visage. Voulant savourer son triomphe, il défendit aux cavaliers de le toucher, et, les bras croisés sur la poitrine, se planta droit devant son prisonnier.

Hamady, assis à l'écart, avait l'air de vouloir se sécher au soleil; il était très-pensif. Moufock, accroupi sur ses jambes, le haut du corps penché en avant, la tête baissée, priait avec une sérénité inimaginable.

— Eh bien! Sidi-Moufock, te voilà pris! dit D. en arabe, d'un ton ironique.

Moufock garda le silence.

— Dieu t'a jugé, Moufock : tu mourras de la main de D.! reprit celui-ci en parodiant la menace que le jeune marabout lui avait faite plusieurs fois.

Moufock resta impassible.

— Voyons! relève la tête et regarde-moi! poursuivit D. d'un air hautain et menaçant.

— Si je regardais un misérable tel que toi, je souillerais les yeux que le Tout-Puissant m'a donnés! dit enfin Moufock en conservant son attitude calme et dédaigneuse.

— On dit cependant que tu cherches jour et nuit à me voir en face?

— Oui, mais c'est pour te frapper, et je suis sans armes!

— Tu es donc fatigué de vivre? tu te rends justice, scélérat! s'écria D. vivement irrité de ce dédain insultant.

— Je suis fatigué d'entendre ta voix maudite, répondit Moufock sans bravade et sans ostentation.

— Bravo!... bien répondu!... tu es un brave! fit D. avec ironie. — Attache-moi ce gaillard, ajouta-t-il en s'adressant à Hamady.

Hamady était tout bouleversé. Ses dispositions d'esprit envers Moufock venaient de subir une révolution aussi profonde que subite : sa haine s'était changée en admiration. La résignation et le courage, calmes, héroïques, dont le jeune chef vaincu venait de faire preuve, en présence de son ennemi, sa foi religieuse, surtout, l'avaient subjugué : il lui semblait, maintenant, que Moufock le dominait de cent coudées. Néanmoins il obéit, mais avec une hésitation visible, et demanda une corde. D., qui attribuait l'affaissement d'Hamady à la lutte qu'il avait soutenue contre le terrible bandit, lui dit en riant :

— Tu as donc perdu la tête? hier soir tu as roulé autour de tes reins, et ce matin encore tu me l'as montrée, celle que le brigand oublia dans le ravin des Ouled-Mansour, le jour où il faillit nous enlever.

Hamady feignit l'étonnement d'un pareil oubli.

— C'est vrai... Je n'y pensais plus, dit-il d'une voix mal assurée.

En s'approchant de Moufock, Hamady se sentit écrasé. Il ne le lia qu'en tremblant. Il eut même un instant l'idée de se jeter dans ses bras et de lui demander l'oubli de leurs querelles. Si Hamady eût cédé à cet entraînement, D. et les quatre spahis français étaient perdus, car sa défection eût à coup sûr provoqué celle des indigènes. Heureusement le souvenir de Yamina vint à point l'arrêter.

Bien que le lieutenant D. eût une confiance entière dans la fidélité d'Hamady, il examina les liens de Moufock avec soin. Les ayant trouvés solidement assujettis, il fit attacher son prisonnier sur un cheval et donna l'ordre du départ.

La petite troupe arriva dans la plaine de Magrnia sur la tombée de la nuit. D. était déjà un peu chez lui, ici. Pendant le parcours du défilé, il avait constamment tenu son cheval derrière celui de Moufock ; sûr de son homme, maintenant, il le fit placer entre deux spahis et entra en conversation avec Hamady, qui, sombre, préoccupé, n'avait pas ouvert la bouche depuis leur départ d'Aïn-Rorrabba.

— Je t'ai proposé au général pour officier et caïd, lui dit-il : tu peux te considérer comme nommé.

Hamady fit un effort pour répondre.

— Merci, mon lieutenant, dit-il.

— Que diable as-tu donc ? tu es triste comme un bonnet de nuit !

— Moufock m'a tellement secoué, tordu, moulu, que je ne tiens plus en selle... Je crois qu'il m'a défoncé la poitrine !

— Je lui défoncerai autre chose, moi !

Comme Hamady ne répondait que par monosyllabes, D. cessa la conversation et ordonna de presser le pas.

Ils trottaient depuis près de deux heures, lorsqu'ils arrivèrent dans un de ces endroits tortueux, couverts de broussailles, sillonnés de petits ravins et difficiles à la marche des cavaliers, si communs dans l'ouest de l'Algérie. Il était tout à fait nuit.

Dès son départ de Rorrabba, Moufock avait arrêté dans sa tête de ne chercher à s'enfuir qu'ici seulement, à moins que des circonstances plus favorables ne s'offrissent en route. Profitant d'un moment où les cavaliers se trouvaient entassés dans une sinuosité qui allait en pente, il feignit de succomber sous la fatigue, se pencha sur le cou de son cheval et le mordit à la naissance de l'oreille. Vivement irrité par la douleur, le cheval s'agita avec furie, ruant à droite et à gauche. Pressés les uns sur les autres, frappés et poussés si opinément, les chevaux se mirent à ruer et à sauter aussi. Un grand désordre s'en suivit : En un instant les cavaliers se trouvèrent dispersés ; plusieurs chevaux même s'abattirent.

Au risque de se casser le cou, D., qui avait deviné la cause réelle de cet incident, courait de tous côtés, jurant et cherchant à rallier ses hommes. Au bout de deux ou trois minutes d'anxiété, il les vit tous autour de lui ; le cheval de Moufock s'y trouvait aussi ; mais l'agile bandit avait disparu ; des bouts de corde teints de sang, restés sur la selle, attestaient qu'il était parvenu à rompre ses liens.

Que faire dans de telles circonstances, au milieu de la nuit !

D. voulait se jeter à la recherche de Moufock ; Hamady lui fit comprendre que c'eût été peine perdue. En admettant même que les indigènes eussent retrouvé le fuyard, il ne l'auraient certainement pas dénoncé. Car malgré le soin, qu'ils prenaient à cacher leur sympathie pour le jeune marabout, elle était évidente aux yeux d'Hamady : plus attentif que D., comprenant d'ailleurs leurs signes secrets, Hamady les avait tous vus baiser à la dérobée le burnous du petit-fils de Lalla-Magrnia.

D. se rendit aux conseils d'Hamady et rentra à Magrnia, plus confus qu'un général qui se verrait prisonnier après le gain d'une bataille.

A cette époque, les fonctions de chef du bureau arabe du cercle de Magrnia étaient au-dessus des forces morales et physiques de l'homme.

Toujours menacé dans son existence, l'officier chargé de cette dangereuse mission ne pouvait se permettre ni un seul jour ni une seule nuit de repos. Souvent il lui fallait remonter à cheval au retour d'une excursion de plusieurs semaines. A peine avait-il apaisé la révolte sur un point, qu'elle éclatait sur un autre. Et sous peine de voir l'insurrection gagner la contrée, il *devait* toujours semer la terreur sur son passage! Et cet homme avait dans son cercle un pouvoir souverain, sans contrôle officiel!... Si, exaspéré par l'audace des scélérats qui désolaient le pays, il s'abandonnait contre eux aux entraînements de ce terrible pouvoir, s'il se faisait juge lui-même, on l'accusait de barbarie, de cruauté : c'était un cannibale. Et quand un assassinat, un vol, une révolte avaient lieu, on ne s'en prenait qu'à lui : il manquait de vigilance, de ruse, de *fermeté*.

Braver constamment la mort, tuer sans cesse, être critiqué dans tous ses actes, telle était la vie du chef du bureau arabe de Lalla-Magrnia.

Dans ce milieu, un homme de la trempe de D. ne devait-il pas finir par se *mettre au-dessus* de l'opinion publique?

Ne devait-il pas finir par *oublier cette loi de Dieu qui dit à tous : Tu ne tueras point ?*

On a reproché à D. d'avoir *subi* l'entraînement fatal. *Subi,* c'est le mot : Mais alors, peut-on lui refuser les *circonstances atténuantes* ? D'ailleurs, combien de fois n'a-t-il pas joué sa vie pour venger des colons dépouillés, de jeunes soldats lâchement assassinés ?

Il était environ dix heures quand il entra dans Magrnia. Au moment où il allait se coucher, le commandant supérieur le fit appeler. Celui-ci venait de recevoir l'avis que les tribus du sud, les mêmes qui étaient venues quelques jours avant dénoncer la présence de Moufock parmi elles, s'étaient révoltées et s'éloignaient vers le désert, saccageant celles qui se refusaient à les suivre. Pour pouvoir les arrêter dans leur fuite, il fallait partir à l'instant et faire diligence.

D. fut chargé de cette mission. Et à quatre heures du matin, accompagné d'Hamady, il se mit en route avec tous les goums du cercle et un détachement de chasseurs d'Afrique.

Le lendemain au soir, ils atteignirent les tribus rebelles; elles étaient soutenues par une nuée de cavaliers Maïa, tribus nomades du désert.

Un engagement eut lieu.

Dès le début du combat, les réminiscences religieuses, les souvenirs d'enfance que Moufock avait réveillés dans le cœur d'Hamady et qui avaient un instant ébranlé sa fidélité, s'évanouirent entièrement. Grisé par l'odeur de la poudre, par le vacarme de la bataille, il se laissa emporter jusqu'au milieu de l'ennemi et tomba dans un gros de cavaliers. Environné de toutes parts, il continuait néanmoins à se battre avec intrépidité, lorsque son cheval s'abattit. Une douzaine d'Arabes se précipitèrent sur lui pour le mettre à mort, mais l'un d'eux, l'ayant reconnu, s'écria :

— Hamady ! Hamady ! l'égorgeur de D. !

— Prisonnier, le chien ! fils de chien ! serviteur des chiens ! hurla le groupe.

La tête d'Hamady, on se le rappelle, avait été mise à prix sur toute la frontière : il était donc plus profitable de le faire prisonnier, que de la lui couper ici. Ainsi le pensèrent ses ennemis. En un clin d'œil, il fut garrotté et hissé sur le devant d'un cavalier qui tourna bride et s'éloigna du côté du désert.

En ce moment les troupes arabes, ainsi qu'il arrive toujours après une première attaque, commençaient de céder devant la valeur guerrière des nôtres. Une seconde charge des chasseurs d'Afrique acheva de les mettre en déroute, et bientôt elles se jetèrent en masse sur la voie qu'avait prise le cavalier qui emportait Hamady. Les premières bandes de fuyards atteignirent ce cavalier à leur entrée dans le désert. Tous s'offrirent spontanément pour porter le prisonnier pendant un certain trajet : la proposition fut tacitement acceptée, et notre héros, passant de main en main, fut emporté dans une oasis, point de ralliement des révoltés, éloignée de quinze lieues environ du camp français. Ils y arrivèrent vers le milieu de la nuit et mirent pied à terre dans un petit bois de dattiers, voisin des sables.

Un instant après, une foule de femmes et d'enfants, cachés dans l'intérieur, accoururent, appelant leurs proches à grands cris. Beaucoup de ces derniers ne répondirent point à l'appel, ce qui donna lieu à des scènes de désolation qui se prolongèrent pendant toute la nuit.

XVIII

L'Anaya.

Hamady, abandonné sur l'herbe, au pied d'un dattier, e tarda pas à s'endormir, mais non d'un sommeil tranuille : il ne rêva que guerre et carnage. Au jour, il fut veillé par un grand bruit. La population entière de l'oais courait en désordre sur la lisière du désert, du côté l'Oudjdah, où apparaissait au loin un nuage de poussière emblable à un tourbillon. Ce tourbillon paraissait immoile comme un navire vu dans l'éloignement en pleine ner ; mais l'œil expérimenté des Arabes reconnut de rime-abord une troupe de cavaliers se rapprochant de 'oasis en ligne droite par une marche régulière.

Ce coin du monde offrit alors un spectacle saisissant

Guerriers, vieillards, femmes et enfants, tous immobiles et sans voix, tenaient leurs regards fixés sur la colonne avec une anxiété avide.

Quels étaient ces navigateurs du désert ?

Ce n'était point une caravane, car le tourbillon s'approchait de l'oasis comme une flèche ; ce n'était pas Moufock, car Moufock, prévenu du jour et du lieu de la révolte, non-seulement n'avait pas devancé l'heure de l'appel, selon son habitude, mais n'avait pas même donné signe de vie ; ce n'étaient pas des ennemis non plus, puisque les cavaliers venaient du côté du Maroc.

Cependant le tourbillon s'avançait toujours ; bientôt le mouvement des chevaux se dessina dans les mirages de l'horizon et l'on vit enfin miroiter au soleil les armes étincelantes du chef qui conduisait la troupe.

L'émotion des indigènes redoubla.

Tout à coup l'un d'eux s'écria avec une expression de surprise et de joie sauvage :

— Moufock !... Sidi-Moufock !

Et toutes les bouches répétèrent ce nom chéri ; puis la foule rentra dans le silence, suivant d'un œil impatient la marche des cavaliers.

C'était Moufock, en effet. On ne le distinguait pas personnellement, mais les Arabes le reconnaissaient à l'allure toute particulière de son cheval, lequel, seul en avant de la colonne, venait droit comme un trait, paraissant à peine effleurer le sable, tandis que les autres chevaux ondulaient et soulevaient derrière lui des nuages de poussière.

Retenu loin d'Oudjdah par les événements que nous avons racontés, l'infatigable marabout n'avait appris le soulèvement des tribus du sud, qu'à son retour dans cette ville, après avoir échappé au lieutenant B. Secondé par Adj-El-Askri, il avait réuni à la hâte une quarantaine de cavaliers, et maintenant il accourait se joindre à la rébellion.

En entrant dans l'oasis, il fut entouré par la population ; et il dut s'abandonner pendant longtemps aux transports frénétiques de cette horde : chacun voulut baiser son burnous. Quand il eut fini avec la foule, les chefs l'attirèrent à l'écart, sous un bouquet de dattiers, s'assirent en cercle et le prièrent de prendre place parmi eux.

La parole lui fut d'abord donnée, et il se justifia du retard qu'il avait mis à répondre à leur appel. L'un des chefs fit ensuite l'historique de la conspiration, raconta le combat de la veille et termina en parlant de la capture importante qu'ils avaient faite.

Au nom d'Hamady-Alla-ben-Diff, le cœur de Moufock battit à se rompre.

— Ai-je bien entendu ? dit-il en comprimant son émotion. Est-il vrai qu'Hamady soit votre prisonnier ?

— Le voilà ! fit l'un des chefs, en désignant le spahis étendu sur l'herbe, non loin de la réunion.

Moufock s'approcha d'Hamady.

Hamady comprenait ou devinait tout ce qui passait dans l'oasis depuis son réveil. Soit orgueil, soit fermeté réelle, il prit une attitude calme et froide à l'approche de Moufock et supporta son regard avec indifférence. Moufock le regarda d'un air impasssible, revint auprès des chefs et, d'une voix grave, énergique, leur dit :

— Moufock-ould-Magrnia est-il votre frère ?

— Oui ! s'écrièrent tous les chefs.

— Croyez-vous qu'il donnerait sa vie pour le salut de tous ?

— Oui ! oui ! répétèrent les chefs.

Moufock désigna Hamady et poursuivit :

— Alors, Moufock-ould-Magrnia vous demande ce chien, fils de chien !

Les chefs s'entre-regardèrent, étonnés et indécis. Après un moment d'hésitation, celui qui avait déjà parlé répondit :

— Si ce traître n'appartenait qu'à nous, il serait à toi ; mais, tu le sais, il appartient à tous les guerriers ici présents.

— Au nom du Tout-Puissant ! reprit le jeune marabout, Moufock, qui n'a jamais marchandé ni sa vie ni ses biens pour aucun de ses frères, demande ce chien, fils de chien, à qui il appartient de le donner !

Les chefs convoquèrent à l'instant tous les hommes aptes à porter une arme, et leur posèrent la question telle que Moufock l'avait posée lui-même. L'assemblée répondit affirmativement par un élan unanime; Moufock la remercia avec chaleur.

Après cet incident, les chefs se groupèrent de nouveau autour du jeune marabout pour délibérer sur la situation. Il fut décidé que l'on ne poursuivrait pas la guerre pour le moment, mais que l'on travaillerait sans relâche à préparer une nouvelle insurrection. Moufock, qui était impatient d'assouvir sa vengeance, adhéra pleinement à cette décision. Toutefois, il annonça à l'assemblée qu'il allait se joindre à l'émir Abd-el-Kader, qui devait sous peu tomber à l'improviste sur les infidèles, et il engagea tous les chefs à saisir cette occasion pour lever l'étendard de la révolte.

La séance fut levée. On servit la *diffa*. Moufock mangea quelques dattes, prit une tasse de café et remonta à cheval.

— Délie ce traître ! dit-il à l'un des siens en désignant Hamady, et attache-le à la queue de mon cheval !

La foule applaudit par des vociférations à cet ordre barbare, à l'instant exécuté.

Hamady était attaché à la queue du cheval par une longue courroie passée autour des reins ; ses bras et ses jambes étaient libres ; il avait les pieds nus.

Traverser nu-pieds dix lieues de sables brûlants ! là était le plus affreux du supplice qu'il allait endurer.

Moufock n'attendait plus, pour s'élancer dans le désert, que l'arrivée de ses cavaliers, dispersés çà et là ; mais il ne faisait aucun signe pour les rallier : à la joie cruelle dont ses yeux brillaient, il était évident, au contraire, qu'il se complaisait à prolonger cette attente.

Il n'avait pas à se presser, d'ailleurs : nulle puissance au monde ne pouvait plus maintenant soustraire à sa haine cet ennemi abhorré qui l'avait outragé dans toutes ses affections, qui avait pesé jusqu'ici sur son existence comme un génie malfaisant ; au reste, sa vengeance avait déjà commencé.

Il préludait au supplice qu'il réservait au spahis par les outrages les plus humiliants : il excitait son cheval de façon à ce que celui-ci fouettât de sa queue le visage d'Hamady, puis il le faisait bondir tantôt en avant, tantôt en arrière, ce qui donnait de brusques secousses à Hamady et soulevait les éclats de rire de la population entière.

Cette scène durait depuis plusieurs minutes lorsque le spahis, dont l'œil hagard errait de la foule à Moufock et de Moufock aux brasiers du désert, parut frappé d'une idée subite et jeta un cri d'espérance.

Il tira vivement d'une amulette suspendue à son cou un morceau de parchemin sur lequel étaient écrits quelques caractères arabes, et le plaça sous les yeux de Moufock en s'écriant :

— L'*anaya* de Sidi-Ben-Ab-Adala!

Jamais visage humain peut-être n'exprima un désespoir aussi poignant que celui de Moufock à la vue de ce signe. Il pâlit subitement, comme un homme frappé au cœur, et il resta immobile, saisi, les dents serrées, le regard fixé sur le parchemin; puis la colère éclata sur son visage, et jetant vers le ciel un regard plein de reproches :

— Je sers le Seigneur!..... s'écria-t-il, et le Seigneur me maudit!..... et il protége l'infâme!... Ma mère est au ciel!... et elle permet que je sois le jouet du démon!...

Mais, au bout d'un court instant, des remords déchirants succédèrent à cet élan d'impiété, à ce mouvement de révolte contre le ciel; et le jeune marabout, le front couvert de sueur, courba la tête d'un air de contrition profonde. Son regard retomba alors sur le lambeau de parchemin qu'Hamady avait appelé l'anaya, et la commotion qu'il en ressentit fut telle, que de nouveau il resta immobile et saisi, le regard fixé sur le parchemin.

L'anaya est un gage de solidarité, de protection, qu'une tribu donne à un Arabe, ou qu'un Arabe donne à un autre dans des circonstances solennelles. Un outrage fait à celui qui a reçu l'anaya atteint au même degré celui qui l'a donné.

Dans une rencontre armée, Hamady avait sauvé la vie à Sidi-Ben-Abd-Allah, agha d'Oudjdad, et celui-ci lui avait secrètement envoyé l'anaya le lendemain même. Or, Ben-Abd-Allah était l'ami de Moufock, et cette amitié engageait d'autant plus l'honneur du jeune marabout, dans cette circonstance, qu'Hamady était entièrement sans défense. Moufock se trouvait donc dans l'alternative, ou d'insulter à l'anaya de Ben-Abd-Allah, ou de renoncer à sa vengeance.

Une lutte terrible s'éleva dans son cœur et le tint indécis pendant quelques minutes; puis il se remit, calme et résolu. Il fit détacher Hamady et, s'adressant à l'assemblée, il dit en désignant le spahis :

— Je vous avais priés de me livrer ce chien, fils de chien, pour en faire mon esclave et le traîner, attaché à la queue de mon cheval, à travers le désert et les Beni-Snassen, ce qui eût été la plus grande joie de ma vie; mais, devant Dieu, qui voit tout, qui juge les actions les plus secrètes des hommes, je déclare que ce traître doit doit être rendu à la liberté !

La foule, qui avait suivi cette scène rapide avec une curiosité muette, commença à murmurer aux dernières paroles de Moufock, et des cris de mort contre Hamady partirent de divers points.

Bien qu'il connût tous les dangers qu'il y avait à braver les passions de cette horde, que nulle autorité ne pouvait réfréner, Moufock ne se déconcerta nullement.

— Ce traître appartient à Moufock-ould-Magrnia! reprit-il avec une assurance altière, et je déclare une seconde fois devant Dieu qu'il doit être rendu à la liberté !

Mais les murmures grandissaient toujours; des menaces s'élevaient de toutes parts, et la foule s'avançait, furieuse et pressée, vers Hamady. Elle l'entourait déjà et allait se ruer sur lui, lorsque Moufock jeta son burnous sur les épaules du spahis en s'écriant :

— L'anaya, au chien, fils de chien !

A l'instant même la foule recula comme si un abîme se fût ouvert tout à coup entre elle et Hamady, et un silence absolu succéda à cette scène dramatique.

Les hommes sont les mêmes partout. — C'est une opinion que nous avons déjà hasardée, et sur laquelle nous revenons en passant pour protester contre les accusations d'avilissement, d'abjection, portées contre telle ou telle race, contre l'Arabe particulièrement. Sans doute, la forme varie selon le milieu, mais le fond de la passion humaine est partout et toujours le même. Ainsi, par exemple, si l'Arabe a tous les vices de l'Européen, comme l'en accuse l'opinion générale, opinion que nous partageons, d'un autre côté, nous pensons, ce qui est moins accrédité, qu'il est accessible comme l'Européen aux plus beaux sentiments de l'âme. L'institution de l'anaya en est, à elle seule, une preuve incontestable. Et ce qui témoigne surtout en faveur du caractère arabe, c'est que cette institution sublime, qui, selon les expressions de notre ami M. Jules Duval, *restera, même dans les temps de l'harmonie sociale, comme le sceau le plus parfait de la souveraineté individuelle consacrée par le respect social,* c'est que cette institution sublime, disons-nous, est universellement respectée au prix des plus grands sacrifices.

Quoi qu'il en soit, la population de l'oasis comprit instinctivement le sentiment chevaleresque dont Moufock était animé ; et un revirement subit s'opéra en sa faveur.

Habile à saisir toutes les circonstances qui pouvaient grandir le prestige qu'il exerçait sur les Arabes, le jeune marabout profita de l'entraînement général pour faire un coup d'autorité qui eût entraîné la ruine de tout autre : il s'adressa à l'un des chefs les plus vieux et les plus influents, et d'un ton impérieux :

— Donne ton cheval à ce traître ! lui dit-il.

Le vieux chef subit l'ascendant de Moufock et fit amener son cheval à Hamady. Il est vrai qu'il connaissait la générosité du fils de Lalla-Magrnia, et qu'il avait la certitude d'être largement dédommagé de ce sacrifice.

— Monte, serviteur des chiens ! dit Moufock à Hamady, et fuis, rejoindre tes maîtres !

Hamady obéit, en proie à une émotion facile à comprendre.

L'anaya obligeait Moufock à ne quitter le spahis que lorsque celui-ci serait hors de tout danger ; le jeune marabout s'élança dans le désert, suivi de sa troupe, accompagna Hamady jusqu'en vue du camp français et revint sur ses pas en murmurant avec une résignation amère :

— Dieu le veut !...

Quand Hamady n'entendit plus les pas des chevaux, il se retourna du côté du désert. A la vue de Moufock s'éloignant comme si son cheval eût rasé le sable, il soupira :

— Moufock est grand !... Il sert Dieu, et moi je sers les chrétiens !... Il vole à travers le désert comme l'aigle à travers l'espace, et moi je rampe sur la terre !... Il est grand !... — Mais son père a tué mon père... et il aime Yamina !...

Ces dernières réflexions, en ravivant sa haine, lui rendirent quelque peu d'énergie. Il se remit en route et rejoignit le lieutenant D., au moment où la colonne se disposait à rentrer à Magrnia. Il avait beaucoup plus l'air d'un condamné à mort que d'un homme qui vient d'échapper au plus affreux des supplices. Après l'avoir félicité sur son retour, D., frappé de son abattement, le pria de raconter ce qui lui était arrivé depuis sa disparition. D. conservait au fond du cœur, contre les Arabes, quelques gages de fidélité qu'ils lui eussent donnés, une certaine défiance, toujours prête à s'éveiller. Hamady le savait de longue date ; ne voulant pas donner lieu à des soupçons sur ses dispositions d'esprit à l'égard de Moufock, il ne dit mot de la scène de l'anaya et expliqua sa fuite par une histoire de son invention.

En arrivant à Magrnia, avant de descendre de cheval, D. dit à Hamady :

— Hamady, tu es un bon serviteur! à partir d'aujourd'hui tu es caïd des Ouled-Mansour; dans quelques jours tu seras officier... Désires-tu autre chose?... Parle!

— Je désire revoir Yamina.

— Quant à ceci, dit D. en riant, ce n'est plus dans mes attributions. Néanmoins je veux t'aider de tout mon pouvoir. Si le père persiste à faire la mauvaise tête, enlève ta belle!... je t'y autorise maintenant, et je te promets de te défendre quand même. Pars!

Le ton ferme et expansif avec lequel D. prononça ces paroles, remit Hamady et dissipa ses sombres préoccupations.

— Dans deux jours, Yamina sera ma femme! dit-il. Merci, mon lieutenant... Je te dois plus que la vie : ma vie t'appartient!

Le lendemain matin, vers quatre heures, au moment où l'amant de Yamina allait partir pour les Adjeroude, un Kabyle de sa tribu, exténué, se traînant à peine, entra dans la redoute et demanda à parler à Hamady. Hamady, prévenu, accourut au-devant de lui.

— Hamady, s'écria l'Adjeroude d'une voix éteinte, notre tribu est peut-être détruite en ce moment : les Beni-Snassen ont dû l'attaquer cette nuit, ou doivent l'attaquer dans la journée... Dieu nous a révélé le complot de nos ennemis par la bouche d'une jeune fille nommée Yamina, fille de Bel-Hadj-el-Miloud, des Beni-Mengouch... tu aurais appris cette nouvelle hier soir, si mon cheval, que j'ai trop pressé, n'était mort en route.

Cette nouvelle extraordinaire pétrifia Hamady. Revenu à lui, il fit donner un cheval au Kabyle et partit ventre à terre avec ce dernier pour les Adjeroude.

Il est temps, maintenant, de rejoindre Yamina, que nous avons quittée au moment où elle s'échappait, avec Barka, de la maison de Nakache.

XIX

La fuite.

Quand Yamina et Barka furent hors des Beni-Mengouch, ils s'élancèrent dans le ravin, se dirigeant aux lueurs de la lune ; arrivés au bas du coteau, ils prirent à tout hasard la direction dans laquelle ils savaient que les Adjeroude se trouvaient. Les deux fugitifs avaient une telle hâte de s'éloigner des Beni-Mengouch, qu'ils coururent longtemps sans ouvrir la bouche et sans se préoccuper des bêtes fauves qui les entouraient et dont les cris s'élevaient de toutes parts. Enfin, lorsque Barka se crut à l'abri des poursuites de Nakache, il rompit le premier le silence.

— Où allons-nous, Yamina ? demanda-t-il.

— Nous allons aux Adjeroude, Hamady nous défendra contre la méchanceté de Nakache.

— Nous ne pouvons pas aller maintenant aux Adjeroude ;

il faut au contraire nous cacher dans les bois pendant deux jours.

— Eh pourquoi ?

— Parce que la nuit prochaine les Beni-Snassen doivent faire une *razzia* chez les Adjeroude.

Et Barka raconta à la jeune Kabyle ce qu'il savait sur le complot de la famille de Sidi-Hadj-Mimoun. Yamina fut frappée de désespoir à cette révélation.

Que devenir, en effet ?

Il y avait autant de danger à continuer son chemin vers les Adjeroude qu'à revenir sur ses pas ou à se cacher dans les montagnes; de quelque côté qu'on l'envisageât, la situation était vraiment désespérante. Pourtant Yamina ne tarda pas à reprendre courage.

— Dieu m'a arrachée des mains de Nakache et nous a fait connaître ces choses, s'écria-t-elle avec une exaltation subite, afin que nous sauvions les Adjeroude. Vite! vite! Barka, courons prévenir la tribu! nous arriverons au village avant les Rhamdam... Yamina est la femme d'Hamady!... Elle frappera les Rhamdam! Courons, Barka, courons!

Les deux enfants redoublèrent de jambes, mais bientôt la peur s'empara de Barka. Les cris incessants des chacals, le passage brusque auprès d'eux d'une bête fauve, les aboiements acharnés des chiens, au loin, le bruit des pierres qui roulaient sous leurs pieds, les déchirements des broussailles, les ombres vacillantes, et semblables à des fantômes, que les arbres projetaient à la lueur de la lune formaient, il est vrai, un spectacle peu rassurant et bien fait pour effrayer de plus hardis que le jeune nègre. Aussi le pauvre petit tremblait-il de tous ses membres, malgré les exhortations de Yamina, qui, toute à Hamady et aux Adjeroude, était entièrement insensible à ce spectacle. Tout à coup un cri, ou plutôt un miaulement sinistre passa dans l'air et produisit un changement de tableau des plus frappants : chiens et chacals se turent à l'instant et un silence lugubre, mille fois plus effrayant que le vacarme auquel il succédait, se fit autour des fugitifs. Ce cri, c'était celui de l'hyène. Il n'est peut-être pas de voix au monde plus horrible à entendre que celle de cet animal, surtout au milieu de la nuit, dans les ravins. On a beau connaître les habitudes de ce fuyard, aussi lâche que hideux, son miaulement vous fait toujours frissonner d'horreur ; on dirait qu'il traîne avec lui comme une exhalaison de cadavre, d'ossements, de cimetière.

Barka avait le courage passif du dévouement, c'est-à-dire que si Yamina lui avait dit de se précipiter dans un abîme, il l'eût fait sans hésiter ; mais il n'avait pas ce courage particulier qui dompte les impressions machinales, nerveuses. Au cri de l'hyène, il se jeta sur Yamina et l'étreignit dans ses bras en frissonnant de la tête aux pieds.

— Si Barka a peur, Hamady le méprisera ! dit l'intrépide jeune fille d'une voix assurée en entraînant le craintif négro.

Mais il n'est pas de courage, si grand qu'il soit, qui ne faiblisse devant certains phénomènes de la nature. Quelques minutes après cet incident, une vibration sourde, large, immense, paraissant sortir d'un cratère, s'éleva du fond d'une vallée, remplit peu à peu l'espace et, toujours grandissante, sembla monter jusqu'à la voûte des constellations ; on eût dit que les étoiles et la terre vacillaient.

C'était le rugissement du lion !

Cette harmonie majestueuse et terrifiante en même

temps, se prolongea près d'une minute, puis s'évanouit au loin, faiblement répétée par les échos. La nature entière se trouva alors plongée dans un silence absolu, dans le silence du néant : le grillon même avait suspendu son chant!

Aux premières intonations de cette voix formidable, Yamina et Barka, tremblants, respirant à peine, s'étaient jetés dans les bras l'un de l'autre comme pour se secourir mutuellement; les jambes leur avaient manqué et ils étaient tombés. Mais, par un reste de force, que la peur la plus énervante enlève rarement, ils se traînèrent jusqu'au fond d'une broussaille et s'y blottirent à demi morts de frayeur.

Au bout de quelques minutes, le lion rugit de nouveau sur un point plus éloigné; un instant après il ébranla encore la contrée; puis il ne se fit plus entendre; et le firmament et la terre reprirent leur aspect naturel.

De même que les natures les plus fortes, Yamina éprouvait de ces faiblesses subites qui sont plutôt le résultat de la surprise que de la crainte; mais, ce premier mouvement subi, son caractère énergique reprenait le dessus.

— Puisque Dieu nous protége, dit-elle en attirant Barka hors de la broussaille, pourquoi aurions-nous peur?

Et les deux enfants reprirent leur course vers les Adjeroude. Le jour allait poindre, lorsqu'un nouvel incident vint les arrêter encore : des beuglements lamentables, comme on en entend dans les campagnes inondées, la nuit, se firent entendre non loin d'eux.

— Yamina! Yamina! murmura le jeune nègre d'une voix étranglée, le lion enlève un bœuf!..... il semble se rapprocher de nous!...

— Si Dieu nous garde, nous n'avons rien à craindre du

lion ! interrompit Yamina avec assurance. Courons, courons aux Adjeroude !

Le jour ayant enfin commencé à paraître, les fugitifs se dirigèrent vers la crête d'un mamelon très-élevé et s'y arrêtèrent pour s'orienter. L'un et l'autre avaient les jambes, les pieds et les bras déchirés, mais ni l'un ni l'autre ne paraissaient s'en douter. L'idée fixe qui absorbait Yamina lui faisait oublier ses souffrances physiques ; quant à Barka, habitué, depuis qu'il avait l'usage de ses mouvements, à ramper sur les rochers et à travers les broussailles, il était de fait insensible. Ils ne s'occupèrent donc que de chercher un point connu pour en déduire la position approximative des Adjeroude. Ils avaient franchi plusieurs mamelons et tourné une montagne assez haute, de sorte que celle des Beni-Mengouch, ainsi que les points culminants qui l'avoisinent, avaient disparu à leurs yeux. Il leur fallut donc s'abandonner au hasard, et ils se remirent en marche dans la direction où ils supposaient la tribu d'Hamady. Une heure après, ils arrivèrent au-dessus d'un bas-fond tortueux qui coupait le plateau sur lequel ils erraient. Yamina et Barka s'assirent sur le haut de la pente pour reprendre haleine. Le soleil levant dorait les cimes des montagnes et donnait à la nature un aspect joyeux. Vaguement réjouis par ce spectacle et ranimés par la fraîcheur du matin, Yamina et Barka s'élancèrent sur la pente et la descendirent en bondissant ; mais, à peine arrivés dans le bas fond, ils s'arrêtèrent subitement, et, la respiration suspendue, ils tendirent en même temps leurs bras tremblants vers une petite butte sur laquelle se prélassait un superbe lion brun. Vingt pas à peine les séparaient du noble animal. Les pauvres enfants se crurent arrivés au terme de leur vie ; leurs genoux fléchirent et ils s'affaissèrent sur le sol.

La magnifique bête n'avait pourtant, ni dans ses allures, ni dans sa belle physionomie, rien de menaçant. Gravement étendu sur ses quatre pattes, la tête haute et perpendiculaire à ses épaules, il regardait nos deux fugitifs avec une bienveillance évidente : on aurait dit qu'il souriait. Ce qui est certain, c'est qu'il était de bonne humeur : son regard *bonasse* et la façon dont il remuait la queue en faisaient foi. Il est vrai que tout, en lui et autour de lui, n'était pas aussi rassurant. La butte sur laquelle il *posait* en monarque était couverte de sang et jonchée d'os, à la plupart desquels adhéraient encore des lambeaux de chair fraîche, superflu de l'abondant repas qu'il venait de faire ; sa patte droite de devant reposait sur une tête de bœuf ; de temps en temps sa langue apparaissait, ceignant sa mâchoire supérieure comme une lame de feu, et disparaissait avec la rapidité de l'éclair en imitant le bruit d'une pierre qui tombe dans une citerne : ce bruit glaçait Yamina et Barka.

L'entrevue muette du pacifique animal et de nos fugitifs ne dura pas moins d'un quart d'heure. Le lion se dressa enfin, regarda les enfants d'un air qui voulait dire :
— Allons, puisque je vous gêne, je m'en vais ! puis, leur ayant fait voir les profondeurs de son gosier par un bâillement prolongé, il s'éloigna au pas et disparut dans les ravins.

Ceux qui ont eu la bonne fortune de se trouver en tête-à-tête avec un lion en plein champ, peuvent se faire une idée de la satisfaction qu'éprouvèrent Yamina et Barka quand ce puissant animal se fut dérobé à leur vue. Ainsi que Yamina, le jeune nègre demeura convaincu que Dieu les protégeait. Ils se relevèrent hardiment et poursuivirent leur chemin.

Un point fumeux s'élevait dans le lointain entre deux

montagnes des M'esîrda. Confiants dans la garde de Dieu, les deux fugitifs prirent à la hâte cette direction, et, sur les dix heures, arrivèrent en vue d'un village assez considérable.

Était-ce les Adjeroude? les enfants n'en savaient rien; néanmoins ils poussèrent un cri de joie en l'apercevant. Car si ce village n'était pas celui des Adjeroude, de là on pouvait les y conduire ou leur en indiquer le chemin; et, comme il n'était que dix heures, ils espéraient arriver encore assez tôt pour prévenir la tribu.

Pendant que Yamina faisait ces réflexions, Barka, qui avait faim, cherchait des yeux quelque arbre à fruit sur lequel il pût prendre son déjeuner au passage. En se livrant à ces recherches, il aperçut, à cent pas environ au-dessous de lui, assis sous une touffe de figuiers, un homme qui se livrait précisément au plaisir qu'il voulait se donner.

En moins de deux minutes, Yamina et Barka furent auprès de cet homme, lequel a droit ici à un chapitre.

XX

Un Solitaire Kabyle.

Il n'était guère possible de préciser l'âge de ce nouveau personnage : on pouvait aussi bien lui donner cinquante ans que soixante. Sa haute taille, son visage décharné, ses yeux creux et égarés, sa barbe longue, brouillée et terreuse, lui donnaient au premier abord un aspect effrayant. Son burnous, pour donner un nom à l'unique vêtement qu'il possédât, n'était qu'un assemblage multicolore de lambeaux usés, dont le plus grand n'avait pas la largeur de la main. Cet homme étrange était connu de tout le pays du Kiss. Les uns l'appelaient le *maboule* (le fou), d'autres le maraudeur des Ajderoude. Ni l'une ni l'autre de ces épithètes ne lui convenaient : car il n'était point fou, bien qu'il fût sujet à des égarements passagers, et s'il maraudait quelque peu, c'était sans grand dommage pour autrui. A le qualifier par sa manière de vivre, c'était, d'après le vocabulaire français, un vrai *solitaire*. Solitaire : *Qui se plaît dans la solitude, qui aime à vivre seul*, dit l'Académie.

A la vue de Yamina et de Barka, l'expression sauvage de sa figure se radoucit.

— Eh! où allez-vous, ainsi tout seuls, braves enfants? dit-il d'un air bienveillant et étonné.

— Nous cherchons les Adjeroude, répondit Yamina de sa voix sympathique.

— Les Adjeroude? Les voilà, dit le solitaire en indiquant le village dont nous avons parlé.

— Merci, bon vieillard, dit Yamina, que Dieu prolonge tes jours! — Sais-tu si Hamady-Alla-ben-Diff est à la tribu? demanda-t-elle encore.

— Non, je ne le sais pas... Comment le saurais-je? je ne connais plus personne sur la terre!... Depuis deux ans j'ai juré de ne jamais mettre le pied dans un endroit où il y aurait des aghas, des caïds ou des cadis!... Et il y en a partout de ces gens!...

Les yeux du solitaire s'ouvrirent démesurément à ces mots, une colère subite se peignit sur son visage.

— Vous ne savez pas, enfants, poursuivit-il d'un air égaré, ce que c'est que les aghas, les caïds!... Ah! pauvres enfants, que Dieu vous garde de leur rencontre!... Ce ne sont que gens de malheur et de ruine!... Si vous avez un douro, ils vous le prennent; si vous avez une femme, ils vous la prennent; si vous avez une jeune fille, ils vous la prennent, et après, ils vous font mourir sous le bâton!...

En prononçant ces phrases entrecoupées, l'homme de la montagne tremblait de tous ses membres; ses yeux, ses gestes, sa voix avaient pris tous les signes de la démence. Yamina et Barka, effrayés, allaient s'enfuir, lorsqu'il se remit tout à coup.

— Ne craignez rien, mes petits amis, dit-il d'un ton de douceur amère, restez!... je ne suis pas méchant!... Voulez-vous manger quelques figues?

Yamina voulait s'éloigner, mais Barka la regarda d'un air si suppliant, qu'elle s'assit à côté de lui et l'engagea même à profiter des bonnes dispositions du solitaire. Celui-ci allongea son long bras décharné sur un monceau de figues de Barbarie disposé près de lui, prit une douzaine de ces fruits, les dépouilla de leurs enveloppes épineuses et les offrit à Barka avec une cordialité des plus rassurantes. L'homme de la montagne ne s'en tint pas là : il monta sur un des figuiers qui lui servaient de toit, et en un instant le sol fut jonché de très-belles figues blanches. La vue de cette manne abondante excita l'appétit de Yamina ; la jeune Kabyle s'agenouilla sur l'herbe à côté de Barka, et prit part au festin. Pendant qu'ils mangeaient, le solitaire, assis près d'eux, contemplait Yamina avec une tendre admiration. Au bout d'un moment ses yeux se remplirent de larmes.

— J'avais aussi une jolie petite fille, moi!..... une femme! murmura-t-il ; que sont-elles devenues? — qu'en ont-ils fait, les aghas, les caïds et les cadis? ajouta-t-il en se dressant vivement, l'œil hagard. Qu'est-ce qu'ils ont fait de ma fille et de ma femme, les aghas, les caïds et les cadis!... Enfants, voulez-vous que je vous raconte mes malheurs?... Oui, — vous le voulez, parce que cela me soulagera!

Et sans attendre la réponse des deux jeunes gens, l

solitaire leur raconta ses infortunes ; mais d'une manière incohérente, en phrases entrecoupées, sans suite, entremêlées d'imprécations contre les chefs arabes. Yamina et Barka ne comprirent pas grand'chose au récit du solitaire, si ce n'est que cet homme avait été victime de la haine et des injustices d'un caïd des Adjeroude. L'histoire de cet infortuné, histoire qu'il nous a été possible de recueillir, est commune, quant au fond, à la plupart des individus qui, en butte aux iniquités de ce monde, divorcent avec la société, sans pourtant se jeter dans le crime ; et c'est simplement comme couleur locale que nous la reproduisons dans cette étude de mœurs arabes.

C'était deux ans avant l'époque où nous nous trouvons. Le caïd des Adjeroude pressurait, trompait, volait, violentait ses administrés sans mesure. Notre solitaire était une de ces natures justes et courageuses qui ne peuvent pactiser avec les injustices et les infamies à la mode, et les frondent sans ménagements et sans crainte. Il allait constamment de l'un à l'autre dans la tribu, excitant les Kabyles à se joindre à lui pour se plaindre au chef du bureau arabe. Chacun convenait volontiers que le caïd ne valait pas *la corde pour le pendre ;* malheureusement on le craignait beaucoup, et personne n'osait attacher le grelot.

— Jamais je ne pourrai en entraîner un seul, se dit-il un jour. Ce sont des lâches qui encouragent le caïd à nous traiter de la sorte... Ayons du courage pour tous !... Làdessus, il alla trouver le chef du bureau arabe de Nemours et voulut lui dénoncer les méfaits du caïd. Mais déjà le caïd l'avait signalé au bureau arabe comme un brouillon qui cherchait à soulever la tribu contre l'autorité française. Non-seulement le chef du bureau arabe se refusa à écouter les plaintes de notre homme, mais il le condamna à dix douros d'amende et lui fit infliger vingt-cinq coups de bâton. Le pauvre diable courut chez le cadi. — Celui qui administrait la justice, pensait-il, ne pouvait moins faire que de l'écouter. Il se trompait, soit que le cadi eût été circonvenu comme le chef français, soit qu'il eût reçu un cadeau du caïd, ainsi que cela se pratique souvent en pareil cas, il condamna l'infortuné à une nouvelle amende de vingt douros, lui fit donner cinquante coups de bâton, et le renvoya en se reprochant d'un air contrit l'indulgence dont il usait à son égard. Exaspéré, à moitié fou, mais espérant encore dans la justice humaine, notre *séditieux* se rendit auprès de l'agha de M'esîrda. Aux premiers mots qu'il prononça, l'agha lui coupa la parole, et le fit garrotter et le renvoya au chef du bureau arabe en le signalant comme un des hommes les plus dangereux de la contrée. Voyant revenir le malheureux ainsi recommandé, le chef du bureau arabe ne vit plus en lui qu'un fauteur de troubles et d'insurrections; il le fit jeter en prison, l'y garda près d'un mois, pendant lequel il fut plusieurs fois sur le point de le faire fusiller; puis n'ayant recueilli aucune charge positive contre lui, il le mit en liberté, après l'avoir condamné à une nouvelle amende de cinquante douros et lui avoir fait appliquer cent coups de bâton.

Le malheureux n'était pas au bout de ses peines. Ruiné, mutilé, à demi mort, il s'achemina vers les Adjeroude; se traînant à grand'peine de colline en colline, il y arriva la nuit, après trois jours de marche, et trouva sa maison déserte : sa femme et son unique enfant, jeune fille d'une douzaine d'années, avaient disparu.

Le caïd des Adjeroude avait profité de l'absence du pauvre diable pour consommer sa ruine.

Après les condamnations que le mutin avaient subies,

toute plainte de sa part ne pouvait que lui être funeste. Le caïd avait donc beau jeu pour l'écraser. Dès qu'il apprit l'emprisonnement du malheureux il lui confisqua tout ce qu'il possédait, sous prétexte d'assurer le recouvrement des amendes. Restaient la femme et la fille de la victime, dont on pouvait tirer profit : Le caïd assura à la femme qu'elle ne reverrait plus son mari, et l'engagea à divorcer. La femme, trompée par l'air de sollicitude du caïd, y consentit. Cette sollicitude apparente cachait un calcul infâme : le caïd espérait, d'une part, marier la mère à un Kabyle qui lui avait offert deux cents francs à cet effet, de l'autre, s'approprier la jeune fille, tout en ayant l'air de la prendre sous sa protection. Le lendemain du divorce, la proposition de mariage fut faite à la femme. Celle-ci se récria, protesta avec énergie. Elle voulait bien se remarier, mais avec un homme de son choix ; du moins, elle ne voulait pas entendre parler du Kabyle qu'on lui proposait, lequel était un ennemi personnel de son ancien mari. La pauvre femme eut beau protester, le cadi ayant prêté la main au caïd, les choses se passèrent ainsi que ce dernier l'entendait.

En apprenant cette catastrophe, notre solitaire s'enfuit dans les montagnes et jura de briser à jamais avec toute relation humaine. Il s'installa dans une grotte cachée, presque inaccessible, et l'appropria à ses aises du mieux qu'il le put. Il n'en fit pourtant pas sa résidence habituelle : préférant vivre par monts et par vaux, il ne s'y réfugiait que dans la mauvaise saison ou lorsque sa tranquillité l'exigeait. Pendant l'hiver il se nourrissait de racines de palmiers nains et d'agneaux rôtis. La nécessité l'avait rendu cruel et rusé à l'endroit de son estomac. Quand il voulait enlever un agneau, il s'approchait à pas de loup d'un troupeau, se glissait dans une broussaille assez éloignée pour que les chiens ne l'éventassent pas, et il imitait si bien le bêlement de la brebis qui appelle son petit, que les agneaux, attirés par cet appel trompeur, se laissaient aller peu à peu vers lui et finissaient par allonger la tête dans la broussaille traîtresse. Le solitaire avisait le plus gras, le serrait à la gorge, le saignait en un clin d'œil et l'emportait dans sa grotte.

Quand les fruits commençaient à mûrir, il abandonnait entièrement sa retraite sauvage, cherchait dans les vallons le bouquet le plus touffu et le plus éloigné de toute habitation humaine, et en faisait sa demeure, vivant des herbages et des fruits environnants. Bien que cette nourriture fît ses délices, il éprouvait pourtant de temps à autre le besoin de manger de la chair fraîche. Notre solitaire, se glissant alors de broussaille en broussaille, s'approchait comme un serpent d'un douar ou d'un village kabyle, et caché dans le feuillage, attendait patiemment qu'une jeune poule passât à portée de son bras.

On sait combien la volaille arabe est aventureuse, surtout dans son jeune âge. Malgré les avertissements énergiques des vieux coqs, qui savent tout le danger qu'il y a de trop s'éloigner de la tribu, elle s'en va souvent au loin chercher fortune, et beaucoup n'en reviennent pas.

Soit qu'il les trouvât plus tendres, soit qu'elles fussent plus faciles à fasciner, car il ne les prenait qu'en les fascinant, le solitaire ne recherchait que les jeunes poules. Lorsqu'il en voyait une s'approcher de lui, il donnait du doigt un coup sec sur une des branches du buisson qui le recélait : surprise, la poule regardait dans le feuillage; bientôt son regard rencontrait deux yeux verts, ardents, fixés sur les siens. La pauvrette, toute palpitante, voulait fuir, mais clouée à sa place par une force invincible, elle 'affaissait sur ses jambes, le regard toujours *lié* à celui du solitaire, et ne bougeait plus ; le solitaire allongeait lentement le bras vers l'imprudente, la saisisssait au cou et la faisait passer de vie à trépas, sans lui arracher le moindre cri.

Cette existence sauvage plaisait au solitaire : quand il pouvait oublier son cheval, sa femme et sa fille, il se trouvait heureux.

Cependant le caïd ne tarda pas à recevoir le juste châtiment de ses méfaits. En faisant sa tournée habituelle dans les M'esirda, le chef du bureau arabe passa aux Adjeroude. La femme du solitaire se jeta à ses pieds et lui raconta les violences dont elle avait été l'objet. Touché des plaintes de la malheureuse, le chef du bureau arabe fit immédiatement une enquête, et il acquit la certitude que le caïd était un coquin effronté. Il le fit rudement bâtonner et l'envoya à Nemours sous bonne escorte.

Désireux de réparer les injustices de son prédécesseur, ou, comme tous les promus, feignant d'être juste, le nouveau caïd chercha à rappeler notre solitaire aux Adjeroude ; il alla même le surprendre dans la montagne et lui fit les plus belles promesses : cheval, femme, enfant, douros, tout devait lui être restitué.

— Qu'on me rende mon cheval et mes douros, répondit le solitaire en s'éloignant de quelques pas du caïd, c'est possible, bien que je n'y compte guère !... Mais les coups de bâton qui ont mutilé mon corps, comment fera-t-on pour que je ne les aie pas reçus ?... Et ma femme, qui me la rendra telle que je l'ai quittée ?... Et ma fille !...

Et il s'enfuit dans les ravins en hurlant comme un fou...

Le pauvre diable traîna pendant huit ans cette existence de bête fauve, se contentant, pour toute vengeance, de proférer des imprécations contre les aghas, les caïds et les cadis, chaque fois que le hasard amenait quelqu'un à portée de sa voix. Il mourut sous un figuier. Celui qui trouva ses restes, ne le reconnut qu'à son burnous, car son cadavre avait déjà été dévoré par les chacals.

Que de gens seraient morts en bons chrétiens ou en bons musulmans, selon le cas, et qui finissent plus misérablement encore, par suite d'une injustice !

Yamina et Barka demeurèrent près d'une demi-heure avec le solitaire ; rassasiés, ils le remercièrent d'un air sympathique et triste, et s'éloignèrent rapidement du côté des Adjeroude.

Le solitaire les regarda courir un instant en silence, les larmes aux yeux ; puis il s'écria :

— Enfants, rappelez-vous ce que je vous ai dit : méfiez-vous des aghas, des caïds et des cadis !...

XXI

La vierge des Beni-Mengouch.

En arrivant au village, la fille de Miloud demanda au premier Kabyle qu'elle rencontra si Hamady-Alla-ben-Diff se trouvait aux Adjeroude.

— Non, répondit le Kabyle. — Mais voilà Ali, son frère, ajouta-t-il en désignant un groupe d'hommes assis sur un tertre voisin.

Terrifiée de l'absence de son amant, Yamina se remit en apprenant qù'Hamady avait un frère présent à la tribu.

— Veux-tu aller dire au frère d'Hamady, reprit-elle d'un ton qui surprit et charma le Kabyle, qu'une jeune fille des Beni-Mengouch, envoyée par Dieu pour le salut des Adjeroude, désire lui parler ?

Le Kabyle s'empressa de porter ces paroles à Ali. Ali accourut au-devant de Yamina; Yamina le reconnut à sa ressemblance avec Hamady.

— Je suis Yamina des Beni-Mengouch, dit-elle, presque certaine qu'Hamady lui avait confié son amour.

— Yamina!... La femme que Dieu a donnée à Hamady? s'écria Ali avec autant de joie que de surprise.

— Oui! répondit-elle. Hamady est mon seigneur!

Ali conduisit la jeune fille et Barka dans sa maison. Trois femmes étaient assises sur une natte au fond de la cour; elles filaient des haïcks, à l'ombre de grandes treilles chargées de raisins et soutenues par deux figuiers : c'étaient la mère et les deux sœurs des Ben-Diff. Ali leur dit quelques mots à l'oreille. Aussitôt elles s'approchèrent de Yamina, lui firent l'accueil le plus empressé et la prièrent de s'asseoir au milieu d'elles. Mais Yamina revint vivement auprès d'Ali et lui raconta ce qu'elle savait des projets que les Beni-Snassen avaient formés contre les Adjeroude.

A cette révélation, les femmes poussèrent des cris lamentables; Ali, qui avait d'abord observé beaucoup de déférence envers sa mère et ses sœurs, leur imposa silence d'une voix dure et impérieuse et sortit. Un instant après, il rentra accompagné du caïd des Adjeroude, et pria la jeune Kabyle de répéter à ce dernier les détails qu'elle venait de lui révéler touchant le complot des Beni-Snassen.

Yamina comprit en ce moment qu'un aveu complet pouvait compromettre son père. Elle se recueillit pendant quelques secondes, puis, d'un air calme et digne, elle dit au caïd :

— Devant Dieu, je jure qu'il est venu à ma connaissance que les Beni-Snassen doivent attaquer les Adjeroude cette nuit! Devant Dieu, qui juge toutes les actions, je déclare que je ne dois rien dire de plus!

Ali comprit le noble sentiment de la jeune fille et le respecta.

— Dieu nous parle par la bouche de cet enfant! dit le caïd étonné du ton avec lequel Yamina avait prononcé ces paroles.

Le caïd et Ali sortirent.

La fatale nouvelle, courant de bouche en bouche, se répandit en un instant dans tout le village; et un quart d'heure après, la tribu présentait le spectacle le plus curieux qui se puisse imaginer. Hommes, femmes, vieillards, enfants, s'élançaient hors des maisons, comme si un tremblement de terre eût ébranlé les Adjeroude. Mille cris divers s'entrechoquaient sans interruption: les hommes vociféraient, les femmes criaillaient, les enfants pleuraient, les vieillards râlaient, les chiens aboyaient et tous se croisaient en tous sens, courant de l'un à l'autre. Ceux qui ont entendu et qui ont vu se démener des Kabyles en fureur pourraient seuls se faire une idée de ce tintamarre.

Le caïd, revêtu de son burnous rouge et portant l'étendard de la tribu, arriva au milieu de cette horde, la rallia et l'entraîna sur un plateau disposé au-dessous du village; la tribu entière s'y trouvait réunie.

Deux cercles se formèrent spontanément: l'un composé des hommes aptes à combattre; l'autre du reste de la population; celui-ci entourait le premier.

Yamina se tenait à l'écart, assise sur un rocher; Barka était étendu à ses pieds. La jeune Kabyle était silencieuse, et eût paru calme sans l'éclat extraordinaire de ses yeux et de son visage.

Les guerriers voulurent entrer de suite en délibération; mais les femmes faisaient un tel vacarme, qu'ils ne purent s'entendre. Le caïd les ayant priées vainement de faire silence, les chefs de famille, exaspérés, se ruèrent sur elles et les frappèrent de leurs burnous en leur criant que le temps pressait, que la nuit allait venir, et qu'il fallait absolument prendre un parti au plus vite; elle se calmèrent enfin.

Le caïd prit la parole. Il commença par annoncer à l'assemblée qu'il venait d'expédier deux cavaliers, l'un à Nemours, l'autre à Lalla-Magrnia, mais qu'il n'y avait aucun secours à attendre pour la nuit prochaine de ces deux postes, vu leur éloignement.

Ici le chef des Adjeroude s'arrêta comme un homme qui hésite à prendre une détermination. Il était fort ému.

Ce n'est pas qu'il craignît pour sa vie, car c'était un vieux *routier* qui avait coupé bien des têtes; mais quand on est vieux on voit le revers de la médaille en toutes choses. Or, si la lutte souriait à son tempérament, d'un autre côté, les désastres qui menaçaient sa tribu, en cas de défaite, lui donnaient à réfléchir. Toutefois, comme il n'y avait pas de temps à perdre, il reprit vivement la parole, et d'une voix brève, énergique, il mit l'assemblée en demeure d'opter pour un de ces deux partis:

Ou attendre les Beni-Snassen, quel que dût être leur nombre, sur lequel ils n'avaient aucun renseignement précis, et accepter le combat;

Ou bien s'enfuir avec armes, bagages et bestiaux dans les grottes et les bois, et attendre là que les Français fussent venus les secourir

Le caïd n'avait pas fini de parler, que les femmes s'élancèrent comme des furies sur l'aréopage pour protester contre cette dernière motion. Il ne fut plus possible de s'entendre. On eût dit qu'un même accès de folie furieuse avait frappé toutes les femmes. Elles vociféraient, gesticulaient, crachaient sur les hommes, les traitaient de lâches et les menaçaient de ne jamais rentrer dans la maison s'ils acceptaient une proposition aussi honteuse. Les hommes, toujours tyrans, toujours maîtres absolus dans le calme du ménage, durent céder le pas à leurs esclaves dans cette circonstance solennelle : ce ne fut qu'à force de prières, de supplications, qu'ils parvinrent à les apaiser.

Bien qu'elle n'eût participé à cette scène ni du geste ni de la voix, Yamina l'avait suivie avec une attention fiévreuse. Ali, le caïd et plusieurs guerriers, frappés de l'expression surprenante de sa physionomie, et cédant à un entraînement instinctif, s'approchèrent de la jeune Kabyle et lui demandèrent son avis sur la situation.

La vierge des Beni-Mengouch se redressa vivement.

— Les hommes qui abandonnent leur toit à l'ennemi sans combattre, dit-elle d'une voix imposante, sont des lâches ! Or, les portes du paradis sont éternellement fermées aux lâches ! Dieu m'a envoyée aux Adjeroude pour vous révéler les projets de vos ennemis ; mais, si vous fuyez devant les Rhamdam sans défendre vos foyers, je le prierai de vous frapper de sa malédiction !... Et Hamady, qui est un guerrier, vous méprisera !... Et il vous reniera, et il viendra cracher sur les maisons des Adjeroude !...

Ces dernières paroles se perdirent dans les acclamations frénétiques et universelles de l'assemblée. La question se trouva dès lors tranchée : par ses adhésions unanimes à la réponse de la chevaleresque Kabyle, la tribu entière avait de fait opté pour le combat.

Les femmes se précipitèrent sur Yamina, l'élevèrent

sur leurs bras et la portèrent en triomphe jusqu'au village, où toute la population les suivit dans le plus grand tumulte. En arrivant près des maisons, le caïd monta sur une petite butte avec l'intention évidente de parler. Le silence se rétablit.

— Maintenant, s'écria le caïd, que chacun fasse ce qu'il doit faire !

Désignant ensuite Yamina, il ajouta :

— Et que nul ne s'abandonne à la crainte, car Dieu veille sur nous : voilà son enfant, qui nous garde. !

Le caïd abaissa son drapeau, et la foule se dispersa.

L'instinct opéra alors des prodiges d'activité et d'adresse que nul commandement, nulle discipline ne sauraient égaler. Kabyles de tout sexe et de tout âge ne s'occupèrent plus que du salut commun ; et chacun prit spontanément, avec une sagacité merveilleuse, le travail qui répondait à son âge, à son sexe, à ses aptitudes particulières.

En ce moment il était deux heures environ, tout le bétail de la tribu se trouvait dispersé çà et là, près et loin, sur le territoire, la volaille errait éparse autour des maisons et dans les jardins : or à quatre heures on ne voyait plus nulle part bête qui vive, et les maisons avaient été vidées avec un tel soin que le plus habile pillard n'eût pas trouvé une cheville à glaner. Les guerriers s'étaient armés, les *toucheurs* avaient rassemblé les bestiaux et les femmes avaient mis en silos bijoux, meubles et ustensiles de ménage, comme par enchantement. Ce qu'il y avait par-dessus tout de curieux, dans ces premières scènes du drame qui allait se passer, c'est que les animaux eux-mêmes semblaient avoir conscience de la situation. Tous, les plus lourds à la course, tels que les bœufs, couraient comme des cerfs, en avant des toucheurs, vers les retraites secrètes où ils devaient être remisés ; les ânes même, les ânes, dont l'entêtement et l'esprit d'opposition sont passés en proverbe, *galopaient* avec une vitesse incroyable vers le refuge commun... et sans pousser le moindre brâilement !

Les nourrices, les vieillards et les enfants s'enfuirent aussi dans cette direction ; Yamina et les femmes valides restèrent bravement auprès des guerriers.

Le village des Adjeroude est situé sur le versant nord d'une montagne qui s'avance en pointe sur le bassin du Kiss, à angle droit des Beni-Snassen ; il est à six heures de marche de Rhamdam ; la pente sur laquelle il est bâti est couverte d'arbres fruitiers et de vignes grimpantes. A une demi-lieue environ du village, du côté du Kiss, la montagne s'affaisse en mamelons arides, parsemés de rochers et de buissons ; la pointe qui la termine est échancrée tout autour par de petites ravines couvertes de cailloux et de ronces. Du haut de cette pointe, on aperçoit toute la partie du bassin du Kiss qui sépare les M'esîrda des Beni-Snassen. Les Rhamdam ne pouvaient arriver aux Adjeroude que par cette voie, et, par conséquent, sans être aperçus de fort loin. Naturellement, les Adjeroude établirent leurs dispositions de défense sur ce point. Ils se disséminèrent dans les dernières broussailles qui s'en rapprochent, et, le fusil armé, le couteau pendu à la ceinture, ils attendirent dans le plus profond silence.

Les femmes s'étaient réfugiées dans une sorte d'anfractuosité cachée au-dessus du village, près du sommet de la montagne, et dont l'entrée se trouvait fermée par des arbustes épineux et serrés. Elles étaient en proie à une effervescence indescriptible. Bien que profondément agitée aussi, Yamina conservait une attitude tranquille et réfléchie. Le cerveau plein d'Hamady, elle rêvait en ce moment de combattre et de mourir à côté de l'intrépide spahis. Cependant la scène émouvante qui se passait autour d'elle ne tarda pas à captiver toute son attention. Quoique entassées dans un espace qui leur permettait à peine de se mouvoir, les femmes se démenaient avec une vraie frénésie et parlaient toutes en même temps. La plupart s'exhalaient en manifestations furibondes; quelques-unes gémissaient, pleuraient et se désespéraient; d'autres poussaient des cris incohérents dans lesquels on ne distinguait que les mots d'esclavage, de têtes coupées, et d'enfants hachés par morceaux, etc. Yamina, touchée surtout du désespoir des mères, trouvait des trésors de consolation dans son cœur pour toutes ses compagnes : d'après ses propres aveux, il lui venait, comme d'une source inconnue, des pensées extraordinaires qui avaient le prestige de calmer les plus furieuses et de ranimer les plus désolées. Enfin elle prit un tel ascendant sur ses compagnes, qu'elles finirent par la considérer comme une envoyée du ciel.

Vers minuit les Adjeroude entendirent dans la direction de Rhamdam un bruit confus, à peine saisissable; mais ils ne s'y trompèrent point : ils devinèrent que les Beni-Snassen s'avançaient prudemment. Un peu avant le jour, en effet, ceux-ci arrivèrent au pied de la montagne. Les Adjeroude purent les compter approximativement à la lueur de la lune, et reconnurent avec une vive satisfaction que leur nombre ne dépassait pas quatre-vingts. Les Adjeroude étaient soixante environ : la victoire devait donc leur rester; car l'avantage de leur position et le mobile qui les animait, compensaient largement leur faiblesse numérique.

Arrivés au bas de la montagne, les Beni-Snassen firent une halte et tinrent un conciliabule à voix basse. Aux premières lueurs du jour, ils commencèrent à gravir la côte; ils allaient lentement, à pas comptés, avec une prudence, pour tout dire, dé Kabyle qui va fouiller un silo. Bien qu'ils grimpassent à travers les pierres et les bruyères, ils ne soulevaient sous leurs pas qu'un léger bruissement. A mi-côte les dispositions du terrain les obligèrent de se tasser sur un point resserré entre une des ravines dont nous avons parlé et une haie d'arbustes. Profitant de la circonstance, les Adjeroude firent un feu général : plusieurs Beni-Snassen tombèrent. Cette fusillade inattendue frappa d'abord ces derniers de stupeur ; mais le premier moment de surprise passé, ils s'élancèrent intrépidement à l'assaut de la position des Adjeroude en poussant des hurlements effroyables et en s'éparpillant sur le coteau. Les Adjeroude n'étaient pas moins courageux que les Beni-Snassen : d'un commun accord ils sortirent de leurs retraites et firent sur les assaillants une seconde décharge qui leur abattit de nouveau quelques hommes. Mais les Beni-Snassen ripostèrent immédiatement par un feu si vif que les Adjeroude durent regagner leurs affûts sans pouvoir emporter leurs blessés.

Le combat se trouva dès lors engagé vigoureusement.

Pendant une demi-heure, le feu et les cris se soutinrent de part et d'autre avec une égale énergie. Toutefois les Beni-Snassen avaient gagné du terrain en hauteur. Tout à coup une vingtaine d'entre eux arrivèrent au-dessus d'un rocher qui dominait la position des Adjeroude et lâchèrent sur ces derniers une bordée qui en mit trois ou quatre hors de combat. Surpris, décontenancés, par cette attaque imprévue, les Adjeroude se replièrent dans le sens du village. Prenant ce mouvement de recul pour une fuite, les Beni-Snassen poussèrent leurs cris de victoire et se portèrent en avant.

Au même instant les femmes des Adjeroude apparurent sur les hauteurs de la montagne.

Aux premiers bruits de la fusillade, Yamina, emportée par un entraînement irrésistible, s'étaient élancée hors de la grotte, engageant ses compagnes à la suivre. Si vivement surexcitées, déjà, exaltées encore par le courage de la jeune inspirée, celles-ci s'étaient jetées sur ses pas et l'avaient suivie jusqu'à l'endroit où nous venons de les voir apparaître. Exténuées, perdant haleine, elles durent s'arrêter ici et laisser Yamina poursuivre sa course. Leur pause ne fut pas de longue durée : aux cris de victoire des Beni-Snassen, à la vue du mouvement rétrograde des Adjeroude, elles retrouvèrent instantanément toute leur énergie et s'élancèrent vers le champ de bataille comme une légion de furies. A l'approche de leurs femmes, les Adjeroude se raffermirent et tinrent bon. Mais ce n'était pas assez, pour les femmes, que de ne plus reculer : il fallait marcher sur l'ennemi. Elles se placèrent derrière leurs guerriers et se mirent à les exciter avec un acharnement frénétique. Elles les poussaient vers les assaillants en jetant des cris qui n'avaient plus rien d'humain ; après chaque coup de fusil parti du camp des Adjeroude, elles couraient en avant, battaient des mains, crachaient contre l'ennemi et faisaient des grimaces affreuses. Bientôt l'une d'elles tomba frappée d'une balle ; leur furie n'eut plus de bornes ; toutes, comme poussées par un même ressort, se précipitèrent au delà de la ligne de leurs guerriers. Enlevés par l'audace de leurs femmes, les Adjeroude se jetèrent en avant et dépassèrent celles-ci. Ce mouvement se renouvela deux fois coup sur coup : les Adjeroude avaient arrêté la marche victorieuse des Beni-Snassen et repris la position qu'ils vevenaient de perdre.

Pendant ce temps, Yamina, posée comme une apparition sur la cime d'un rocher, explorait d'un regard rapide et enflammé le théâtre de ces scènes de fureur.

Il s'opérait en cet instant dans l'esprit de la vierge des Beni-Mengouch un de ces phénomènes qui surprennent le monde, et qui soulèvent autant de foi et d'admiration chez les enthousiastes que de dédain et d'ironie chez les sceptiques : ainsi que les femmes héroïques dont le nom et les prodiges sont restés dans la mémoire des peuples, elle recevait le don de l'intelligence spontanée, de l'inspiration. Seulement le prodige, ici, n'avait plus pour théâtre de grandes cités et pour témoin des populations nombreuses : il se produisait maintenant sur le flanc d'une montagne sauvage, en présence de deux cents démons à la face humaine.

A première vue, la vierge des Beni-Mengoucha apprécia le champ de bataille avec la justesse d'un tacticien consommé.

Au moment où les Adjeroude reprenaient leur première position, elle vola parmi eux, rejoignit Ali, auquel le caïd avait confié l'étendard de la tribu, et lui montrant une éminence disposée au-dessus et un peu en arrière des Beni-Snassen, elle s'écria :

— C'est là que Dieu doit donner la victoire aux Adjeroude !

Sans attendre la réponse d'Ali, elle lui enleva son étendard et courut sur l'éminence en faisant signe aux femmes de la suivre. La plupart répondirent à son appel. Yamina leur montra les rochers dont le sol était jonché et leur dit :

— Voilà vos armes !

Puis, se plaçant sur la pointe la plus avancée de la butte, elle leva son étendard et resta immobile, silencieuse, le regard étincelant, le visage tourné vers les Adjeroude.

A peine a-t-elle pris cette position que le bruit du combat cesse complètement. L'émotion des Adjeroude est telle, qu'ils ont suspendu leur marche; les Beni-Snassen croient voir dans cette forme angélique, tenant élevé vers le ciel, l'étendard des Adjeroude, une apparition surnaturelle favorable à ces derniers et sont saisis de terreur.

Ce saisissement général dure un quart d'heure, puis, ivres d'enthousiasme, les Adjeroude se serrent sur une seule ligne, lèvent la crosse en l'air pour se servir de leurs fusils comme de massues et marchent, ainsi massés, sur l'ennemi. Les Beni-Snassen tiennent bon, pourtant : ils se groupent aussi et attendent de pied ferme. Une lutte horrible, une lutte comme on en voit seulement sur les bords du Kiss, s'engage alors. Les Adjeroudes ne sont plus des hommes, ce sont des tigres, des lions. Chacun d'eux cherche un Rhamdam, lui court sus et se prend corps à corps avec lui. A forces égales, dans une pareille lutte, l'Adjeroude, qui combat avec la furie de l'enthousiasme, doit nécessairement vaincre. En effet, la plupart de ceux qui peuvent saisir un Rhamdam l'étranglent en le mordant à la gorge, ou lui déchirent le visage.

A la vue de cet élan, les maraudeurs, les *coupeurs de routes* et autres gens de pillage, très-ardents au sac des douars et, comme tous les larrons, fort lâches dans les luttes périlleuses, commencent à tourner le dos ; les vrais guerriers, les guerriers attirés là par la soif de la vengeance et le plaisir de humer la fumée de la poudre, ne tardent pas non plus à perdre la tête ; ils reculent, reculent et arrivent ainsi au-dessous de l'éminence sur laquelle Yamina se tient son étendard toujours levé. Ici la pente est si rapide, le terrain si pierreux qu'ils perdent pied à chaque pas. Ne pouvant plus combattre sur ce sol glissant, ils tentent un effort suprême pour regagner la position qu'ils viennent de perdre. Il est trop tard ! la vierge des Beni-Mengouch fait un signe aux femmes qui l'entourent, et au même instant une avalanche de grosses pierres et de fragments de rochers roule sur les assaillants.

La déroute des Beni-Snassen est consommée : désorientés par cette nouvelle attaque, ils font volte-face, et s'enfuient dans le bas de la montagne sans même emporter leurs morts et leurs blessés.

Quand ils virent l'ennemi hors de portée, les Adjeroude, couverts de sang et de sueur, accoururent auprès de Yamina et se pressèrent autour de la jeune Kabyle comme une horde d'insensés, tour à tour invoquant le ciel et baisant la terre. La vierge des Beni-Mengouch coupa court à ces manifestations ; elle rappela aux femmes et aux guerriers qu'ils ne devaient songer qu'à leurs morts et à leurs blessés et les ramena sur le lieu du combat.

La femme que nous avons vue tomber, frappée d'une balle, était morte ; deux hommes, en outre, avaient été tués et sept autres blessés. La vue de leurs morts rendit aux Adjeroude toute leur fureur. Beaucoup d'entre eux s'élancèrent à la recherche des Rhamdam laissés sur le champ de bataille, et en rapportèrent cinq morts et six blessés. Les Adjeroude, armés de leurs couteaux, se précipitèrent en masse vers ces derniers pour leur couper la tête. L'héroïque vierge des Beni-Mengouch se plaça entre les vainqueurs et les vaincus, et, d'une voix forte, menaçante, elle dit aux Adjeroude :

— S'il est lâche d'abandonner ses foyers à l'ennemi sans combattre, il est plus lâche encore de frapper des hommes mourants ! Si les Adjeroude coupent les têtes à ces morts ou à ces blessés, Dieu, qui leur a donné la victoire, les maudira !... Et Yamina crachera sur l'étendard des Adjeroude !

Subjuguée par l'attitude impérieuse de la jeune Kabyle et par l'expression séduisante de sa physionomie, la terrible assemblée, saisie de crainte, frappée d'admiration, garda le silence.

Le caïd prit vivement la parole.

— C'est la fille de Dieu, s'écria-t-il, qui nous a donné la victoire ! c'est la fille de Dieu qui doit nous commander ! quiconque résistera à sa voix aura désobéi à Dieu et se sera déclaré l'ennemi de notre tribu !

L'assemblée entière adhéra par des cris enthousiastes à ces paroles.

Mais les Beni-Snassen s'étaient déjà ralliés au bas de la montagne. Rangés autour de leur chef, ils paraissaient délibérer. Leur agitation et le tumulte qu'ils soulevaient, témoignaient de leurs dispositions hostiles.

La vierge des Beni-Mengouch pensa qu'ils se disposaient à tenter un nouvel assaut par d'autres points, soit pour tirer vengeance de leur défaite, soit, tout au moins, pour enlever leurs morts et leurs blessés. Cédant à ses conseils, le caïd proposa de rendre ces derniers. Les Adjeroude, entièrement dominés par Yamina, acceptèrent la proposition d'un commun accord. Au moment où ils se disposaient à exécuter cet acte de générosité, peut-être sans exemple dans les annales du Kiss, les Beni-Snassen blessés se traînèrent jusqu'à Yamina, et déposant chacun une amulette à ses pieds, ils s'écrièrent :

— L'Anaya à la fille de Dieu !

Yamina ramassa ces signes sacrés, qui rendaient inviolable dans tous les Beni-Snassen quiconque en était porteur. Elle en garda un pour elle-même, le réservant en secret à Hamady et distribua les autres aux Adjeroude qui s'étaient offerts les premiers à rendre aux Beni-Snassen leurs morts et leurs blessés. Onze Adjeroude chargèrent ces derniers sur leurs épaules et les descendirent vers le milieu du versant. Les Beni-Snassen devinèrent leurs intentions, et leur attitude hostilese changea subitement en manifestations de reconnaissance aussi exagérées, aussi bruyantes que les menaces auxquelles elles succédaient. Les Adjeroude déposèrent leurs fardeaux sur le point indiqué et remontèrent après avoir fait des signes d'amitié aux Beni-Snassen. Ceux-ci leur répondirent par des hourras frénétiques. Une vingtaine d'entre eux, complètement désarmés, vinrent prendre leurs hommes, et la bande entière s'éloigna dans la direction de Rhamdam.

Les Adjeroude rentrèrent au village. Les gémissements de leurs blessés, la vue de leurs deux morts leur arrachaient à tous, parents ou non des victimes, des plaintes de désespoir. Mais la vierge des Beni-Mengouch leur releva le moral par les exhortations religieuses les plus élevées. Jamais pareil langage, pareil son de voix n'avaient frappé les oreilles de ces sauvages. Une circonstance vint encore ajouter au prestige que la jeune Kabyle exerçait sur eux : Yamina n'avait reçu aucune blessure et les femmes qui l'entouraient s'aperçurent que ses vêtements avaient été traversés par les balles. Cette particularité acheva de les convaincre que la jeune fille était une envoyée du ciel, et qu'elle était invulnérable. Beaucoup même pensèrent, et se le dirent tout bas, qu'elle n'était autre que la glorieuse Lalla-Magrnia en personne, revenue sur la terre pour sauver la tribu des Adjeroude.

En arrivant au village, les sœurs d'Ali la conduisirent dans leur maison. La plupart des femmes coururent chercher leurs plus beaux haïchs et vinrent les lui offrir en échange de ses vêtements : elle résista d'abord, mais elle dut céder aux obsessions de ces fanatiques. Ses vêtements furent déchirés par les femmes en autant de lambeaux qu'il y avait de familles dans la tribu ; et chaque famille s'en fit une relique, encore religieusement conservée aujourd'hui.

Malgré les prières pressantes et unanimes de la tribu, qui voulait la retenir au village, la vierge des Beni-Mengouch voulut partir immédiatement pour Magrnia. Les émotions de la bataille, la crainte de retomber au pouvoir de Nakache, le désir de revoir Hamady et surtout l'impatience de connaître la vie française, la vie de liberté qu'elle rêvait, la tenaient dans un état de surexcitation fiévreuse ; toute nourriture lui était aussi impossible à prendre que le repos, elle voulait partir ! Le caïd envoya chercher à la hâte plusieurs montures et prévenir le reste de la tribu que l'on pouvait rentrer au village en toute sûreté.

Deux heures après, la vierge des Beni-Mengouch, montée sur une mule, suivie de Barka, escortée d'Ali et d'une douzaine de Kabyles, s'acheminait vers Lalla-Magrnia.

XXII

L'amour d'une Kabyle.

Une cruelle épreuve attendait ici la jeune Kabyle : elle s'approchait de Magrnia au moment même où Hamady, informé des projets des Beni-Snassen, accourait aux Adjeroude par d'autres sentiers.

On se figure quelle déception dut éprouver la pauvre enfant en apprenant cette nouvelle fatale. L'espoir lui restait, sans doute ; mais l'espoir n'est souvent qu'un rêve !

Elle se fit conduire au chef du bureau arabe, et se présenta à lui comme la femme d'Hamady. Ali et Barka l'accompagnaient.

Le lieutenant D. reçut notre héroïne avec tous les égards qu'elle méritait. Yamina lui raconta naïvement ses aventures, depuis sa première rencontre avec Hamady jusqu'à son arrivée aux Adjeroude. D. l'écouta avec le plus vif intérêt. Quand elle eut fini de parler, Ali fit la narration des événements extraordinaires qui venaient de se passer aux Adjeroude. Il exposa les choses du ton d'un fanatique racontant des miracles dont il croirait avoir été réellement témoin.

Tout en faisant la part de l'exagération, D. ne put s'empêcher d'admirer l'héroïque jeune fille, dont la physionomie expressive et intelligente, d'ailleurs, le frappait d'étonnement. Il la confia à la femme d'un officier. Celle-ci accueillit Yamina avec une bienveillance si franche et si naturelle, que la jeune Kabyle perdit dès les premiers instants cet air de défiance et ces allures sauvages dont la femme arabe se défait si difficilement, et parut se trouver auprès de l'Européenne comme auprès d'une ancienne amie. Une juive, qui connaissait un peu d'arabe, leur servit d'interprète.

Yamina resta deux jours avec la dame européenne, et émerveilla la société de cette dernière par l'élévation de ses pensées, la sagesse de ses observations et surtout par ses questions sur Dieu, l'âme et l'immortalité, — questions auxquelles, soit dit en passant, il ne lui fut guère fait que des réponses peu convaincantes.

Sur l'invitation de D., le chef du bureau arabe de Nemours vint à Magrnia. D. lui raconta les aventures de la jeune Kabyle, obtint de lui l'ordre d'arrestation de Nakache et six spahis pour escorter Yamina jusqu'aux Beni-Mengouch. Le commandement de l'escorte fut donné à un sous-officier français. Pourvu d'instructions et de pouvoirs conformes à sa mission, celui-ci se mit en route de très-grand matin : il arriva aux Beni-Mengouch un peu avant midi. Quand il eut remis Yamina entre les mains de Miloud, il courut chez Nakache. Mais la maison était déserte : le vieux coquin ayant éventé le danger qui le menaçait, avait jugé prudent de mettre le Kiss entre les Français et lui, et s'était enfui chez les Rhamdam avec sa famille et ses douros.

Le sous-officier revint chez Miloud.

— Miloud, lui dit-il, le lieutenant D. et le chef du bureau arabe de Nemours t'ordonnent de marier au plus tôt ta fille à Hamady-Alla-ben-Diff, si tu ne veux pas finir tes jours dans les prisons.

Miloud joua la stupéfaction et garda le silence.

— Est-ce que Dieu t'a rendu muet ? demanda le sous-officier.

— Non-seulement Dieu ne m'a pas ôté la parole, répondit Miloud avec une certaine amertume, mais encore il m'a laissé assez de sens pour comprendre que ma famille ne doit point prétendre à l'honneur de s'allier à celle d'Hamady ! — Hamady ! l'ami d'un chef français ! fit-il comme se parlant à lui-même. Non, non, je ne puis espérer une telle faveur ! — Tu te joues de moi, sidi ! ajouta-t-il tristement.

— Je ne suis pas venu ici pour m'amuser, répliqua le sous-officier, je te dis ce que je suis chargé de te dire.

Miloud resta un moment pensif.

— Moi devenir le beau-père d'Hamady ! s'écria-t-il tout à coup avec transport, d'Hamady, le plus intrépide guerrier des M'esirda !.... d'Hamady, l'ami du sultan de Magrnia !... Non !... non !... c'est impossible !... J'en mourrais de joie, si Dieu me réservait une telle faveur !

— Dans ce cas, tu peux faire ton testament, car **demain ou après-demain** au plus tard tu verras entrer dans ta mai son Hamady et Ali son frère, tous deux aux Adjeroude en ce moment.

— Sidi, demanda Miloud, tremblant d'émotion, le visage éclatant de bonheur, sidi, est-ce bien vrai ce que tu dis là ?... tu ne me trompes point ?

— Comment faut-il donc te le dire ! fit le sous-officier, moitié riant, moitié impatienté.

— Louange au Dieu unique !... Le salut est sur ma famille ! éclata Miloud en se jetant à terre et en baisant le plancher.

Miloud se releva, prit les mains du sous-officier, et lui dit :

— Les Français sont grands ! généreux ! puissants ! et le sultan D. est grand, généreux, vaillant entre tous !... Tu approches le sultan D. toi, sidi : dis-lui que personne au monde ne le considère plus que Ben-Adj-el-Miloud ! que Ben-Adj-el-Miloud est dévoué aux Français !... que sa vie, ses biens, sa famille... tout ce que Dieu lui a donné, appartient aux Français !

Ces protestations exagérées de dévouement ayant fait sourire le sous-officier d'un air d'incrédulité, Miloud ajouta avec énergie :

— Si je mens, sidi, que Dieu m'enlève la parole et la lumière des yeux !

Le sous-officier se retira, fort peu convaincu. Miloud respira à pleins poumons. Comme il avait trempé dans le complot de Rhamdam, il avait craint un instant de se voir fusiller.

Le lendemain matin, Yamina et Barka allèrent se placer sur la pointe d'un rocher d'où l'on suivait jusqu'au loin le chemin des Adjeroude. Yamina était persuadée que la journée ne s'écoulerait pas sans qu'Hamady ou Ali, ou peut-être l'un et l'autre n'apparussent sur ce point ; mais

âme qui vive ne passa sur le sentier. Les deux enfants
tinrent leurs regards tendus dans cette direction durant la
journée entière avec une telle fixité, que le soir, lorsqu'ils
voulurent revenir au village, ils se trouvèrent pris de vertige : arbres, rochers, montagnes, vallons, tout tournait
devant leurs yeux ; ils durent s'arrêter à plusieurs reprises,
pour reposer leur vue, avant de rentrer aux Beni-Mengouch. Yamina pleura tout le long du chemin ; Barka suffoquait. Yamina ne put fermer l'œil de la nuit ; bien qu'éveillée, elle fit des rêves affreux. Le jour suivant, avant
l'aube du matin, les deux enfants coururent sur l'éminence
du haut de laquelle ils espéraient découvrir Hamady accourant aux Beni-Mengouch. La journée s'écoula dans les
mêmes attentes que la veille, et se termina par une déception plus cuisante encore. Yamina ne pleurait déjà plus ;
le soir, ses yeux étaient secs et commençaient à se creuser
et à brûler de ce feu sombre qui la consumait dans le temps
où elle cherchait vainement Hamady sous les caroubiers.

Ce supplice, que l'on ne saurait comprendre qu'en tenant compte des ardeurs sauvages qui enflammaient la
jeune Kabyle, se prolongea pendant quatre jours.

Miloud était aussi fort inquiet du retard d'Hamady. Le
mariage de sa fille avec le spahis, mariage qui lui avait
causé autrefois tant d'alarmes, était maintenant devenu
son ancre de salut, la condition de son repos : ce mariage
manquant, il devait s'attendre chaque jour à être arrêté
et fusillé. Voulant mettre un terme à cette incertitude mortelle, il envoya un cavalier aux Adjeroude pour s'informer secrètement si les Ben-Diff s'y trouvaient.

Yamina et Barka, instruits de cette circonstance, allèrent
au loin, sur le chemin des Adjeroude, attendre le retour
du cavalier. Celui-ci revint vers midi. Tout en s'approchant
des enfants, il leur faisait des signes énergiques comme

pour les engager à fuir du côté des Beni-Mengouch. Mais Yamina se jeta sur son passage, l'attendit les bras tendus vers lui et sauta audacieusement à la bride du cheval, qui s'arrêta court. Le cavalier avait le visage profondément bouleversé ; ses yeux étaient hagards, sa voix tremblante.

— Enfant de Miloud ! s'écria-t-il en désignant d'un air épouvanté la direction des Adjeroude, sauve-toi dans la maison de ton père ! Le fléau de Dieu est là !... derrière la montagne !... Il s'est abattu sur les Adjeroude !... Le village est désert ! Il n'y a plus que des cadavres : s'il est encore des Adjeroude vivants, ils se sont cachés dans les bois !... Que Dieu garde les Beni-Mengouch de sa colère!

Sur ce, le cavalier piqua des deux et laissa la jeune fille et Barka sur le chemin.

Personne n'a pu nous renseigner sur ce qui se passa entre les deux enfants immédiatement après la fuite du cavalier ; mais on le devine, car le soir même, vers neuf heures, ils entraient dans la maison des Ben-Diff.

Ce fléau de Dieu, qui, au dire du cavalier, s'était abattu sur les Adjeroude, c'était le choléra. L'épidémie commençait alors à ravager la contrée du Kiss, à laquelle elle devait enlever en un mois le tiers de sa population. La terreur que ce fléau mystérieux inspirait aux indigènes était telle, qu'ils désertaient leurs villages et s'enfuyaient dans les bois et les grottes, espérant ainsi se dérober à la vue et aux atteintes de cet ennemi invisible et inexorable, lequel, selon leurs croyances superstitieuses, avait la puissance de voir et de choisir ses victimes.

Quand Yamina et Barka entrèrent dans la maison des Ben-Diff, Hamady et Ali, en proie à la terrible épidémie, se tordaient sur une natte et hurlaient comme des démons. Le mal avait déjà exercé sur Hamady des ravages profonds : il était à sa dernière période. La maladie était moins avancée chez Ali : l'aîné des Ben-Diff pouvait encore voir et comprendre ce qui se passait autour de lui. Le cadavre de leur mère était étendu au milieu de la basse-cour, où, sans doute, la pauvre femme s'était traînée pour appeler, mais vainement, du secours ; les deux sœurs avaient disparu.

En arrivant sur l'entrée de la pièce dans laquelle se trouvaient les frères Ben-Diff, Yamina s'arrêta immobile, glacée d'effroi ; Barka, qui la tenait par la main, se cacha tout tremblant derrière elle. Une lanterne sourde éclairait faiblement ce tableau lugubre.

Cependant, malgré l'horreur de ce spectacle, la courageuse jeune fille s'approcha des deux patients et les considéra tour à tour l'un l'autre. Ayant reconnu Hamady, elle s'agenouilla à ses côtés, lui releva la tête dans ses mains et la lui retint immobile pendant quelques secondes, en la regardant avec une avidité indicible. — Ali s'était soulevé sur le coude pour suivre cette scène, qui l'intéressait au point de lui faire oublier ses propres souffrances, et que nous rapportons d'après ses témoignages.

Le visage d'Hamady était affreusement décomposé ; il ne conservait plus rien de cet air audacieux et *attrayant* qui avait si vivement séduit, il y avait un mois à peine, la belle vierge des Beni-Mengouch.

Après quelques secondes de doute, de crainte, de transes indicibles, Yamina appela son amant avec toute la puissance de sa voix et de son âme. A cet appel suprême, les yeux d'Hamady cessèrent de se tordre et s'arrêtèrent fixes sur ceux de Yamina. Yamina reconnut sans doute une dernière expression de reconnaissance et d'amour dans le regard d'Hamady, car, soudain, un rayonnement de félicité illumina son visage.

— Hamady, s'écria-t-elle, attends-moi !... attends Yamina !... Yamina va partir avec toi !

La fille de Miloud laissa retomber doucement la tête d'Hamady, courut auprès d'Ali, lui embrassa chaleureusement les mains, le souleva par les épaules et dit à Barka de le prendre par les pieds. Barka, dont les craintes s'étaient entièrement dissipées en présence du courage de sa jeune maîtresse, obéit sans hésiter. Et les deux enfants, subitement doués d'une force au-dessus de leur âge, emportèrent Ali hors de la maison.

A partir de ce moment, Ali, à qui cette scène étrange avait sans doute troublé les sens, se crut entouré de deux êtres surnaturels. Ils allaient et venaient, dit-il plus tard, sans toucher la terre ; il jaillissait de leurs yeux comme une sorte de lumière surnaturelle ; une voix, qui sortait de la bouche de Barka, mais qui ne ressemblait point à celle du jeune nègre, répétait sans cesse : Barka partir au ciel avec Yamina ! Barka toujours voir Yamina !

Quoi qu'il en soit de ces témoignages d'un esprit troublé, les deux enfants portèrent Ali sous un figuier écarté des habitations, rentrèrent dans la maison et retournèrent auprès de lui, portant des couvertures et des vêtements, dans lesquels ils l'enveloppèrent avec le plus grand soin. Ils coururent de nouveau dans la maison des Ben-Diff et reparurent une minute après, emportant le corps de leur mère ; ils le déposèrent non loin d'Ali et rentrèrent une seconde fois pour ne plus reparaître.

Une demi-heure ne s'était pas écoulée, que des colonnes de fumée épaisses, noires, mêlées de lueurs sombres comme en produisent la paille et le foin humide enflammés, débordèrent de toutes les ouvertures de la maison.

Les Adjeroude aperçurent de leurs retraites ces lueurs sinistres. Le lendemain matin, quelques-uns d'entre eux, chez lesquels la curiosité l'avait emporté sur la crainte, vinrent au village, pour rechercher les causes de ce phénomène qui avait ajouté à l'épouvante de la tribu.

Soit qu'une sueur abondante, provoquée par l'amas de vêtements dans lequel Yamina et Barka l'avaient comme enseveli, eût produit sur Ali une réaction salutaire, soit que le drame émouvant dont il avait été témoin eût provoqué cette révolution, le frère d'Hamady se trouvait beaucoup mieux. Il appela du geste et de la voix les hardis visiteurs et leur raconta la scène dont il avait été témoin la veille. Sur sa prière, les Adjeroude entrèrent dans la maison incendiée ; mais ils ressortirent aussitôt et s'enfuirent avec effroi. Au moment même où ils s'éloignaient vers la montagne, le chef du bureau arabe et un médecin arrivaient aux Adjeroude. Ils parcouraient les tribus frappées du fléau, distribuant des secours et cherchant à rassurer les populations. Attirés par les traces de l'incendie, ils entrèrent dans la maison des Ben-Diff. Au lieu de s'enfuir, comme les Adjeroude, à l'aspect du tableau saisissant qui s'offrit à eux, ils le contemplèrent longtemps, avec une curiosité et une émotion des plus vives.

Yamina, Hamady et Barka étaient groupés dans un coin de la pièce. Les trois amis étaient morts asphyxiés, hors des atteintes directes des flammes. Barka était agenouillé, le dos appuyé contre le mur ; son menton reposait sur la tête de Yamina, penchée en arrière sur lui ; il tenait la jeune fille enlacée dans ses bras. Le corps d'Hamady s'était affaissé sur les genoux de Yamina. Les deux mains de la jeune Kabyle retenaient le burnous du spahis. Yamina et Barka paraissaient sommeiller. Le visage de la vierge des Beni-Mengouch conservait comme un sourire de ravissement ; celui du jeune nègre était profondément empreint de cette ironie douce et heureuse qui se produit, immédiatement après le trépas, sur les visages de ceux qui meurent martyrs pour une idée humanitaire, ou qui, ainsi que Barka, meurent par amour pour leur prochain.

EPILOGUE.

Monfock-ould-Magrnia ayant cessé de reparaître dans cette histoire après y avoir joué un rôle qui, en dernier lieu, a peut-être intéressé le lecteur, nous avons cru devoir donner sur lui les détails historiques qui suivent :

Dans la nuit du 16 novembre 1855, un envoyé du caïd Abder-Rhaman apportait au commandant supérieur du poste de Lalla-Magrnia la nouvelle que les Guessas, fraction importante des Ouled-Mellouk, avaient levé leurs tentes dans la soirée de la veille et qu'ils se dirigeaient avec leurs troupeaux vers la frontière marocaine. Le boute-selle sonnait aussitôt, et, dix minutes après, tout l'escadron de spahis se trouvait à cheval, avec le personnel du bureau arabe et ses officiers, ayant en tête le capitaine Chabaud, commandant supérieur. Les étoiles brillaient encore lorsque ces cavaliers, au nombre de soixante-dix à quatre-vingt, disparurent au grand galop dans les brouillards transparents de la plaine immense qui nous sépare du Maroc.

Sur les limites de notre frontière ouest, la défection des Guessas, qu'on allait châtier, prouve que ces tribus n'y sont pas encore entièrement assurées à notre domination. On les y maintient par les razzia et les grosses amendes continuellement suspendues sur leur tête; mais le voisinage du Maroc ne cesse de les attirer, malgré la sécurité douteuse qu'elles y trouvent. D'abord, il n'existe aucune frontière morale qui les mette à l'abri des tribus marocaines voisines, qui vivent dans une indépendance assez complète pour que l'empereur les répudie comme sujets, si cela entre dans sa politique. Les innombrables Beni-Snassen, les Djaouïna, les Mahïa et beaucoup d'autres tribus ou fractions de tribus, ne reconnaissent aucune suzeraineté que celle de leur propre caïd, ne paient d'impôt à aucune puissance et vivent dans une continuelle anarchie, reliées seulement par leur commune haine contre le nom chrétien et leur défiance de l'autorité marocaine. . . . .
. . . .

Moufock, retiré au milieu de ces tribus, y jouissait de la sécurité que lui valait son influence religieuse comme marabout; en même temps que son ancien titre de chérif et de califat de l'émir Abd-el-Kader commandait le respect par un reste de puissance. Ses gens y possédaient encore près de deux cents tentes, et pouvaient mettre sur pied un goum de soixante à quatre-vingts cavaliers. C'est de là qu'il n'avait pas discontinué sa guerre d'embuscades, et qu'il ôtait toute sécurité à notre frontière en ralliant nos ennemis, encourageant les défections, arrêtant les tentatives de soumission et exerçant encore une puissante influence sur les tribus déjà soumises.

Les espions rapportèrent que, peu de jours avant, les Guessas lui avaient expédié deux cavaliers pour lui dire :

— Nous sommes prêts pour être à toi. Viens nous appuyer avec ton goum, et, dans la nuit, nos douars passeront la frontière.

Ce fut à dix heures du soir, en effet, qu'à la clarté de la lune commença silencieusement la levée des tentes. Les Arabes avaient cru leur complot assuré par sa rapide exécution; mais le jour, qui les trouva encore dans le pêle-mêle d'une émigration, leur montra dans la plaine l'escadron qui marchait sur eux au grand galop des chevaux Les Guessas, surpris, sautèrent aussitôt en selle, et, abandonnant leurs troupeaux et leurs tentes, s'enfuirent à toute bride vers le Maroc. Lorsque les spahis arrivèrent sur le terrain, ils ne trouvèrent plus que les femmes et les enfants en lamentations. Les chevaux ruisselants piaffaient sous les chabirs, impatients de reprendre leur course, tandis que le caïd Abder-Rhaman arrivait avec son goum, convoqué par ordre supérieur. C'est alors qu'un chaouch, menaçant un vieil Arabe, apprit de lui que Moufock se trouvait parmi les fuyards. Il se hâta d'en prévenir le commandant. On ne perdit pas une minute; le capitaine Chabaud commanda la charge aussitôt, et la poursuite recommença plus ardente, plus rapide qu'auparavant. Les chevaux reprirent leur course avec la rapidité d'une troupe d'antilopes poursuivies, tandis que les Guessas fuyaient, comme eux, ventre à terre. Pour nos spahis, ce fut un steeple-chase dont le but courait aussi vite qu'eux. En vain le terrain, coupé de hautes broussailles et de petits ravins, entravait la marche des chevaux ; en vain les cavaliers du goum, moins bien montés, restaient en arrière ; en vain la limite de nos possessions se trouva sur leur route, rien ne put arrêter l'élan des officiers et des soldats. Moufock et les Guessas pressent leurs chevaux à toute force ; ceux-ci, déjà fatigués de la veille, perdent de plus en plus sur les nôtres ; les cris poussés de part et d'autre pour les exciter s'entendent dans les deux troupes ; enfin, après deux heures de cette âpre poursuite, aux confins de la plaine, aux pieds mêmes des montagnes qui allaient la rendre impossible, les spahis atteignent l'ennemi le sabre au poing.

On connaît la tactique des Arabes, qui redoutent beaucoup les grands couteaux, comme ils appellent cette arme : les cavaliers poursuivis se dispersent à la débandade, et, quand l'un d'eux se voit serré de trop près, il se laisse glisser vivement de son cheval pour se tapir derrière une broussaille, d'où il attend son ennemi pour le coucher en joue tout à son aise. Malheur à l'imprudent qui le pousse dans ce retranchement à l'arme blanche ! il tombe frappé d'une balle avant que sa lame ait effleuré l'Arabe, et si le secours tarde une minute, sa tête pend sanglante à l'arçon du cavalier remis en selle.

— Ne vous arrêtez pas à la canaille, criait le commandant.

En même temps il piquait des deux éperons sur un Arabe que son beau cheval blanc et des armes magnifiques rendaient remarquable. L'Arabe fut fidèle à sa tactique, mais dès qu'il eut mis pied à terre, il se trouva entouré du capitaine Châbaud et du capitaine Muller, qui le suivait avec l'interprète Brandicourt. Il tient ses ennemis à distance en les couchant en joue l'un après l'autre. L'arme s'abaissait pour la seconde fois sur le commandant supérieur, quand le sabre de l'interprète la releva vivement.

— Rends-toi, lui cria-t-il en arabe, on ne te tuera pas ; sinon tu es mort !...

L'Arabe tendit son arme d'une main et en appuyant l'autre sur sa poitrine, il dit :

— Dieu seul est grand ; c'était écrit !

On confia le prisonnier au sous-lieutenant Ould-Abib, officier indigène, qui arriva d'abord avec deux sous-officiers français, car ceux qui venaient de faire la prise précédaient l'escadron à une grande distance. La charge continua pour achever la dispersion des fuyards. C'est alors seulemement que le caïd qui commandait le goum des Ouled-Mellouk vint rejoindre le groupe d'officiers, et, à peine se trouva-t-il en présence du prisonnier, qu'il descendit de son cheval, avec toutes les marques d'un profond respect, pour venir le baiser sur le haut de la tête.

— Sidi Moufock ! dit-il d'une voix altérée par l'émotion.

A ces marques, il devint évident qu'en favorisant cette prise importante, Abder-Rhaman n'avait pas voulu en charger personnellement sa conscience de musulman.

Cependant, dans l'ardeur de la poursuite, la frontière était restée de cinq ou six lieues en arrière, et, lorsqu'on se reconnut, l'escadron se trouvait à El-Djaouïna, en plein territoire marocain, au milieu des Mezaouïtz, tribu que ses continuels démêlés avec ses voisins ont rendue très-guerrière. Quatre à cinq mille Arabes couronnaient les hauteurs avec leurs longs fusils, tandis que deux ou trois cents cavaliers se livraient à une fantasia douteuse sur les côtés de la colonne. El-Djaouïna est à une lieue du champ de bataille d'Isly et à une même distance du lieu où Abd-el-Kader fit sa soumission. Cependant, bien qu'évidemment en armes pour protéger Moufock, ces tribus ne tentèrent aucune hostilité, soit que notre audace les eût étonnées ou qu'elles nous crussent appuyés de forces considérables. Le sous-lieutenant Roché, à la tête d'un peloton, fut détaché pour protéger les côtés, et il se hâta de faire prévenir les Mazaouïtz qu'on ne venait pas pour avoir affaire avec eux. Cette assurance parut suffisante ; mais, si un imprudent cavalier eût fait feu sur l'escadron, nous nous serions trouvés dans le plus grand danger. La retraite sonna, et, par un retour opposé, ces Marocains en armes escortèrent notre colonne que le goum de Moufock, rallié enfin, poursuivait de loin. Leur caïd Mohammed-ould-Hamman, passant la frontière à son tour, vint partager la diffa préparée par nos gens chez les Ouled-Mellouk.

L'ombre marquait trois heures au cadran solaire de la redoute, lorsque les trompettes firent retentir au loin cette marche simple et guerrière de notre cavalerie, que tout le monde connaît. Au fond de l'Afrique, ces airs sont comme les cloches du village natal, et, par les souvenirs qu'ils évoquent, l'âme s'en attendrit autant qu'elle s'en exalte. Les troupes sonnaient en andante, se répétant plus souvent à mesure qu'elles se rapprochaient ; l'air nous apportait la joie d'un triomphe. L'escadron parut dans la plaine, gardant son ordre de bataille comme s'il revenait d'une parade, officiers en tête, chaque spahis le fusil haut sur la cuisse, suivi du goum, dont les chevaux, couverts de sueur, marchaient dans un nuage de vapeur. Le fanion rouge, déployé, y montrait son croissant d'argent, pareil à la lune nouvelle dans le ciel du couchant enflammé. La colonne passa en ordre le pont-levis, et on put voir alors qu'au milieu des spahis, monté sur un cheval blanc, marchait un Arabe sans armes, dont la belle et noble physionomie et le double burnous trahissaient un chef important ; en même temps le capitaine commandant dit :

— Voilà Moufock !

Ce fut un mouvement général de surprise et de joie. Moufock, cet agitateur perpétuel de la frontière, qui gardait le pays par la terreur autant que par les armes ; Moufock qui avait juré, comme Annibal aux Romains, une haine éternelle aux Français sur le tombeau de ses ancêtres ; Moufock dont les coups de main audacieux tenaient du prodige et ajoutaient à l'euphonie fantastique du nom l'idée d'un maléficié de l'autre monde ; Moufock enfin, qui, à force de ruse et de constance courageuse, tenait en échec tous les commandants militaires qui depuis dix ans s'étaient succédé à Magrnia, Moufock venait de tomber en notre pouvoir !....

Mais, tandis que chacun s'empressait auprès des officiers pour les féliciter d'un pareil succès, les spahis indigènes, les Arabes du goum, depuis le chef jusqu'au dernier cavalier, gardaient au contraire un air de réserve, presque d'embarras, un ton morne qui se voyait surtout sur les physionomies des vieillards et des femmes de la smala accourus en foule. Les guerriers semblaient en désaccord avec eux-mêmes : ils étaient loin de partager notre triomphe auquel ils avaient concouru. C'est qu'après le combat, le musulman reprochait sa victoire aux hommes d'armes, car Moufock, réduit à l'impuissance, demeurait marabout vénéré. En descendant de son cheval, il fut entouré d'autant d'adoration et de respect de la part des indigènes, que les lazzaroni de Naples en pourraient rendre à saint Janvier lui-même ; et ce fut sans doute de très-bonne foi que l'Arabe qui l'avait en quelque sorte livré vint lui donner, comme les autres, son baiser de Judas,

— « Extrait de l'*Illustration :* numéro du 7 février 1857, Pages 93 et 94. Signé : docteur Rey.

— « Extrait du procès Doineau : »

— M. le président : — Eh bien ! accusé Doineau, qu'avez-vous à dire ?

— Doineau : — J'ai à dire d'abord, que ce Moufock, de l'exécution duquel on parle, était un Arabe qui avait pris la fuite et qui revenait sans cesse sur le territoire français, où il commettait des méfaits, enlevait des douars entiers, assassina un jour un soldat du génie, un autre jour un lieutenant de gendarmerie.

M. le président : — Mais vous aviez le conseil de guerre.

Doineau : — Je ne discute pas les ordres de mes chefs.

Maître Didier : — Je voudrais savoir en quoi a consisté l'intervention du capitaine Chabaud, que je vois dans l'instruction avoir joué un certain rôle dans l'affaire de ce Moufock.

M. le président : — Oui, il paraît que le capitaine Chabaud ne voulait pas qu'on exécutât cet homme ; il voulait qu'on l'envoyât en France ; c'est vous qui avez insisté pour l'exécution ?

Doineau : — Le capitaine Chabaud n'avait pas à correspondre avec moi ; je n'avais qu'à obéir à mes chefs.

. . . .

M. le président au brigadier Boukra : — Parlez-nous d'un certain Moufock.

Boukra : — C'est un individu qui avait commis toutes sortes de méfaits ; on le guettait toujours et on ne pouvait le prendre. Un jour, enfin, on se saisit de lui, et par ordre du capitaine et du général on le passa par les armes.

M. LE PRÉSIDENT au général de Beaufort. — Vous rappelez-vous le fait relatif à l'exécution d'un nommé Moufock ?

M. DE BEAUFORT : — Très-bien. C'était un chef de brigands, bien qu'il fût marabout. Il avait fui au Maroc, d'où il revenait sur notre territoire commettre toutes sortes de crimes. On le saisit au moment où il venait d'enlever une partie des bestiaux d'un douar. J'ai pris sur moi de le faire disparaître.

M. LE PRÉSIDENT : — Il est un capitaine Chabaud qui intervint dans cette affaire, et qui voulait s'opposer à cette exécution dans un intérêt auquel on ne peut qu'applaudir.

M. DE BEAUFORT : Ce capitaine n'avait pas à se mêler de l'affaire avant l'exécution.

M. LE PRÉSIDENT : — Comment ! il n'avait pas à se mêler avant ? que pouvait-il donc faire après ? Au moins faut-il reconnaître qu'il intervenait dans un but d'humanité.

MAÎTRE DIDIER : — Monsieur le président voudrait-il demander au général si le capitaine Chabaud n'est pas celui auquel ce Sidi-Moufock, brigand *ou autre*, s'est rendu, mais sur la promesse qu'il aurait la vie sauve ?

LE GÉNÉRAL DE BEAUFORT : — Oui, le capitaine le tenant au bout de son fusil lui avait dit : Rends-toi, on ne te tuera pas, ce qui voulait dire simplement : Rends-toi, on ne te tuera pas sur place.

MAÎTRE DIDIER : — C'est votre interprétation ?

M. DE BEAUFORT : — M. Chabaud n'avait pas le droit de promettre la vie sauve.

MORT DE MOUFOCK-OULD-MAGRNIA.

C'était vers les derniers jours du mois de novembre 1855, entre 4 et 5 heures du matin. Moufock, transféré la veille de Lalla-Magrnia à Tlemcen, fut extrait de sa prison par le kodja du capitaine Doineau, le fameux Sidi-Hamed, que les Arabes avaient surnommé le *petit Doineau*, et par le chaouch de l'agha Bel-Hadj (1).

Bien que le bandit eût les mains fortement liées, le kodja et le chaouch le tenaient chacun par un bras; un spahis les suivait, le pistolet au poing. Ce spahis avait de la sympathie pour Moufock; il observait avec attention tous ses mouvements.

Moufock n'était plus ce jeune marabout au visage *séraphique*, que nous avons connu dans l'histoire qu'on vient de lire. Tout en conservant leur distinction naturelle, les traits de son visage s'étaient profondément modifiés : plus mâles, plus accentués, plus durs, ils accusaient maintenant en lui, à première vue, le chef de partisans, ou, si l'on ne veut pas lui accorder cette qualité, le chef de brigands.

Entre le kodja et le chaouch, sa belle physionomie acquérait plus de vigueur encore. Il marchait sans résistance, calme, froid, dédaigneux. Cependant, de temps à autre son regard tombait sur la main du kodja qui serrait son bras et s'en détournait avec une sorte d'horreur, comme à la vue d'un reptile.

Il fut conduit ainsi au milieu d'un détachement de cavaliers, composé de cinq spahis du bureau arabe, et de quinze hommes appartenant aux diverses tribus qui environnent Tlemcen. On le hissa sur un cheval, et la petite troupe se mit en marche. Elle sortit de la ville par la porte d'Oran, mais à cent pas de là, elle tourna à gauche et prit la route du Mansourah.

(1) Co-accusé du capitaine Doineau, dans l'affaire de l'assassinat de l'agha Ben-Abdallah.

Moufock, resté impassible jusqu'ici, regarda son escorte d'un air étonné.

— Où me conduit-on ? demanda-t-il.

— A Oran, répondit ironiquement le kodja.

Le visage de Moufock se contracta subitement. Après quelques secondes de stupéfaction, il reprit, résigné, mais encore ému :

— Oran est du côté du levant, et vous me conduisez vers le couchant !

— Nous allons faire un petit tour de promenade au Mansourah, avant de nous mettre définitivement en route pour Oran, dit le kodja en riant.

Moufock le regarda avec dégoût ; puis, arrêtant ses yeux sur le brigadier Boukra :

— Je comprends ! murmura-t-il.

Il resta silencieux et réfléchi pendant quelques minutes.

— On dit, reprit-il, comme se parlant à lui-même, on dit que les guerriers français n'ont jamais manqué à la parole donnée !... Pourtant on me conduit au supplice lorsqu'on m'avait promis la vie sauve !... Et cette parole m'a été donnée alors que je tenais le commandant Chabaud au bout de mon fusil ! — Mais, ajouta-t-il d'un ton méprisant en désignant le kodja, je vois bien la main qui a préparé ma mort !... ce n'est pas un Français !... C'est le maître de ce chien, fils de chienne et de démon !

— L'ordre vient du gouverneur, dit une voix.

Moufock haussa les épaules et interpellant le kodja, il lui dit :

— Kodja ! rapporte à ton maître ces dernières paroles de Moufock : — les instants de l'homme sont comptés comme les feuilles de l'arbre, et chaque mouvement du cœur est une feuille qui tombe !... encore quelques instants, et la feuille qui doit marquer le dernier battement de cœur de

Moufock sera tombée !... Mais il viendra un moment, aussi, où l'âme de Doineau sortira de son corps damné, et alors, entraînée dans l'enfer, par son père, le démon, elle pourra voir Moufock-ould-Magrnia dans les régions du paradis où Dieu place les guerriers restés fidèles à la foi jurée !

— L'enfer n'est fait que pour toi et les bandits de ton espèce ! riposta le kodja. Tu n'es pas un guerrier, tu n'es qu'un chef de brigands, et tout à l'heure les diables vont se régaler de tes entrailles maudites !

Mais Moufock ne l'entendait plus : son regard était resté au ciel et semblait y suivre une vision errante. Arrivé à la hauteur du Mansourah, il éleva tout à coup les bras en s'écriant d'un air transporté :

— Yamina !... Yamina !... elle vient m'attendre !...

Les éclats de rire des cavaliers firent évanouir sa vision et le ramenèrent sur la terrre. A partir de ce moment il conserva une indifférence complète.

Moufock savait que Yamina n'existait plus, mais il ignorait les circonstances qui avaient accompagné sa mort, et il crut toujours qu'elle avait vécu sans aimer.

Un quart d'heure après cet incident, la troupe arriva au fond du ravin qui se trouve derrière le Mansourah. Boukra donna l'ordre d'arrêter.

Le jour commençait à poindre.

Deux spahis descendirent Moufock de cheval. Le bandit demanda vivement à faire sa prière du matin. Boukra y consentit ; mais le kodja s'y refusa violemment et s'écria d'un ton impérieux :

— Non ! il ne priera pas !

Au même instant un homme des Beni-Ournid tira sur Moufock, dans les reins, un coup de fusil à bout portant.

Le bandit tomba et expira au bout d'un moment.

Sur l'ordre du kodja, le chaouch coupa la tête au marabout et la cacha sous un tas de pierres ; puis la troupe revint à Tlemcen avec une grande rapidité.

Tels sont les détails qui nous ont été racontés par un indigène qui assistait à l'exécution.

Mais il nous reste encore un dernier incident à rapporter ; nous le tenons d'un chevrier, qui, caché dans une broussaille, tout près de là, avait suivi cette scène, non sans frissonner quelque peu.

Une demi-heure après la mort de Moufock, deux cavaliers, vêtus d'amples burnous blancs, arrivèrent à toute bride sur le lieu de l'exécution. L'un d'eux, que le chevrier reconnut pour être un de ceux qui avaient assisté au supplice, mais dont le nom lui était inconnu, descendit de cheval, découvrit la tête de Moufock, la prit par la mèche de cheveux que les Arabes conservent sur le crâne et la présenta à l'autre cavalier, resté en selle. Celui-ci la prit à son tour et la tint longtemps suspendue devant son visage.

Pendant qu'il la regardait, dit le chevrier, ses yeux brillaient sous le capuchon de son burnous comme deux étoiles au fond de la nuit.

FIN.

TABLE.

		Pages.
Chapitre	I Prologue	5
—	II Le Kiss	8
—	III Une Kabyle du Kiss	15
—	IV La rencontre	21
—	V Deux prêtres arabes	45
—	VI L'Arabe et son coursier	71
—	VII Le bandit	77
—	VIII L'attente	87
—	IX Les fiançailles	95
—	X L'embuscade	125
—	XI Dans les ravins	141
—	XII Hamady chez les Beni-Snassen	165
—	XIII Le mariage	185
—	XIV Le nègre	207
—	XV Moufock-ould-Magrnia	221
—	XVI Une expédition nocturne	247
—	XVII Le chef du bureau arabe	259
—	XVIII L'Anaya	277
—	XIX La fuite	289
—	XX Un Solitaire Kabyle	297
—	XXI La vierge des Beni-Mengouch	307
—	XXII L'amour d'une Kabyle	323
	Épilogue	333

Sceaux. — Typographie de E. Dépée.

www.ingramcontent.com/pod-product-compliance
Lightning Source LLC
Chambersburg PA
CBHW070900170426
43202CB00012B/2138